天津市2018年度哲学社会科学规划课题一般项目
"我国货币政策与宏观审慎政策的关系及其双支柱调控框架研究"，项目编号：TJYJ18—009。

经济新常态下
我国货币政策规则选择研究

刘翠◎著

中国金融出版社

责任编辑：任　娟
责任校对：刘　明
责任印制：丁淮宾

图书在版编目（CIP）数据

经济新常态下我国货币政策规则选择研究／刘翠著 . —北京：中国金融出版社，2020.1
ISBN 978-7-5220-0407-5

Ⅰ.①经⋯　Ⅱ.①刘⋯　Ⅲ.①货币政策—研究—中国　Ⅳ.①F822.0

中国版本图书馆 CIP 数据核字（2019）第 279445 号

经济新常态下我国货币政策规则选择研究
Jingji Xinchangtaixia Woguo Huobi Zhengce Guize Xuanze Yanjiu

出版
发行　中国金融出版社
社址　北京市丰台区益泽路 2 号
市场开发部　（010）63266347，63805472，63439533（传真）
网上书店　http://www.chinafph.com
　　　　　（010）63286832，63365686（传真）
读者服务部　（010）66070833，62568380
邮编　100071
经销　新华书店
印刷　保利达印务有限公司
尺寸　169 毫米 × 239 毫米
印张　18.75
字数　294 千
版次　2020 年 1 月第 1 版
印次　2020 年 1 月第 1 次印刷
定价　56.00 元
ISBN 978-7-5220-0407-5
如出现印装错误本社负责调换　联系电话（010）63263947

前言
Preface

2008年国际金融危机爆发至今，关于货币政策规则选择的研究受到了前所未有的重视，成为学界的热点问题。因此，本书分两篇，分别从影子银行体系和房地产市场两个角度进行分析，研究影子银行体系与货币政策规则选择的关系，以及房地产价格波动与货币政策规则选择的关系。

第一篇重点对影子银行体系与货币政策规则选择的关系进行了研究。第一篇的主要研究成果包括三部分。

第一部分为影子银行体系与宏观经济、金融稳定的关系分析。首先，对影子银行体系规模进行测算，并构建包括金融环境、金融政策、金融市场在内的金融稳定指数，进而就影子银行体系对金融稳定的影响进行研究。研究结果表明，影子银行体系对金融稳定的影响存在阈值效应，即呈现出一种倒"U"形关系。其次，以在金融体系中占据主导地位的银行体系为例，通过建立 CoVaR 模型和 GARCH 模型，进一步分析影子银行体系对银行体系的风险溢出效应。研究结果表明，在考虑影子银行体系对商业银行的风险溢出后，商业银行的风险明显增大，影子银行体系对大型商业银行的风险溢出效应明显大于对股份制商业银行和城市商业银行的风险溢出效应。最后，利用 VAR 模型对影子银行体系与传统信贷流动性之间的水床效应进行分析，指出货币政策、传统信贷与影子银行体系之间存在一定的因果关系，且我国传统信贷规模与影子银行体系规模之间存在负相关的关系。抑制传统信贷规模，会促使影子银行体系规模扩张，货币政策引起二者之间的流动性水床效应。

第二部分为影子银行体系对我国货币政策工具规则选择的影响分析。通过建立包含家庭、影子银行、传统商业银行等多个部门在内的 DSGE 模型，利用不同货币政策工具规则反应系数的 OLS 估计结果，探索出在充分发展影子银行背景下的货币政策工具规则选择问题。模型分析结果表明，在稳定产出、物价等方面，利率规则发挥的作用更明显，利率规则未来应作为我国货币政策工具规则的最优选择。同时，通过比较货币政策工具规则的福利损失可以得出同样的结论，三种货币政策工具规则的福利损失从小到大分别是利率规则、混合规则和货币供应量规则。

第三部分为影子银行体系对我国货币政策目标规则选择的影响分析。通过构建改进的 IS—Philips 模型，对影子银行体系的发展状况进行量化，并纳入理论模型，求解中央银行损失函数，实证分析影子银行体系发展对我国货币政策目标规则选择的影响。其分析结果表明，在货币政策目标规则选择过程中，影子银行体系的发展对宏观经济的影响不可忽视，需要对影子银行体系的发展加以考虑，通货膨胀目标制并非当前我国货币政策目标规则的最优选择。

与国内外的同类研究相比，本书第一篇的创新之处主要体现在如下几个方面。

在研究视角的选择上，以我国经济发展进入新常态阶段、经济面临下行压力的经济环境为背景，使本书研究更具有时代性。本书第一篇以我国经济发展进入新常态发展阶段、经济环境不景气、影子银行体系迅速发展等为研究背景，指出在稳健的货币政策环境下，影子银行体系会出现资金"渗漏"，充当了"金融空转"的加速器，表现出逆周期行为，需要对我国影子银行体系的风险状况进行分析，并就影子银行体系对货币政策选择的影响进行研究，探讨在充分发展影子银行体系的背景下我国货币政策规则的最优选择，为我国货币政策规则选择提供思路。

在研究内容的选择上，本书对影子银行体系的风险及其对货币政策影响的相关问题进行系统、综合研究，使研究更具有系统性。尽管国内外学者对于影子银行体系已经进行了许多有益的研究和探索，但这些研究多为单个的片段式研究，缺乏关于影子银行体系对宏观经济、金融稳定及货币政策效应的系统分析。因此，本书第一篇分析影子银行体系对宏观经济、金融稳定、货币政策的执行效应等环节所产生的多种效应，环环相扣、层层递进，试图对我国影子银行体系风险及其对货币政策规则选择的影响进行综合、系统的研究。

在研究方法的选择上，本部分采用定性分析与定量分析相结合的研究方法，使研究更具有可信性。本书第一篇利用计量经济分析、DSGE模型等多种方法，探究经济新常态背景下我国影子银行体系的风险及其对货币政策规则选择的影响，利用SVAR模型分析影子银行体系与宏观经济之间的阈值效应，利用GARCH模型和CoVaR模型分析影子银行体系与金融稳定之间的风险溢出效应，利用VAR模型分析影子银行与信贷流动性之间的水床效应，运用DSGE模型和IS—Philips等模型分析影子银行体系对货币政策规则选择的影响，并在此基础上提出对我国影子银行体系的监管思路和对策，探索出最优的货币政策规则。

第二篇重点对房地产价格波动与货币政策规则选择的关系进行了研究。

自1998年我国房地产市场货币化改革以来，房地产行业经历了快速发展，逐渐成为国民经济发展的重要支柱产业。但随着房地产行业的不断发展，房地产市场发展过程中也出现了一些问题，房地产价格飞速上涨，其上涨幅度已经远远超过居民收入的承受能力，成为引发社会矛盾的突出问题。

房地产价格的上涨不仅成为突出的社会问题，更对宏观经济产生影响，并且对我国货币政策的选择产生了重要的影响，对中央银行货币政策的实施提出了新的挑战。因为在公众眼中，货币政策是调控房地产价格的一剂良药，货币政策作为调控经济、稳定价格的重要手段，不仅应在物价稳定和产出稳定方面发挥作用，还应关注资产价格的稳定，特别是房地产价格的稳定。种种迹象表明，现阶段所采用的货币政策无法有效解决高房价的问题，必须在现有货币政策体系中充分考虑房地产价格的波动，进而对货币政策规则中的工具规则、目标规则作出相应的改变，尽快解决这一社会问题。

第二篇以房地产价格波动与货币政策规则选择作为研究对象。首先，分析房地产价格波动对宏观经济中的消费、投资、经济增长是否产生影响，产生何种程度的影响。其次，分析若房地产价格波动对宏观经济各领域产生了重要影响，房地产价格波动与货币政策之间的关系是否变得更密切，即货币政策是否应对房地产价格波动作出反应、其反应程度如何、是直接干预还是间接关注。最后，分析若货币政策对房地产价格波动作出反应，目前的货币政策规则还是否合适、关注房地产价格波动的货币政策工具规则和目标规则是否需要作出修改与完善、何种货币政策工具规则和目标规则才适合我国目前阶段的具体国情？

第二篇的主要研究包括四部分。

第一部分为房地产价格波动与宏观经济稳定。首先，对我国房地产市场的发展历程及现状进行分析，指出我国房地产市场价格偏高。其次，对房地产价格偏高的原因从供给、需求两个方面进行分析。最后，就我国房地产价格波动对宏观经济中消费、投资、经济增长领域产生的影响进行分析。

第二部分为房地产价格波动与货币政策反应。首先，对房地产价格波动在货币政策传导机制中的作用进行分析。其次，就房地产价格波动对货币政策的影响进行理论与实证分析，随后对货币政策是否应对房地产价格波动作出反应给予判断。最后，就货币政策对房地产价格波动的反应程度作出判断。

第三部分为房地产价格波动与货币政策工具规则选择，建立一个房地产价格波动与货币政策工具规则的理论分析框架，并利用OLS分析方法对不同货币政策工具规则的反应系数进行估计，认为前瞻型混合规则是我国货币政策工具规则的最佳选择。

第四部分为房地产价格波动与货币政策目标规则选择。首先，对房地产价格波动与货币政策最终目标以及金融稳定之间的关系进行分析，认为货币政策的最终目标需要增加金融稳定作为第五个目标。其次，对关注房地产价格波动的货币政策目标规则进行理论与实证分析，认为通货膨胀目标制并非我国现阶段的最优货币政策目标规则。

与国内外的同类研究相比，本书第二篇的创新之处主要体现在如下几个方面。

在房地产价格波动对货币政策的影响分析中，本书第二篇不仅运用 DSGE 模型就货币政策是否对房地产价格波动作出反应进行分析，还运用 VAR—MGARCH—BEKK 模型就货币政策对房地产价格波动的具体反应程度进行深入分析，认为货币政策应对房地产价格波动采取间接关注的手段。

在房地产价格波动与货币政策工具规则的分析中，本书第二篇将货币政策工具规则划分为货币供应量规则、利率规则和混合规则，将每种货币政策工具规则按照不同的反应类型，又分别划分为前瞻型、当期型和后顾型，并利用 OLS 分析方法对不同货币政策工具规则的反应系数进行估计，运用 DSGE 模型对基于房地产价格波动的不同货币政策工具规则进行脉冲响应分析和福利损失分析，得出的结论为前瞻型混合规则是关注房地产价格波动的我国货币政策工具规则的最优选择。

在房地产价格波动与货币政策目标规则的分析中，本书第二篇通过构建改进的 IS—Philips 曲线，将房地产价格波动作为影响我国宏观经济运行稳定的关键变量纳入理论模型，试图对货币政策的最终目标中是否需要加入金融稳定作为第五个目标进行分析，其得出的结论是货币政策最终目标中应加入金融稳定作为第五个目标。同时，利用敏感性分析方法，对关注房地产价格波动的货币政策目标规则的最优选择进行分析，认为目前备受发达国家推崇的通货膨胀目标制并非当前关注房地产价格波动的我国货币政策目标规则的最优选择。

目录 Contents

第一篇 影子银行风险及其与货币政策规则选择关系 …………… 1

第一章 导论 …………………………………………………… 3
第一节 研究背景与研究意义、目标 ……………………………… 3
第二节 研究的内容、框架、结构与方法 ………………………… 7
第三节 研究创新之处与不足 ……………………………………… 12

第二章 文献述评 ……………………………………………… 14
第一节 我国经济新常态的相关研究 ……………………………… 14
第二节 影子银行体系的概念、起源和发展的相关研究 ………… 15
第三节 影子银行体系与宏观经济、金融稳定关系的相关研究 … 17
第四节 影子银行体系与货币政策有效性、货币政策传导机制关
系的相关研究 ……………………………………………… 21
第五节 货币政策工具规则选择的相关研究 ……………………… 23
第六节 货币政策目标规则选择的相关研究 ……………………… 29

第三章 影子银行体系的发展概述 …………………………… 35
第一节 影子银行体系的基本概念 ………………………………… 35
第二节 影子银行体系的发展状况 ………………………………… 56

第四章 影子银行体系对宏观经济的影响分析 ……………… 60
第一节 影子银行体系对金融体系稳定的阈值效应 ……………… 60
第二节 影子银行体系对金融体系稳定的风险溢出效应 ………… 67
第三节 影子银行体系对传统信贷流动性的水床效应 …………… 72

第五章 影子银行体系对货币政策工具规则的影响分析 …… 79
第一节 货币政策工具规则概述 …………………………………… 79

第二节　影子银行体系对货币政策工具规则选择的分析 …………… 80
　　第三节　利率规则在我国的适用性分析 ………………………………… 90
　　第四节　货币政策工具规则的国际经验——美国 …………………… 101

第六章　影子银行体系对货币政策目标规则的影响分析 ……………… 110
　　第一节　货币政策目标规则概述 ………………………………………… 110
　　第二节　影子银行体系对货币政策目标规则选择的分析 …………… 116
　　第三节　通货膨胀目标制在我国未来实施的再讨论 ………………… 124

第七章　第一篇主要研究结论与政策建议 ………………………………… 132
　　第一节　主要研究结论 …………………………………………………… 132
　　第二节　相关政策建议 …………………………………………………… 134
　　第三节　未来研究展望 …………………………………………………… 138

第二篇　房地产价格波动与货币政策规则选择关系 ……… 139

第八章　导　论 ………………………………………………………………… 141
　　第一节　研究背景与研究意义、目的 …………………………………… 141
　　第二节　研究思路与内容结构 …………………………………………… 145
　　第三节　研究方法 ………………………………………………………… 147
　　第四节　研究创新之处与不足 …………………………………………… 148

第九章　文献综述 ……………………………………………………………… 150
　　第一节　房地产价格波动与宏观经济的关系 ………………………… 150
　　第二节　房地产价格波动与货币政策的关系 ………………………… 151
　　第三节　货币政策的规则行事、相机抉择之争 ……………………… 156

第十章　房地产价格波动与宏观经济稳定 ………………………………… 159
　　第一节　我国房地产市场的发展历程及现状分析 …………………… 159
　　第二节　我国房地产市场价格上涨的原因分析 ……………………… 178
　　第三节　我国房地产价格波动对宏观经济的影响 …………………… 183

第十一章　房地产价格波动与货币政策反应 ……………………………… 194
　　第一节　货币政策房地产价格波动传导机制分析 …………………… 194
　　第二节　房地产价格波动对货币政策影响的实证分析 ……………… 199

第三节　货币政策是否应对房地产价格波动作出反应——基于DSGE模型的分析 ………………………………………… 206
　　第四节　货币政策对房地产价格波动的反应程度 …………… 217
第十二章　房地产价格波动与货币政策工具规则选择 ………… 227
　　第一节　房地产价格波动与货币政策工具规则的理论分析 … 227
　　第二节　不同货币政策工具规则的反应系数估计与检验 …… 235
　　第三节　基于房地产价格波动的不同货币政策工具规则比较 … 238
第十三章　房地产价格波动与货币政策目标规则选择 ………… 248
　　第一节　房地产价格波动与货币政策目标规则的理论分析 … 248
　　第二节　房地产价格波动与货币政策目标规则的实证分析 … 252
第十四章　第二篇结论与政策建议 ……………………………… 258
　　第一节　主要研究结论 ………………………………………… 258
　　第二节　相关政策建议 ………………………………………… 260
　　第三节　未来研究展望 ………………………………………… 264

参考文献 ………………………………………………………… 266

第一篇

影子银行风险及其与货币政策规则选择关系

第一章 导　论

第一节　研究背景与研究意义、目标

一、研究背景

（一）经济发展进入新常态

经过30多年的快速增长，我国经济发展开始步入了新常态，慢慢向形态更高级、分工程序化、结构更合理的阶段演化，进入了高效率、低成本、可持续的中高速增长阶段，呈现出速度变化、结构变化、动力转换等特征。经济增长速度开始逐步放缓，呈现出从高速转向中高速的增长特征，这是经济发展新常态阶段的根本特征。经济结构进一步转型升级，开始从以增量扩能为主转向调整存量、做优增量并举，第三产业所占比重进一步提高，居民可以获得更多的经济增长红利。经济增长方式逐渐发生转变，开始从规模速度型转向质量效率型，发展动力开始从主要依靠要素投入转向创新驱动，这也是我国经济发展新常态阶段的核心内涵。但与此同时，在经济发展过程中，也出现了经济下行压力大等诸多问题。国家统计局网站数据显示，2018年GDP增速仅为6.3%，CPI为2.1%，PPP为3.5%。这些都表明我国经济发展正面临前所未有的困难和挑战。因此，在经济下行压力增大、社会资金趋紧的严峻背景下，如何在发展中既做到正视困难、迎接挑战，又做到抓住机遇、转危为机，是我国经济发展接下来所面临的重大问题。

（二）经济下行压力大，影子银行体系发展快速

GDP增速的"破7"，非金融性行业增速的"破6"，工业主营业务收入

的零增长，GDP 平减指数、企业利润和政府性收入的负增长、"衰退式顺差"的快速增长以及"衰退式泡沫"等现象的出现，都标志着我国宏观经济环境开始面临下行的压力。

反观影子银行体系的规模，却呈现出爆发式增长的态势，逐渐成为社会融资的重要渠道，成为影响我国经济发展的重要因素。穆迪发布的《中国影子银行季度监测报告》显示，2018 年我国影子银行资产达 62.9 万亿元，影子银行资产占 GDP 的比重为 69.86%，影子银行体系的规模呈现出了快速扩张的态势，在国民经济发展过程中作出了重要的贡献。在影子银行体系规模迅速扩张的同时，影子银行体系的风险不容忽视。

（三）影子银行体系的高杠杆对宏观经济、金融稳定产生重要影响

反思 2008 年国际金融危机爆发的原因可以发现，影子银行挤兑是造成次贷危机，进而演变成全球性的金融危机，并向整个金融体系蔓延的重要原因，影子银行也因此被推到了风口浪尖。

从影子银行体系的发展历程可以看出，影子银行体系对我国经济发展作出了一定的贡献，在一定程度上弥补了传统银行体系的不足，丰富了企业和居民的融资手段与渠道。

2003 年以来，影子银行体系的规模逐年上升，年均增长额为 2861.73 亿元，年均增长率达 91.78%，但影子银行体系存在的问题逐渐凸显，潜伏的风险逐渐暴露，民间借贷问题频发，资金链断裂，借款人逃跑。国际货币基金组织（IMF）曾对我国非银行中介的信贷风险、流动性错配和道德风险提出了警告，尤其是信托和理财产品的风险，这些事件都引发了人们对于影子银行体系风险状况的担忧。

与此同时，2017 年第二季度，我国宏观经济总体杠杆率为 238.2%，其中居民杠杆率为 47.4%，企业杠杆率为 156.3%，政府杠杆率为 37.8%，金融部门杠杆率超过了 130%，反映出传统信贷以外的影子银行体系融资上升更快。由于影子银行体系活动通过高杠杆方式进行信用中介活动，因此风险被不断放大，即使通过市场交易分散风险，也无法消除从传统商业银行转移出来的利率风险、信用风险，并通过系统性风险方式留存在金融体系中，形成风险隐患。

针对影子银行体系所暴露的这些问题和隐患，国家相继出台了多项规定，但影子银行体系影响金融稳定的潜在风险依然不容忽视。

（四）影子银行体系影响货币政策调控效果和货币政策规则（工具规则和目标规则）选择

由于我国的金融系统是以银行为主的间接融资体系主导的，货币政策主要通过银行渠道的信贷供给影响实体经济。影子银行体系规模的增加，导致社会融资规模从银行信贷渠道中漏出，从而对货币政策的传导造成影响，导致宏观金融风险的加剧，诱发金融危机（赵胜民，2018）。

在经济扩张时期，影子银行体系信贷扩张的替代效应能减弱实体经济对银行信贷及货币增量的相对需求，削弱紧缩型货币政策抑制经济过热的效果。在经济紧缩时期，影子银行体系的信贷紧缩加大了实体经济对银行信贷和货币增量的需求，同时削弱了扩张型货币政策抑制经济衰退的效果。与不存在影子银行体系的情况相比，货币供应量和信贷投放需要大幅增加才能起到同等的总需求扩张效果，因此，影子银行体系容易削弱货币政策执行的效果，加大货币政策实施的难度。

与此同时，影子银行体系具有高流动性、高杠杆、缺乏有效监管等特点，使影子银行体系在为宏观经济提供流动性的同时，能够不受最低资本充足率等监管的约束，在一定程度上执行货币职能，但也会导致货币增量需求相对减弱，使中央银行对货币供应量测度与控制的准确性和有效性受到干扰，从而对货币政策中介目标、操作目标、调控工具、传导机制产生影响，影响了货币政策实施的效果，提高了货币政策操作的难度，也对中央银行货币政策规则（工具规则和目标规则）的选择与实施提出了新的挑战。

二、研究意义

（一）现实意义

2007 年美国次贷危机爆发后，影子银行体系开始引起人们的关注，2008—2017 年，影子银行的发展环境也在慢慢发生变化。对于我国来说，同样如此。从我国影子银行体系的内部环境来看，根据穆迪的估算，2018 年 6 月，我国影子银行资产达 62.9 万亿元，影子银行体系的规模呈现出快速增长的态势。在影子银行体系规模迅速扩张的同时，影子银行体系所产生的风险被传导至宏观经济领域。从影子银行体系的外部环境来看，银行、证券、信托、基金以及保险等机构金融业务交叉融合的程度越来越高，使行业之间的界限越来越模糊，各种金融创新业务和产品在跨行业、跨市场和跨机构的过程中产生，金融体系各个组成部分之间的关联性越来越强。在这一过程中，影子银行体系的出现和发展使整个金融体系变得越来越复杂，大大提高了金融体系爆发系统性风险的可能性。

影子银行体系的风险对宏观经济和金融稳定的影响究竟有多大？影子银行体系又会如何影响货币政策的实施效果，进而影响货币政策规则的选择？这些都是各方关注的焦点问题。本书第一篇就是在这样的背景下，对影子银行体系的风险传导及其对货币政策规则选择的影响进行研究，具有重要的现实意义。

(二) 学术价值

关于影子银行体系的研究是从2008年国际金融危机爆发后开始出现的，并逐渐成为学术界的热点问题。本书第一篇在借鉴中外学者关于影子银行体系学术研究成果的基础上，深入探索、分析影子银行体系对宏观经济和金融稳定所产生的风险，并就影子银行体系的风险及其对货币政策规则选择的影响进行研究，以期引起学术界对现行货币政策理论的进一步思考，为该领域的学者研究调整我国货币政策体系，进而建立更加成熟和完善的理论框架提供可供参考的研究成果。

与此同时，随着我国经济进入"三期叠加"的特殊时期，货币政策环境变得越来越复杂，对货币政策操作，特别是货币政策规则的要求也越来越精细。如何应对影子银行体系对货币政策的影响，既是一个新的课题，也是一个必须要面对的问题；既要引导影子银行体系健康发展，又要做好影子银行体系的风险防控。基于影子银行体系已经成为我国宏观经济运行的重要影响因素，就影子银行体系的风险及其对货币政策规则选择的影响进行研究，对于维护宏观经济平稳运行、完善我国金融体系具有重要的理论意义。

因此，本书第一篇将着眼于分析影子银行体系的风险，分析影子银行体系对宏观经济所产生的阈值效应、对金融稳定所产生的风险溢出效应、对信贷流动所产生的水床效应，并以此为基础分析影子银行体系对货币政策规则（工具规则和目标规则）选择的影响，对制定相关货币政策、控制金融风险、促进宏观经济健康发展具有重要的参考价值。

三、研究目标

本书第一篇通过利用计量经济分析、动态随机一般均衡模型等多种定性和定量分析方法，探究经济新常态背景下我国影子银行体系的风险及其对货币政策规则选择的影响研究，期望达到以下研究目标。

（1）利用 SVAR 模型，分析影子银行体系对宏观经济所产生的影响，以期就影子银行体系对宏观经济所产生的阈值效应进行分析。

（2）构建金融稳定指数，利用 CoVaR 模型和 GARCH 模型，得出影子银行体系对金融体系所产生的风险溢出效应，以期就影子银行体系与金融稳定之间的风险溢出效应进行分析。

（3）利用 VAR 模型，分析影子银行体系对传统信贷流动性所产生的影响，以期就影子银行体系对传统信贷流动性所产生的水床效应进行分析。

（4）构建包括商业银行、中央银行等多个经济主体在内的 DSGE 模型，对影子银行体系如何影响货币政策工具规则选择进行分析，找出最适合我国的货币政策工具规则，以期就影子银行体系对货币政策工具规则选择的影响进行分析。

（5）构建改进的 IS—Philips 模型，对影子银行体系如何影响货币政策目标规则选择进行分析，探究我国货币政策最终目标中是否需要增加第五个目标——金融稳定，并找出最适合我国的货币政策目标规则，以期就影子银行体系对货币政策目标规则选择的影响进行分析。

（6）在经济新常态背景下，结合经济形势的变化，进行国内外对比分析，并在此基础上，对我国防范影子银行体系风险及其对宏观经济和货币政策的影响提供具体思路与对策。

第二节　研究的内容、框架、结构与方法

一、研究内容

本书第一篇在研究经济新常态下影子银行体系的风险及其对货币政策规则选择的影响时，通过理论建模、计量经济分析和对策建议相结合的研究范

式,对现有文献进行梳理、归纳后,结合我国影子银行体系的现状,认为在经济新常态背景下,需要对影子银行体系的风险传导及其对货币政策的影响进行分析,并构建影子银行体系对货币政策规则影响的理论分析框架,进而利用我国实际经济数据进行经验分析和数值模拟分析,得出研究结论,最后提出有针对性的政策建议。具体来说,本书第一篇所研究的主要内容可以分为以下四个部分。

(一) 影子银行体系与宏观经济之间的关系分析

影子银行体系与宏观经济之间关系的相关研究主要包括两个部分:第一部分运用 SVAR 模型就影子银行体系对宏观经济的阈值效应进行研究,认为影子银行体系对宏观经济的影响存在阈值效应,即呈现出一种倒"U"形关系;第二部分运用 VAR 模型对影子银行体系与传统信贷流动性之间存在的水床效应进行分析,即影子银行体系的流动性与传统信贷流动性之间呈现出此消彼长的特点。

(二) 影子银行体系对金融稳定的影响分析

本书首先对影子银行体系进行分类,并依据分类情况选取影子银行体系的抽样样本,随后以上市商业银行作为银行体系的代表,通过构建 CoVaR 模型和 GARCH 模型,分析影子银行体系对上市商业银行所产生的条件风险价值、溢出风险价值、风险溢出强度,以此进一步分析影子银行体系对银行体系稳定性所产生的风险溢出效应。

(三) 影子银行体系与货币政策工具规则选择

本书将货币政策工具规则分为利率规则、货币供应量规则和混合规则,利用我国真实经济数据对货币政策工具规则的反应函数进行实证分析,构建包括家庭、企业、中央银行、影子银行体系等多个主体在内的 DSGE 模型,找出在经济新常态背景下,适合我国的货币政策工具规则。

(四) 影子银行体系与货币政策目标规则选择

本书构造改进的 IS—Philips 模型,确定在充分考虑影子银行体系发展的情况下,我国货币政策的最终目标是否需要增加金融稳定作为第五个目标,并借助敏感性分析探讨在经济新常态背景下,何种货币政策目标规则才是最适合我国国情的。

二、研究框架

本书研究框架如图1.1所示。

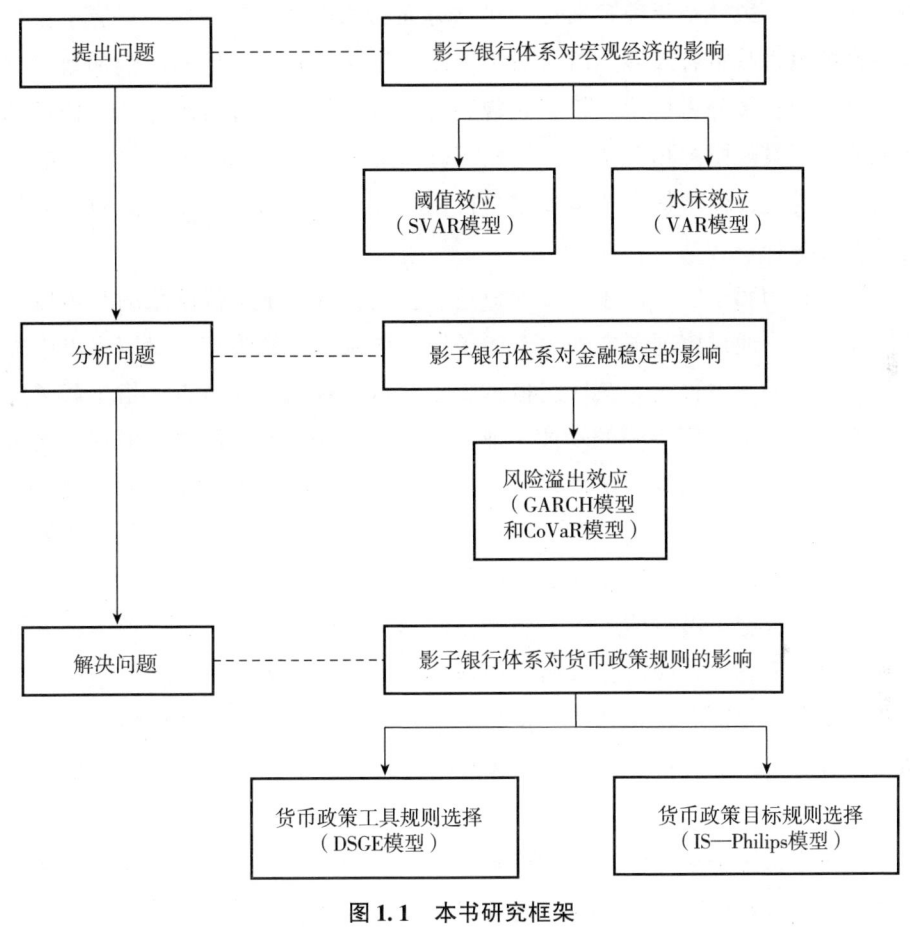

图1.1　本书研究框架

三、研究结构

本书第一篇共七章，具体章节的研究内容及结构如下。

第一章为导论，主要介绍研究背景与研究意义、研究方法、研究内容、研究结构、创新与不足之处。

第二章为文献述评，将影子银行体系与货币政策选择关系的相关研究划分为六个部分：第一部分为我国经济新常态的相关研究；第二部分为影子银行体系的概念、起源和发展方面的国内外文献综述；第三部分为影子银行体系与宏观经济、金融稳定关系方面的国内外文献综述，对影子银行体系如何影响宏观经济和金融稳定进行全面的总结与梳理；第四部分为影子银行体系与货币政策有效性及货币政策传导机制方面的国内外文献综述，对影子银行体系影响货币政策有效性，以及对货币政策传导机制所产生的影响和效应进行述评；第五部分为货币政策工具规则选择方面的国内外文献综述，梳理和比较不同工具规则的相关文献；第六部分为货币政策目标规则选择方面的国内外文献综述，梳理货币政策最终目标的文献，并总结国内外文献对不同目标规则的选择。

第三章为影子银行体系的发展概述。首先，对影子银行体系的基本概念进行了界定，通过梳理国内外关于影子银行体系的概念界定，确定本书中影子银行体系的基本概念。其次，梳理影子银行体系的发展特点，指出影子银行体系可以发挥信用中介的功能，业务链条短、业务性质简单，但存在严重的监管套利，极易引发系统性风险。再次，对我国影子银行体系的发展历程进行了梳理。最后，介绍了影子银行体系的发展状况，从发展现状、发展原因、业务类型等多个方面进行详细分析。

第四章为影子银行体系对宏观经济的影响分析。首先，对影子银行体系的规模进行测算，并构建金融稳定指数，就影子银行体系对金融体系稳定的阈值效应进行实证分析。其次，就影子银行体系对银行体系的风险溢出效应进行实证分析。最后，就影子银行体系对传统银行信贷流动性所产生的水床效应进行分析。

第五章为影子银行体系对货币政策工具规则的影响分析。首先，基于新凯恩斯主义分析框架，构造动态随机一般均衡模型，并进行参数的校准。其次，利用OLS分析方法对不同货币政策工具规则的反应系数进行估计，并对不同货币政策工具规则进行脉冲响应分析及福利损失比较。再次，以美国为例，对其他国家货币政策工具规则的经验进行介绍。最后，对利率规则在我国的适用性进行检验，为后文的政策建议做好铺垫。

第六章为影子银行体系对货币政策目标规则的影响分析。首先，对最优货币政策目标规则选择进行理论与实证分析，分析什么样的货币政策目标规则才是适合我国现阶段的最优目标规则。其次，对发达国家普遍采用的通货膨胀目标制在我国的未来实施情况进行再探讨。

第七章为结论与政策建议。首先，对主要的研究结论进行总结。其次，提出相关有针对性的政策建议。最后，对未来的研究进行展望。

四、研究方法

本书第一篇在对经济新常态背景下我国影子银行体系的风险及其对货币政策规则选择的影响进行分析时，主要运用以下研究方法。

（一）文献梳理与经验分析法

本书第一篇通过对影子银行体系相关文献进行归纳整理，梳理相关文献、理论与经验，分析影子银行体系所产生的阈值效应、水床效应、风险溢出效应，以及影子银行体系对货币政策规则（工具规则和目标规则）的影响机制，并形成文献综述报告。

（二）实地访谈与调研法

本书第一篇通过对影子银行体系和商业银行的实地调研，分析影子银行体系的业务模式、风险状况和发展现状，为货币政策规则选择提供案例和经验支持。

（三）数理建模分析方法

本书第一篇在国内外学者已有研究的基础上，对现有的数理模型进行修正与创新，构建动态随机一般均衡模型，运用 DSGE 模型分析影子银行体系对货币政策工具规则选择的影响，指出货币政策工具规则在影子银行体系充分发展的背景下需要作出何种调整、何种货币政策工具规则才是最优货币政策工具规则。

（四）计量经济学分析方法

本书第一篇运用了大量的计量经济学分析方法，对影子银行体系与货币政策规则选择关系问题进行了研究。如利用 SVAR 模型分析影子银行体系对宏观经济的阈值效应，利用 GARCH 模型和 CoVaR 模型分析影子银行体系与金融稳定的风险溢出效应，利用 VAR 模型分析影子银行与信贷流动性之间的水床效应。同时，结合我国的实际情况，采用 EViews 软件对影子银行体系与货币政策规则选择问题进行深入的实证分析，力图使研究更全面与真实、更符合具体情况。

（五）动态随机一般均衡分析方法

本书第一篇在国内外学者已有研究的基础上，对现有的数理模型进行修正与创新，构建包括影子银行体系、传统商业银行等主体在内的动态随机一般均衡模型，分析影子银行体系对货币政策工具规则选择的影响。

（六）宏观经济模型的扩展运用与均衡分析方法

本书第一篇对传统的 IS—LM 宏观经济模型、Philips 曲线进行扩展运用和均衡分析，建立改进的 IS—Philips 模型，分析影子银行体系对货币政策目标规则选择的影响。

（七）归纳法与演绎法

本书第一篇对货币政策规则中的不同货币政策工具规则和目标规则进行比较，并以此为基础探讨货币政策规则的本质，扩展了货币政策规则的内涵，分析了利率规则与通货膨胀目标制在我国的适用性，这些分析又反过来加深了对货币政策规则中工具规则与目标规则的认识与理解。

第三节　研究创新之处与不足

一、研究创新之处

与国内外的同类研究相比，本书第一篇的创新之处主要体现在如下几个方面。

（一）研究视角创新

在研究视角的选择上，本书以我国经济发展进入新常态阶段、经济面临下行压力的经济环境为背景，更具有时代性。

（二）研究内容创新

在研究内容的选择上，本书对影子银行体系的风险及其对货币政策影响的相关问题进行系统、综合研究，更具有系统性。尽管国内外学者对于影子银行体系已经进行了许多有益的研究和探索，但这些研究多为单个、片段式研究，缺乏关于影子银行体系对宏观经济、金融稳定及货币政策影响的系统分析。因此，本书第一篇通过分析影子银行体系对宏观经济、金融稳定、货币政策执行等所产生的多种效应，环环相扣、层层递进，试图对我国影子银行体系风险及其对货币政策规则选择的影响进行综合、系统的研究。

（三）研究方法创新

在研究方法的选择上，本书采用定性分析与定量分析相结合的研究方法，使研究更具有可信性。

二、研究不足

尽管本书在对经济新常态下我国影子银行体系的风险及其对货币政策选择影响的分析中取得了一定的研究成果，但仍然存在不足，需要在未来的研究中改进。

一是在对影子银行体系总体规模等相关数据的掌握上，缺乏准确的、官方的数据，导致本书的深入研究存在一定的困难。

二是在DSGE模型中，将影子银行体系更好地定量纳入理论模型框架，分析影子银行体系对货币政策选择的影响，目前存在一定的困难，未来也将逐步进行改进。

第二章 文献述评

本章以经济新常态下影子银行体系与货币政策选择的关系作为线索,全面、系统梳理国内外的相关文献,指出相关文献的不足,把握国内外相关研究现状,探究未来研究方向,为接下来的研究奠定良好的基础。

第一节 我国经济新常态的相关研究

2014年5月,习近平总书记在河南考察时,指出"我国发展处于重要战略机遇期,我们要增强信心,从当前我国经济发展的阶段性特征出发,适应新常态,保持战略上的平常心态",首次提出了我国经济进入新常态。随后,国内学界对于经济新常态进行了深入的研究,经济新常态相关研究在很短时间内成为国内经济学研究的热点领域。

刘煜辉(2014)认为我国的经济新常态是一个转型过程,是旧稳态经过新常态时期的调整逐步进入新稳态的过程。李扬(2015)指出在新常态下,我国经济已经开始脱离投资驱动和出口驱动的传统增长方式,正逐渐向更强调质量、效益、创新,更关注生态文明建设,更注重民生改善,更具可持续性的轨道过渡,我国经济已经呈现出"速度略降、质量效益提高、生态效应改善、可持续性增强"的态势和迹象。齐建国、王红等(2015)认为我国经济新常态并非经济转型成功并进入理想发展阶段的标志;相反,新常态表明我国经济进入诸多有利于经济增长的红利加速消失、经济增长的硬约束变得更强、结果转变压力加大的时期,这是经济发展的客观规律导致经济发展阶段转变和改革进入新阶段使经济增长的内在动力发生转换的必然结果。林毅夫(2015)认为,在2008年国际金融危机之后,欧美等国家纷纷进入低增长、高失业率、金融市场高风险的新常态阶段,对比之下,我国的新常态阶段则是从2014年开始,表现为经济中高速增长、经济结构转型。张占斌(2015)总结了我国经济新常态呈现出的增长速度、发展方式、产业结构调整、增长动力、资源配置、经济福祉等多方面的变化,认为经济发展进入新常态,并没有改变我国发展仍处于可以大有作为的重要战略机遇期的判断,改变的是重要战略机遇期的内涵和条件;没有改变我国经济发展总体向好的基本面,改变的是经济发展方式和经济结构。张国(2015)认为我国的经济新常态面临外部和内部的双重挑战,外部挑战主要来自发达国家的"逆全球化""再工业化"等,内部挑战主要来自产能过剩、企业创新能力不足、劳动生产率增长速度缓慢、贫富分化和收入差距过大、资源环境的恶化、财政金融风险、非贸易部门的低效率等。余斌、吴振宇(2015)认为我国经济增速已经落入了中高速的范围,结构也正在发生积极的变化,经济运行仍处于向新阶段转换的时期,我国经济增长进入新常态实质上是指追赶进程进入了新阶段,在新常态下我国经济发展面临多重风险和挑战,也面临新的机遇。汤金润、王飞(2017)利用状态空间模型与生产函数法相结合的方法,分析了各生产要素的产出贡献比、要素产出比、边际产量的变化趋势,认为我国经济目前正处于新常态与旧常态交替的过程中,资本边际产量下降、劳动年龄人口增长缓慢、TFP增长率下降是我国潜在GDP增长率下降的主要原因。田萍(2017)认为我国经济新常态是经济周期性运行的必然结果,是工业化发展过程中的必经阶段,也是"市场主导型经济体制"对"政府主导型经济体制"的必然替代。

第二节 影子银行体系的概念、起源和发展的相关研究

2008年国际金融危机将影子银行体系的脆弱性暴露在全球货币政策执行当局和金融系统监管者面前,将社会各界的注意力转移到对影子银行体系的关注上。影子银行体系(Shadow Banking System)的概念最早是在2007年由太平洋投资管理公司(PIMCO)执行董事Paul McCulley在美联储年度研讨会上提出的,他认为影子银行是"与传统、正规接受监管的商业银行系统相对应的金融机构,其筹集到的多为短期不确定的资金,游离于联邦政府监管之

外，没有再贴现的权利，也不能加入存款保险组织"。在 Paul McCulley 对影子银行的概念作出界定之后，许多学者也相继从监管覆盖、业务类型、功能等多方面对影子银行体系的概念作出了自己的解读。Pozasar 等（2010）认为影子银行本质上是一种"信用中介"，是一种未得到中央银行再贴现窗口保护，具有期限、信用和流动性转换功能的金融中介。Geithner（2008）认为影子银行体系是指传统银行系统之外所存在的"非银行"运用的融资安排系统，该系统中的非银行机构可利用短期融资资金购买大量高风险、低流动性的长期资产。金融稳定委员会（FSB）则将影子银行定义为"常规银行体系之外的主体与活动提供信用媒介的体系"。2008 年国际货币基金组织的《全球金融稳定报告》使用"准银行"的概念来代表相似的金融机构和金融活动，并认为影子银行的过度发展是国际金融危机的导火索。美国经济学家 Krugman（2009）则将其定义为拥有较多复杂工具的非银行金融机构。Gennaioli、Shleifer 和 Vishny（2011）将影子银行体系界定为能够经营贷款、通过各种外部债务进行融资的"资金池"。Bernanke（2012）认为影子银行是由多个执行商业银行职能，但却没有纳入传统的存款保险体系的机构和市场所组成，主要包括证券化工具、资产抵押商业票据、回购协议、投资银行、货币市场基金和住房抵押公司。FSB（2012）为了更好地制定政策与监管策略，又将影子银行体系划分为五种类型，分别是银行与其影子银行的交易活动、货币市场共同基金、其他影子银行实体、证券化活动、证券的借贷以及回购。

我国影子银行和欧美国家影子银行在体制上存在重要的差异，我国影子银行体系是在银行主导的金融结构下形成的，影子银行体系与商业银行体系存在紧密的联系。因此，我国学者对于影子银行体系的界定，也多从与商业银行关系的角度进行概括。周小川（2011）曾指出影子银行是指行使商业银行功能但却基本上不受监管或受很少监管的非银行金融机构。巴曙松（2009）认为影子银行主要包括投资银行、对冲基金、货币市场基金、债券、保险公司、结构性投资工具（SIV）等非银行金融机构。易宪容（2010）认为影子银行实质上是以住房贷款的证券化等方式行使影子银行的基本功能，但并没有获得像传统银行一样的监管标准。周莉萍（2011）认为影子银行是发挥类似于商业银行存款、贷款、结算等功能的非银行金融机构。黄益平、常健（2012）认为我国影子银行主要包括向公众销售理财产品的信托融资与由金融机构做中介的委托融资。林晶、张昆（2013）认为我国尚未形成与欧美等发达国家类似的"影子银行"体系，但已经获得了初步的发展，影子银行体系主要包括信托公司、货币市场基金、私募基金、财务公司、汽车金融公司等非银行金融机构和实体，以及银信合作、理财产品、委托贷款、资产证券化、民间借贷等金融工具和市场。巴曙松（2013）又在之前界定的基础上，从四个不同的层面划分影子银行：第一个层面范围最窄，包括银行理财业务和信托公司；第二个层面除了上述两类，还包括财务公司、汽车金融公司、金融租赁公司、消费金融公司等非银行金融机构；第三个层面除了包括上述类型，还包括银行同业拆借、委托贷款等表外业务以及融资担保公司、小额贷款公司、典当行等非银行金融机构；第四个层面涵盖范围最广，包括上述所有类型以及广泛存在的民间借贷。王家华和蔡则祥（2014）从业务结构的角度将我国影子银行体系分成五类：一是部分表外化业务，二是部分银行与其他金融机构合作的业务，三是民间金融及其他非银行金融机构的类融资性业务，四是互联网金融业务，五是第三方理财业务。

2013年《国务院办公厅关于加强影子银行监管有关问题的通知》指出，影子银行的产生是金融发展、金融创新的必然结果，作为传统银行体系的有益补充，在服务实体经济、丰富居民投资渠道等方面起到了积极作用，并将影子银行划分为三大类：第一类是不持有金融牌照、完全无监管的信用中介机构，包括新型网络金融公司、第三方理财机构等；第二类是不持有金融牌照、存在监管不足的信用中介机构，包括融资性担保公司、小额贷款公司等；第三类是机构持有金融牌照，但存在监管不足或规避监管的业务，包括货币市场基金、资产证券化、部分理财业务等。

第三节　影子银行体系与宏观经济、金融稳定关系的相关研究

最初关于影子银行体系的研究大多集中在对影子银行体系出现的原因及作用的分析上，随着影子银行体系的负面效应逐渐凸显，国内外学者也开始将研究重点转移到影子银行体系对宏观经济、金融体系稳定造成的影响上。

Paul Krugman（2008）曾指出，影子银行体系具有设计方式复杂的特点，

且规避了常规金融监管,导致其比传统银行在拓展业务方面更容易,但在流动性方面也更容易出现问题,带来风险,对金融稳定造成影响。Brown(2010)认为影子银行的许多工具本身都是投资者用来分散风险的,但对于个体风险的分散和对于总体尾部风险的忽视的相互作用导致出现较大的金融风险,影响金融体系稳定。Pozsar、Tobias 和 Adam 等(2010)认为对传统商业银行进行更多的"机构监管",将会导致这些传统的商业银行开展更多的影子银行业务,谋取更大的利润,引发更大的风险,因此应采取"功能监管"的方式。Andrew Sheng(2011)分析指出在货币供应量的统计指标中应包括影子银行体系所创造出的货币量,以此来扩大货币政策的监管范围,降低可能会造成的系统性风险,削弱对金融稳定性所产生的影响。Verona、Martins 和 Drumond(2011)通过对比分析包括影子银行体系在内的 DSGE 模型和不包括影子银行体系的 DSGE 模型,认为应加强对影子银行体系的金融监管,避免对金融体系造成影响。Bruno、Shin(2012)认为影子银行体系没有受到传统商业银行在资本充足率和存款准备金等方面的监管,可以通过较少规模的自有资本来撬动较大规模的业务,在监管缺失的情况下,影子银行采用高杠杆率的运作方式,虽然能够获得较高的回报,但却极易出现风险的大量积聚与爆发。Turner(2012)指出影子银行体系存在尾部风险暴露问题,直接增加了金融体系的不稳定性。Sharma(2014)深度剖析了中国影子银行体系能够得到快速发展的原因,以及影子银行体系给传统金融体系所带来的冲击与风险。Gornicka(2014)认为影子银行通过各种金融衍生工具和货币市场、信贷市场及资本市场的资金需求方实施了债权、期限和风险的转换,并且影子银行体系不存在类似存款保险的制度,一旦货币市场发生挤兑,将会引发较大规模的流动性问题,从而引发金融市场整体的系统性风险。Plantin(2015)通过构建理论模型,对影子银行与商业银行监管之间的关系进行分析,认为对银行资本的严格监管会在一定程度上促进影子银行活动的增加,导致整个金融体系的流动性风险和支付风险的增加;反过来,松散的监管则会在一定程度上刺激商业银行向传统银行业务的回归,可以将影子银行业务的发展控制在一定范围内。

袁利勇(2009)指出影子银行体系所存在的风险增加了发生金融危机和经济危机的可能。何德旭、郑联盛(2009)对影子银行体系的特点进行了分析，指出影子银行体系具有复杂的创新性、杠杆性以及未纳入监管体系等特征，这些特征会在一定程度上增加金融体系所面临的风险。巴曙松（2009）认为影子银行体系缺乏像传统商业银行那样的严格监管，且其信贷方式延长了信用传导链条的长度，极易导致巨大的金融风险隐患。王海全（2012）认为我国的影子银行体系正处于快速发展时期，在监管方面存在诸多问题，这些问题导致影子银行体系对金融稳定产生了一定的影响，需要加强对影子银行体系系统性风险的监测、评估和监管。敬志红（2013）认为影子银行体系的发展给我国金融市场注入了活力，但影子银行体系的高杠杆运作、监管会导致出现金融监管滞后的问题，使金融风险逐渐暴露，为金融稳定和宏观经济运行带来了巨大风险。王浡力（2013）认为影子银行体系的发展在一定程度上体现了金融创新，但也会加剧金融脆弱性，增加系统性金融风险，若风险集中爆发，将会引发金融危机。祁永忠、栾福茂（2014）认为信贷融资门槛过高，大量资金需求无法满足，催生了影子银行体系，但其独特的运作模式却极易导致影子银行产品的违约风险加大，并且通过关联交易和信用链条传播扩散为金融风险，对金融稳定造成负面影响。陆晓明（2014）认为我国的影子银行实际上是与银行并行的，承担的角色更多的时候是银行产品的替代，以信贷中介为主导，但同时又更多地依赖银行，在很大程度上是将银行存贷款业务平行转移到银行资产负债表外，由其他机构单独或与银行并行开展银行表外资产负债业务。程贵（2015）认为影子银行体系与宏观经济之间存在正反馈机制，会加剧宏观经济波动，增加宏观经济风险，进而影响货币政策的有效性，危害金融体系的稳定，增大金融监管的难度。李丛文、闫世军（2015）基于 GARCH – 时变 Copula—CoVaR 模型测度不同类型的影子银行对商业银行的整体以及局部动态风险溢出效应，分析结果表明，各类型影子银行对商业银行的风险溢出效应存在明显的区别，虽然整体风险溢出效应较小，依然处于可控的范围内，但仍需要加以防范；同时，影子银行体系对不同类型商业银行的风险溢出效应也存在着明显的差别，应严防影子银行对商业银行的系统性风险溢出，避免局部风险溢出引发系统性危机。胡利琴、陈锐等（2016）利用 NARDL 模型和门限回归模型分析，指出经济下行会助推影子银行体系转型，会引起影子银行体系风险的增加。王擎、白雪（2016）基于金融与经济的基本关系原理对我国各省市的影子银行规模进行测算，认为我国近年来影子银行发展迅猛，但不同区域的规模差异明显，影子银行规模与银行体系稳定性之间存在倒"U"形关系，存在显著的阈值效应。方先明、权威（2018）构建 TVP—VAR 模型，分析影子银行规模变动对金融资产价格的风险溢出效应，认为影子银行规模的增加对商业银行同业拆借利率、房地产价格、股票市场价格指数和人民币实际有效汇率指数具有正向冲击，宏观经济政策调整使经济系统结构发生改变，从而导致金融资产价格对影子银行规模变动的冲击响应具有时变性，影子银行规模变动的溢出效应具有时滞性。张园丽（2018）认为影子银行对经济增长、通货膨胀的作用持续时间，要长于对货币供应量的影响，说明影子银行已经成为影响我国经济的重要力量；不过，模型分析结果也显示，虽然影子银行能够推动经济增长，但同时也会造成物价的短期波动，影响货币政策的操作。

除了研究影子银行对金融稳定的影响之外，部分学者作出更为深入的分析，以金融体系中占主导地位的银行体系为例，就影子银行体系对银行体系稳定性的影响进行分析，并对银行体系所产生的风险进行了更深一步的研究。Baily（2008）指出影子银行的高杠杆操作增加了金融市场的脆弱性，同时，影子银行体系规避监管的行为，也极易导致系统性风险的扩张，进而威胁银行体系的稳定。Nersisyan（2010）从宏观经济的角度出发，分析影子银行体系对商业银行的影响，认为随着影子银行体系规模的不断增加以及在金融市场中的重要性不断提高，其对商业银行垄断地位的挤占会越来越明显，对商业银行的影响也越来越大。金融稳定委员会（FSB，2011）指出影子银行体系在内部通过流动性转换产生系统性风险，在外部通过各种信用中介活动把风险转移给银行体系，增加了银行体系的不确定性。

苗晓宇、陈晞（2012）认为影子银行体系的发展在一定程度上促进了商业银行的创新行为，弥补了商业银行业务的盲点，但影子银行体系存在套取银行资金的现象，影响了金融资源配置效率，极易导致商业银行系统性风险的扩大。毛泽盛、毛亚兰（2012）发现影子银行体系规模与银行体系稳定性之间存在着阈值效应，即当影子银行体系规模低于阈值时，影子银行体系的发展有利于提高银行体系的稳定性，反之则会降低银行体系的稳定性。张坤（2012）认为影子银行体系的发展会加剧信贷市场的竞争，为商业银行带来更多的挑战，在影子银行体系发展初期，其对商业银行的影响作用不大，但随着影子银行体系的不断发展,二者之间的竞争越来越激烈,无形中加大了商业银行体系的系统性风险。张亦春、彭江(2014)构建商业银行稳健性指数,利用面板 Granger 因果检验、面板 VAR 模型,研究影子银行体系对14家上市商业银行的稳定性的影响。其结论表明,影子银行体系的发展会在一定程度上增强商业银行的稳健性,但程度较小,且不具有长期效应。宋巍、刘俊奇(2015)以影子银行体系对商业银行风险的溢出效应为研究对象,通过构建 CoVaR 和面板数据模型,分析外部影子银行和内部影子银行对商业银行的风险溢出效应,结果表明考虑影子银行体系对商业银行的风险溢出后,商业银行的风险明显变大。高蓓、张明等(2016)分析指出,影子银行负债端的理财产品的发行,会降低商业银行的资本比率与资产收益率,影响商业银行的经营稳定。庄子罐、舒鹏等(2018)利用动态随机一般均衡模型对比分析影子银行对我国宏观经济波动的影响,模拟结果认为,影子银行的出现会增加我国信贷市场的不稳定性,引起经济中产出与投资波动幅度的扩大,影子银行体系内部存在的委托—代理问题以及影子银行管理者调整对借款企业风险偏好的不正当激励,是影子银行能够在短期内加大经济波动的重要原因。

第四节 影子银行体系与货币政策有效性、货币政策传导机制关系的相关研究

在影子银行体系与货币政策的关系方面,影子银行体系所存在的风险弱化了货币政策窗口指导的作用(王增武,2010),通过信用创造向市场注入大量的流动性,增加了市场中的货币供应量(张磊,2012),削弱了货币政策的有效性(骆振心、冯科,2012),同时也会出现货币政策的非对称效应(毛泽盛、许艳梅,2015),对货币政策实践提出了挑战(李波、伍戈,2011)。

Gorton 和 Metrick(2010)利用回购协议的方式,对影子银行的信用创造机制、货币供给机制进行分析,认为影子银行会对货币政策的有效性产生影响。Fabio Verona 等(2011)建立 DSGE 模型,对影子银行体系与货币政策周期之间所存在的关系进行分析,认为影子银行体系存在风险,会严重影响货币政策目标的实现。Andrew Sheng(2011)通过大量实证数据证明,影子银行的出现增加了货币政策执行的复杂程度,增加了系统性风险发生的可能性,

扩大了货币政策实施和监管的难度与范围。Paul Tucker（2010）提出中央银行应充分重视影子银行体系在回购市场中的地位，运用再贴现等手段调整货币政策，更好地引导影子银行的发展。Mick（2011）指出影子银行体系会对货币供应量的划分标准形成一定程度的负面效应，模糊了 M_1 和 M_2 指标划分，加大了中央银行运用货币供应量这个货币中介指标调控宏观经济的难度，对货币政策的作用效果产生了一定程度的冲击。

影子银行体系的存在，会通过金融稳定渠道对货币政策产生影响，加速货币流通速度，在一定程度上弱化货币政策窗口指导的作用，增加货币政策调控的难度，影响货币政策调控目标的效果，对货币市场产生外部效应。李波、伍戈（2011）认为影子银行的运行机制独立于传统货币政策调控范围之外，导致其通过金融稳定渠道对货币政策产生系统性影响，对货币政策调控目标、工具效力形成了挑战与冲击，加大了货币政策调控的难度。周莉萍（2011）指出影子银行体系的信用创造机制对商业银行具有有限替代效应，在货币市场上会产生外部溢出效应，对货币政策造成影响。许少强、颜永嘉（2015）借助资产负债表的角度，对传统商业银行和影子银行构建理论模型，指出影子银行的发展对不同层次利率传导的影响，认为影子银行的发展对市场化利率的形成会产生正向的影响，可以改善市场化利率的传导效果，但对货币政策的传导效果还有待提高。胡志鹏（2016）构建了包括影子银行部门和传统的商业银行部门等多个部门在内的动态随机一般均衡模型，模型分析结果显示，影子银行体系的发展可以提高消费、投资、产出等多个指标的稳态水平，在一定程度上改变各个指标脉冲响应函数的轨迹，并认为影子银行体系的发展会使需求管理难度增加，对货币政策调控模式作出调整与转变。陆岷峰、杨亮（2018）基于货币乘数决定理论，分析指出影子银行的出现及扩张对于货币乘数变动具有显著作用，传统货币乘数的指标性作用正在逐渐减弱，影子银行对货币乘数的影响具有顺周期性，与货币政策逆周期操作存在矛盾。

同时，影子银行对货币政策传导机制存在明显的阻滞影响，且会导致货币政策非对称效应的出现，使紧缩型货币政策与扩张型货币政策的政策效果存在明显区别，出现紧缩阶段的货币政策受到对冲影响、扩张阶段的货币政策受到放大影响的现象。裘翔、周强龙（2014）在 DNK - DSGE 框架下引入包含影子银行的金融中介部门，发现利率冲击虽然可以抑制商业银行信贷并降低低风险企业的杠杆，但却可以引起影子银行体系的扩张以及高风险企业的加杠杆行为，从而使影子银行呈现出明显的逆周期特征，并在一定程度上削弱货币政策的有效性。毛泽盛、许艳梅（2015）利用CC-LM模型，从理论与实证的角度均发现影子银行对货币政策存在明显影响，且对紧缩性货币政策的影响大于扩张性货币政策，影子银行只是弱化了货币政策的非对称效应，无法从根本上消除货币政策的非对称性。史焕平、李泽成（2015）运用MS-VAR模型进行分析，指出在不同的政策环境下，影子银行对经济增长的影响具有非对称性，紧缩货币政策下影子银行对经济增长的影响大于宽松货币政策下的影响。赵胜民、何玉洁（2018）采用带有随机波动率的时变参数向量自回归模型（TVP—VAR）分析影子银行对货币政策传导的影响，认为影子银行对货币政策传导具有利率效应和替代效应，但主要是利率效应。马亚明、王虹珊（2018）构建了包括影子银行、金融杠杆在内的动态随机一般均衡模型，认为影子银行规模的急剧膨胀与社会金融杠杆率的持续升高，增加了货币政策规则实施的难度。

第五节 货币政策工具规则选择的相关研究

20世纪90年代以来，货币政策规则研究逐渐成为货币政策研究领域中的一个热点，通过借鉴国内外相关理论和实践，为我国影子银行体系与货币政策规则的研究提供借鉴与启示。Svensson（1999）首次将货币政策规则划分为货币政策目标规则和货币政策工具规则，并认为货币政策目标规则是中央银行所设定的目标，货币政策工具规则是在实现货币政策目标规则过程中所使用的手段和方式，二者相互依存。

下文将分别就货币政策工具规则、目标规则选择研究的最新进展进行全面梳理和总结，梳理影子银行体系与货币政策工具规则以及货币政策目标规则间的关系研究的整个脉络，为本书进行深入研究打下基础。

自从Taylor首次提出货币政策工具规则的概念后，对货币政策工具规则的研究就如雨后春笋般涌现。初期的货币政策工具规则研究更多地停留在选择何种货币政策工具规则的研究上，很少考虑不同国家实施货币政策工具规则的特定环境背景，造成对货币政策工具规则研究的千篇一律，无法充分反映某个国家的特殊国情。货币政策工具规则的确定原则本质上应是各国根据自己的具体经济条件与形式来决定，不同国家在不同发展阶段、不同经济条件下，会选择不同的货币政策工具规则。近几年，货币政策工具规则的研究开始逐渐结合国家的经济结构、政策制度环境、经济开放程度和金融市场发展状况等多种因素，不仅在货币政策理论研究方面取得了巨大的突破，在各国的货币政策制定和执行过程中也发挥了巨大的作用。

目前，各个国家的货币政策工具规则主要包括货币供应量规则、利率规则两种单一规则和一种混合规则。

国外大量文献认为货币供应量规则是各个国家发展初期的必然选择，伴随国家经济发展状况的不断改善，货币政策工具规则也应逐渐从货币供给量规则向利率规则过渡。Wolters（1998）指出货币需求波动导致通货膨胀与货币供应量之间的相关性不断下降，在货币政策工具规则的选择上，以美国为代表的发达国家应逐渐实施利率规则，放弃原先的货币供应量规则。Atkeson（2007）通过建立货币政策理论模型进行分析，以透明性和内生紧缩性作为最优货币政策工具的判断依据，认为利率是最优货币政策工具，货币供应量规则并非货币政策工具规则的最优之选。

在研究方法上，国外学者对货币政策工具规则的研究主要有两类研究方法：一类是内生法，即建立中央银行的目标损失函数，对宏观经济施加一定的约束条件，确定货币政策工具规则；另一类是外生法，即直接外生设定货币政策工具规则，确定其对主要经济变量的反应，再运用矫正法等方法求解货币政策工具规则的系数。前者将研究置于理论高度，考虑现实情况；后者与货币政策密切相关，应用性强。两种方法各有千秋，各具优势。

我国目前实施的是货币供给量规则，这样的货币政策工具规则可以有效指导我国货币政策的执行，进而促进我国经济的增长吗？国内学者对于这个问题的观点并不一致：一些学者认为，我国目前所实施的货币供应量规则仍然适用；另一些学者认为，以我国目前的经济发展水平，实施利率规则更为合适；还有一些学者认为，我国经济发展的复杂性更适合混合规则。

货币供给量规则支持者的理由是，我国的利率市场化改革尚未完全完成，存贷款利率仍然由中国人民银行控制，实施利率规则的条件尚不成熟，现阶段我国更适合实施货币供应量规则。基于我国的实际经济数据进行实证检验也可以发现，我国的货币流通速度逐渐趋于稳定，货币供应量与产出的高度相关性反映了中央银行调节货币供应量的政策效果十分明显，实施货币供应量规则可以较好地体现货币政策所进行的政策松紧转换。

李春吉、孟晓宇（2006）认为我国货币政策的调整是根据货币供给量增长来进行的，利率规则对通货膨胀和产出的影响十分有限，我国更适合采用货币供应量规则。曾令华、李红光（2007）指出货币供应量在可控性方面仍有不错的表现，目前中介目标选择货币供应量仍是可行的。贾丽平、郭薇（2014）基于VAR模型，分析认为以货币供应量为代表的数量型货币政策比以利率为代表的价格型货币政策更有效。刘喜和、李良健（2014）引入不确定性因素，建立DSGE模型，认为在解决经济增长问题上，数量型货币政策规则比价格型货币政策规则更有效。王俊杰、仝冰（2018）运用贝叶斯方法估计包含多种冲击和摩擦性因素的动态随机一般均衡模型，认为货币供应量规则可能更适合我国的现实情况。

但也有许多文献认为，货币乘数不稳定、货币供应量目标的可控性下降等因素影响了货币政策的效果，货币供应量规则已经不适合我国现阶段的具体情况。夏斌、廖强（2001）认为我国存在货币乘数不稳定、货币供应量目标不可控等问题，因而我国现阶段货币政策的中介目标已经不再适合采用货币供应量。陈健（2007）指出，货币供应量规则存在基础货币难以控制、货币乘数不稳定等问题，使货币供应量目标的可控性受到严重影响，加之货币供应量在我国存在很强的内生性，导致货币供应量作为中介目标的实施效果下降。

利率规则的支持者认为，货币供应量规则具有信息有限、可控性差、测度困难等缺点，加之通过实证分析可以发现，由于金融深化的影响，我国的通货膨胀和货币供应量之间的相关性越来越小，货币供应量规则已经无法实现调控经济的目的。除此之外，利率规则还可以较好地体现我国的利率水平，如银行间同业拆借利率、存贷款利率等，可以更好地反映货币政策的松紧程度和意图，提高货币政策的可信度与透明度。

谢平、罗雄（2002）运用历史分析法和反应函数法进行检验，认为利率规则可以很好地刻画我国的货币政策。杨英杰（2002）认为利率规则可以成为我国货币政策的一个参考尺度，利率应成为我国货币政策的操作目标。Zhang（2009）建立动态随机一般均衡模型，对比分析利率规则和货币供给量规则对宏观经济的影响，分析结果认为利率规则更适合我国的经济状况。奚君羊、贺云松（2010）基于动态随机一般均衡模型，对我国货币政策的福利损失进行分析，认为与利率变动相比，货币供给量的变动造成的福利损失更大，因此我国的货币政策应逐步从货币供给量规则向利率规则转变。鄢莉莉（2012）运用动态随机一般均衡模型，借助福利损失，对不同的工具规则进行比较，其结果表明在金融中介效率提高的前提下，利率规则比货币供应量规则的福利损失要小，未来应选择利率规则，而非继续采用货币供应量规则。楚尔鸣、许先普（2012）利用福利损失比较得出结论：与货币供应量规则相比，利率规则的福利损失明显更小，利率规则比货币供应量规则更有效。李荣丽、徐龙滨（2014）利用 DSGE 模型从政策冲击与非政策冲击角度，对存款利率市场化过程中不同货币政策工具的选择进行分析，认为价格型货币政策调控效率更高，福利损失更小。刘达禹、赵婷婷等（2017）利用 TVP－S－FA－VAR 模型对数量型调控和价格型调控的有效性进行实时对比发现，与数量型中介相比，价格型中介对实际经济变量的调控效果更为直接，并且作用力度小，持续时间短，更能体现出预调与微调的功能。陈文杰（2018）基于经济新常态背景，以 2013 年 1 月为时间分割点，构建向量自回归模型（VAR），发现价格型货币政策工具中的利率对经济增长和物价稳定调控的有效性有所提高，利率调控对稳定物价水平起到了重要的作用，货币政策工具配合下应侧重于对以利率为主的价格型工具的运用。王胜、瞿爱霞（2018）将不完全汇率传递引入到货币政策规则分析中，利用 DSGE 模型深入分析开放经济中不同货币政策规则的福利效应，认为在汇率传递程度不高时，引入货币错配的利率规则可以有效减缓本国经济中的福利损失，随着汇率传递程度的下降，加入货币错配的利率规则对福利的改进效果也十分明显。

混合规则的支持者认为我国的金融市场并不完善，金融体系依然存在很多的问题，利率市场化改革尚未完成，若仅仅实施利率规则或货币供应量规则，无法实现货币政策目标，现阶段只能考虑实施综合运用货币供应量和利率的混合规则。

黄广明（2006）主张混合采用货币供应量规则与利率规则，在泡沫发生初期采用利率规则,在泡沫高涨时期则采用货币供应量规则。Liu 和 Zhang(2007)在新凯恩斯主义模型中采用利率规则、货币供应量规则和混合规则三个模型来比较我国货币政策的反应函数,最后模拟得出结论:目前最适合我国的工具规则是混合规则。张杰平(2012)基于开放经济的 DSGE 模型,对比我国货币政策规则所产生的绩效,认为混合规则下的货币政策更能有效地影响通货膨胀和产出的稳定,混合规则更适合我国的具体情况。余建干(2017)引入融资结构调整成本和金融冲击,运用贝叶斯估计、脉冲响应、方差分解和福利损失分析等方法,认为混合规则在福利损失、应对冲击波动的解释能力等多个方面都优于数量规则,我国在利率尚未完全市场化且存在金融冲击的情况下,应更多地采用混合型货币政策工具规则来调控经济。李成刚、杨兵(2018)基于动态随机一般均衡模型,构建具有选择性特征的混合型货币政策规则进行研究,研究结果表明,实施混合型规则要优于数量型规则或价格型规则,混合型规则能够更好地熨平宏观经济波动,改善社会福利的效果明显,在具体实施混合型规则过程中,数量型规则和价格型规则的最优组合权重为 60% 和 40%,以更好地发挥货币政策规则的作用。

除此之外,还有少数学者认为货币政策工具规则并不是单一的、恒定的,货币政策工具规则会随着经济发展的具体情况和目标发生变化,并不存在一成不变的最优货币政策工具规则。

金春雨、张龙等(2018)基于新凯恩斯的 DSGE 模型,对不同货币政策规则的政策空间、福利损失以及政策目标的实现程度进行分析,认为最优货币政策规则会随着不同经济时期的政策目标及外部环境的变化而发生变化,货币供应量规则因其政策空间最小、福利损失最大,因此最不可取;在中央银行希望稳定宏观经济指标,并且货币政策偏好较大的时期,泰勒规则是最佳选择;在中央银行希望刺激经济发展,并且货币政策偏好较小的时期,前瞻性利率规则更适合。

在货币政策工具规则选择问题上,国内外学者做了很多有价值的研究工作,取得了一定的研究成果,构造了许多有关货币政策工具规则的宏观经济模型,对指导我国货币政策工具规则选择具有十分重要的现实意义,但大部分文献还存在对货币政策工具规则理解深度不够的问题。

在研究思路上,大多数关于货币政策工具规则的研究,忽视了影子银行体系对货币政策工具规则所产生的重要影响，致使目前的货币政策工具规则和我国的现实情况存在一定的差距，因此，应在对影子银行体系与货币政策之间的关系进行深入分析后，确定适合我国具体情况的货币政策工具规则。

在研究方法上，多数文献研究方法均采用宏观计量模型，缺乏针对微观主体的最优化行为决策对货币政策工具规则选择影响的考虑。在经济建模分析过程中，除了给出模型所展现的数量结果之外，还要关注这些数量结果所隐含的幕后故事及其理论上的依据和解释（刘斌，2008）。因此，接下来的研究将试图打破实证计量模型的局限，尝试采用 DSGE 模型作为分析框架。DSGE 模型是近年来各国中央银行在宏观经济分析及货币政策分析方面的一个重要研究方法，处于宏观经济研究的主流地位，有许多国家的中央银行以 DSGE 模型为基础建立宏观计量模型，进行经济分析预测和货币政策决策。借助动态优化的方法对各个经济主体的跨期最优问题进行分析，制定适合我国实际情况的最优货币政策工具规则，可以从根本上实现货币政策工具规则在微观分析与宏观分析上的有机结合。合适的货币政策工具规则可以更好地对经济变量产生作用，帮助中央银行减少通货膨胀和产出波动，进而促进经济更好、更快地发展。

总之，货币政策工具规则在确定过程中需要综合考虑一国的经济条件、经济结构等多个方面的具体情况，及时、主动地对宏观经济的非预期变动进行小幅度、渐进式的调控，避免货币政策的剧烈变动对经济造成震荡，因而货币政策工具规则应具有连贯性、持续性等特点。尽管货币政策工具规则的实施需要具有一定的持续性，但这并不意味着无论什么样的经济条件下都要坚持一种货币政策工具规则。从全球货币政策工具规则的实践进程可以发现，没有哪种货币政策工具规则是万能的、普适的、一成不变的，中央银行应适时根据经济环境、制度环境的变迁来对货币政策工具规则进行调整，更好地适应本国的经济发展状况。如此一来，在提高连贯性和持续性的基础上，还可以保证一定的适宜性与灵活性，避免出现货币政策工具规则破坏宏观经济秩序的情况。

第六节 货币政策目标规则选择的相关研究

货币政策目标规则是指中央银行选择合适的货币政策目标变量,使中央银行的货币政策目标损失函数达到最小,表现为目标变量条件得到满足的一个方程(或方程组)(Svensson,1999)。合理的货币政策目标规则可以帮助中央银行制定可行、有效的货币政策,还可以在一定程度上提高货币政策的执行效率,实现经济的平稳、健康增长。

货币政策目标规则的选择一般包含两个过程,分别是确定货币政策最终目标与选择货币政策目标规则,前者是对货币政策目标变量的设定,后者是对货币政策设定的目标实现过程中的制度规定与安排等。本书将会对这两个过程进行全面的回顾与梳理,为后文的分析与研究打下基础。

一、货币政策的最终目标

货币政策的最终目标一般包括物价稳定、经济增长、充分就业和国际收支平衡四个目标。货币政策目标的选择会随着一国所处的发展阶段、经济条件的不同而不断发生变化。表2.1给出了20世纪90年代以前各个国家不同阶段的货币政策目标选择。

表2.1　20世纪90年代以前各个国家不同阶段的货币政策目标选择

时期	货币政策目标
20世纪30年代以前	稳定汇率和币值
20世纪40年代中期	充分就业
20世纪50年代	通货膨胀
20世纪50年代后期	经济增长
20世纪70年代	国际收支平衡
20世纪80年代	稳定汇率
20世纪90年代以来	通货膨胀

资料来源:李世美.金融稳定与物价稳定的货币政策目标选择[J].现代经济探讨,2009(5):30-34.

鉴于货币政策的最终目标确定需要结合一国自身情况,从根本上是由一国的经济发展阶段特征所决定的,货币政策目标的选择会因不同国家、不同历史时期而存在较大差异,因此在对货币政策最终目标相关文献进行梳理时,需将研究重点放在对我国现阶段货币政策最终目标的研究上。

国内文献对货币政策最终目标的研究,多将重点放在探讨货币政策最终目标的重要程度上。大部分学者通过对货币政策理论与实践的深入研究证明了物价稳定的重要性,认为货币政策的最终目标中排在第一位的是物价稳定。于辉(2007)认为目标之间会出现冲突,往往会导致为了平衡各目标之间的关系而追求短期利益,所以货币政策还是应坚持物价稳定的单一目标,以增加公众对货币政策的信任度。赵春玲(2007)认为在理性预期因素日益加强的情况下,货币政策实施的目的是促进经济增长,但在促进经济增长的同时必然引起通货膨胀,因此货币政策应坚持设定"币值稳定"这个单一目标。卢宝梅(2008)借鉴发达国家20世纪70年代出现的滞胀问题,论证了货币政策的首要目标是长期的价格稳定,并结合我国现阶段的具体情况,建议改变长期以来偏重经济增长目标而忽视价格稳定目标的局面,建立一个灵活的通货膨胀目标制的货币政策框架。

部分学者认为,我国目前的主要任务是发展经济、促进经济增长,货币政策的目标也应配合我国现阶段的主要任务,货币政策的首要目标应是促进经济增长。刘伟、李连发(2009)通过尝试不同效用函数下的新凯恩斯一般均衡模型发现,在金融危机后内外部环境的制约下,我国货币政策的最终目标短期内促增长的任务依然重于反通货膨胀的任务,货币政策最终目标应首先定位在经济增长上。

还有部分学者认为"保持货币币值的稳定"这一表述中包含两层含义,即对内意味着物价稳定,对外意味着人民币汇率的稳定。在这一货币政策最终目标的官方表述中并未考虑充分就业,未能做到充分体现货币政策的四个最终目标。范从来、程俊杰(2008)认为,我国货币政策目标并未考虑充分就业,严重影响了货币政策的有效性,就业状况的恶化会严重制约经济增长,不考虑充分就业的经济增长是不可持续的,因此,充分就业也应成为我国货币政策的目标。范方志、赵明勋(2004)指出美国等国家已经将充分就业放入本国的货币政策目标体系,其中美国、加拿大、英国三国还将充分就业放在货币政策目标的第一位。

还有少量文献提出，我国的货币政策不应实行单一目标，而应采用双目标或多目标约束。周骏（2002）根据我国经济、金融体制等具体情况，认为我国货币政策应实施通货膨胀、经济增长双重目标。谢平（2000）认为我国货币政策面临的是一个多目标约束机制，包括物价稳定、促进经济增长、促进就业、支持国有企业改革、配合积极的财政政策扩大内需、确保外汇储备不减少、保持人民币汇率稳定。

综合上述文献可以发现，国内学者对货币政策最终目标的研究还仅仅局限于对现有货币政策的四个最终目标孰先孰后的排序，并未对现有货币政策最终目标的完善程度进行分析，即除了上述四个最终目标外，目前货币政策的最终目标是否需要增加或完善？影子银行体系已经对宏观经济运行造成严重影响之后，四个最终目标中是否需要增加第五个目标——金融稳定？2003年修订的《中国人民银行法》首次明确提出了金融稳定的目标，并将其与货币政策目标平行考虑，说明货币政策的最终目标体系已经发生变化。下文将会对影子银行体系影响下的货币政策最终目标进行分析，分析金融稳定是否可以作为货币政策最终目标被纳入货币政策目标体系。

二、不同货币政策目标规则的比较

关于货币政策目标规则的比较，已经成为现阶段货币政策研究领域的热点问题。对近几年货币政策目标规则的相关文献进行梳理可以发现，国内外学者对货币政策目标规则选择问题的研究存在以下两种观点：一种观点是支持选择通货膨胀目标制，认为通货膨胀目标制在降低通货膨胀、引导通货膨胀预期、提高政策透明度和信誉度、抵御通货膨胀冲击等方面成绩显著（Bernanke，2000；Mishkin，2000）；另一种观点则是不支持选择通货膨胀目标制，认为实施通货膨胀目标制需要充足的历史数据和准确的通货膨胀预测能力，但现阶段许多国家尚达不到所应具备的条件，加之许多国家的中央银行独立性还有待进一步加强，这些问题都成为实施通货膨胀目标制的障碍。

（一）汇率目标制

Mishkin（1999）曾经这样概括汇率目标制的优点：汇率目标制可以有效控制通货膨胀，具有一定的承诺机制，简单清晰，易于交流和理解。Cordero（2008）对比汇率目标制和通货膨胀目标制后，认为汇率目标制可以使经济进入高速增长的轨道,与汇率目标制相比,通货膨胀目标制容易对经济增长和就业造成严重的负面影响。但 Obstfeld 和 Rogoff (1995) 指出了汇率目标制存在的问题:一是实行汇率目标制会导致一国的货币政策丧失其独立性,导致外汇市场失去货币政策指示器的作用;二是被盯住国家所经受的冲击容易直接传导到本国,极易形成风险转移,进而发生货币危机;三是干预成本过高。这一观点得到了 Edwards (1996)、Krueger (1997)、Levy (2001) 的支持。

(二) 货币供应量目标制

自从 Friedman 提出实行货币增长率规则后,许多国家逐渐开始实行单一的货币增长率规则,通过调节本国的货币供应量,实现物价稳定和币值稳定。Lai 和 Chen 等 (2005) 通过利用内生经济增长模型,对比分析货币供应量目标制与名义收入目标制,其结论是货币供应量目标制优于名义收入目标制。

实行货币供应量目标制需要满足一定的前提条件,那就是要求货币需求和产出之间存在稳定的关系,但大量的文献表明,这种稳定关系早已不复存在,货币供应量目标制呈现出一种从流行逐渐走向衰落的演变过程。货币供应量目标制出现问题的原因之一,是货币流通速度的不稳定以及由此引起的货币需求函数的不稳定 (Estrella 和 Mishkin, 1996; Browne 和 Henry, 1997; Smant, 2002)。

(三) 通货膨胀目标制

随着货币供应量和汇率等传统的"名义锚"逐渐失效,无法发挥作用,原先实施的货币政策目标制开始被逐渐放弃,各国转而实施通货膨胀目标制。1990 年新西兰率先宣布实行通货膨胀目标制,随后加拿大、英国等许多国家相继公开宣布实行。通货膨胀目标制在控制通货膨胀方面发挥了巨大的作用,使得其成为备受发达国家推崇的一种货币政策目标规则,国际货币基金组织更是不遗余力地探索、推广实施通货膨胀目标制的经验。

McCallum (1996) 利用实证研究分析得出,若采用通货膨胀目标制,则可以有效降低通货膨胀率,还不会遭受到产出损失。Mishkin (2001) 分析指出,对于发展中国家来说,只有当其具有较高的金融市场化程度时,实施通货膨胀目标制才有可能获得成功。卢宝梅 (2009) 对比货币供应量目标制、汇率目标制和通货膨胀目标制后发现,在实现货币政策的有效调控方面,通货膨胀目标制比货币供应量目标制和汇率目标制做得更好。张晶、刘雪静（2011）认为，引入通货膨胀目标制可以解决我国现阶段存在的一些问题，在我国具有一定的可行性，可以在一定程度上实现经济的持续、健康发展。简志宏、朱柏松等（2012）建立了 DSGE 模型，并将动态通货膨胀目标放入模型，认为在稳定通货膨胀方面，具有动态通货膨胀目标的货币政策能发挥很好的作用。程贵（2014）从货币需求与货币目标制的内在关联出发，利用协整理论与误差修正模型，认为我国应择机引入通货膨胀目标制。

也有一些学者认为，通货膨胀目标制并不适合我国现阶段的具体情况。Masson（1999）认为，当一个国家的中央银行尚不能独立制定和执行货币政策，且缺乏足够的手段时，实施通货膨胀目标制便可能达不到预期的目标。Daianu 和 Lungu（2007）认为，转型国家采用通货膨胀目标制在具体实施时并不容易，因为转型国家往往并不具备通货膨胀目标制成功运行的条件，加之这些国家在转型过程中增添了许多不确定性，采用通货膨胀目标制的中央银行日后面临两难选择。卞志村、管征（2005）基于前瞻型模型，对比分析混合名义收入目标制与严格通货膨胀目标制，其结论是通货膨胀目标制并非我国的必然选择，可以考虑执行既重视通货膨胀也重视产出的混合名义目标制。卞志村（2007）还从货币政策操作和政策优越性两个角度分析通货膨胀目标制，分析结果表明我国现阶段并不适合实施灵活的通货膨胀目标制。

（四）名义收入目标制

到目前为止，尚没有一个国家真正采用过名义收入目标制作为本国的货币政策目标规则。名义收入目标制与通货膨胀目标制本质上是一样的，在一定的假设条件下两者是等价的。名义收入目标制存在自身固有的问题：一是潜在 GDP 的增长无法实现准确估计；二是若对潜在 GDP 增长估计过高，可能会导致较大的通货膨胀偏差；三是在短期稳定 GDP 方面，无法确定名义收入目标制是否真的比通货膨胀目标制更有效；四是数据可得性和准确性存在问题，可能导致名义锚的设定存在问题。

在货币政策目标规则的选择方面，国内文献进行了有益的探索，但客观来说，仍处于刚刚起步的阶段，多数文献主要是通过直接引入国外的实践经验，为我国的货币政策实践提供一定的借鉴，紧密结合我国具体情况的理论和实证研究相对缺乏，也尚未对我国作为新兴市场国家的特殊性进行充分考虑，这都是下文的研究中进行创新的地方。

同时，大多数文献并未将影子银行考虑在内，当其能够对宏观经济产生重要影响时，货币政策目标规则选择是否应随之发生变化？然而，目前这方面的文献少之又少，考虑影子银行体系发展下的货币政策目标规则的选择，利用相关理论与实证分析方法，也是接下来需要进一步研究的。

对于现阶段主流的通货膨胀目标制的研究，在未来相当长的一段时间内仍然会是金融领域的一个重点问题，通货膨胀目标制的研究还有待进一步深入，如关于通货膨胀目标制的实施效果、适用性以及具体实施条件等问题，这些问题都将是接下来需要系统研究的内容。

综上所述，在对影子银行体系相关问题进行系统研究后发现，多数学者在关于影子银行体系的研究中多有建树，但结合经济新常态背景对影子银行体系的风险及其对货币政策的影响进行综合分析的研究还相对较少。因此，本书第一篇在前人研究的基础上，尝试在经济新常态背景下，对影子银行体系的风险及其对货币政策的影响进行分析，具体将会从以下方面展开研究：一是尝试在影子银行体系风险不断暴露的背景下，研究影子银行体系对宏观经济所产生的阈值效应、与传统流动性之间存在的水床效应，以及影子银行体系对金融稳定所产生的风险溢出效应，对影子银行体系所产生的风险进行系统分析。二是在分析影子银行体系对货币政策效果产生的重要影响后，分析影子银行体系对货币政策规则（工具规则和目标规则）的影响，找出在充分发展影子银行体系的情况下，最适合我国目前情况的货币政策工具规则和目标规则。

第三章
影子银行体系的发展概述

第一节 影子银行体系的基本概念

一、影子银行体系的概念界定

2007年,美国太平洋投资管理公司执行董事Paul McCulley在美联储年度研讨会上首次使用"影子银行"(Shadow Banking)一词,用来概括那些有银行之实但无银行之名的种类繁杂的机构和业务。2009年,欧洲中央银行从风险的角度对影子银行的概念进行了界定,认为影子银行是一种类似于传统商业银行信用创造功能,但经常游离于中央银行金融监管之外的所有金融中介机构,具有高杠杆化、流动性风险和系统性风险的特点。2009年,美联储又从金融中介的角度分析影子银行的定义,指出影子银行系统是一个具有高杠杆化和缺乏保险制度担保的信用中介体系,这个体系是储蓄者和投资者之间的货币资金信用中介,但又与传统的商业银行业务模式有区别,以资产证券化和抵押中介为主向金融市场提供大量的货币资金,且不受中央银行监管,也没有受到政府直接的流动性和信用增强支持。

由于各国的金融发展和规制存在一定的差异,加之影子银行的金融交易活动复杂易变,金融创新日新月异,市场需求和监管变动不断出现,因此目前国外对影子银行的普遍定义是"具有传统商业银行的类似功能却存在于传统商业银行体系之外,同时缺乏金融监管和商业银行的保险和担保制度;其主要目的是规避和减少金融风险,尤其是交易对手的风险,主要以经营资产证券化和抵押中介为主的金融机构"。

我国的影子银行与欧美国家相比体现出较强的特殊性。欧美国家影子银行的产生和发展,是非银行金融机构与传统商业银行平行发展、相互竞争的产物,是发达金融市场主导下直接融资的自主扩展。我国金融发展滞后于经济发展,银行业主导金融创新,我国影子银行是银行体系在金融抑制环境中追逐高收益的创新产物。其他部分则由为瓜分收益而挤入金融市场、依附于银行体系获得监管套利的其他金融机构构成,是银行业传统间接融资的新形态。因此,我国的影子银行离不开传统银行的主导,往往通过与其他机构(尤其是银行、信托)合作发放理财产品,再通过通道业务或者委托贷款的形式贷出资金,呈现出信托贷款、委托贷款、未贴现银行贷款等"伪银行贷款"形式。

对于影子银行,目前我国有不同的界定方法。从信用监管套利角度可以对影子银行进行分类:第一类为商业银行表外业务,包括银行理财产品、委托贷款、扣除已计提风险资产的已承兑未贴现汇票;第二类为具有信用创造能力的非银行金融机构,包括信托公司、小额贷款公司、担保公司、融资租赁公司和典当行,扣除已经纳入中央银行信贷口径统计的财务公司、金融租赁公司、汽车金融租赁公司;第三类为广泛的民间信贷金融系统——商会、合会、互助基金,以及P2P网络信贷。《国务院办公厅关于加强影子银行监管有关问题的通知》对影子银行的三类划分分别为:(1)不持有金融牌照、完全无监管的信用中介机构(新型网络金融公司、第三方理财机构、民间借贷);(2)不持有金融牌照、存在监管不足的信用中介机构,包括融资性担保公司、小额贷款公司等;(3)持有金融牌照,但存在监管不足或规避监管的业务,包括货币市场基金、资产证券化、部分理财业务等。

综上所述,本书第一篇总结得出影子银行体系具备广义和狭义的概念。就广义的概念而言,是指传统商业银行之外的信用中介系统;就狭义的概念而言,是指主要从事期限转换、流动性转换、杠杆操作以及信用风险转换的非银行信用中介体系,具有高杠杆率、期限错配、高风险等业务特点,并与其他金融机构密切关联,影子银行相比传统商业银行更易引发系统性风险。

二、影子银行体系的发展特点

(一)发挥信用中介的功能

信用在金融领域的表现形式多为银行信用,银行或货币资本所有者向资金需求方提供贷款而形成借贷关系,银行在借贷过程中扮演信用中介的角色,这是传统商业银行的基本职能。信用中介是个广义的概念，任何能够履行或者部分履行信用融通、转让功能，或者起到居间联系信用双方作用的实体均属于信用中介的范畴。概括而言，信用中介一般具有信用创造、期限转换、风险分散、支付结算和交易成本控制五项功能。传统银行是履行信用中介职能的主体，如商业银行、信用合作社等储蓄性银行类金融机构。除此之外，金融市场上其他能够履行信用创造、转让、融通中介职能的金融类主体及相关活动，如影子银行体系，也在一定程度上发挥着信用中介的功能。

（二）易引发系统性风险

影子银行自出现起就一直与风险有着密不可分的关系，更被认为是引发金融危机的罪魁祸首。与传统商业银行相比，影子银行的竞争优势领域和高利润空间是传统商业银行不能或者无法涉足的高风险业务。但是，影子银行有时还是隐含于传统商业银行或是其他金融机构内部的部门或交易对手，很多影子银行业务都不是单独操作的，往往是大型金融活动中的一个环节，可以说影子银行与传统商业银行有着千丝万缕的联系。同时，影子银行的期限错配、高杠杆率和高风险的业务操作模式及其与传统商业银行的密切联系，使其引发系统性风险的可能性大大提升，具备引发系统性风险的特征。

（三）存在严重的监管套利

影子银行的监管套利是指影子银行在发挥类似于商业银行的信用中介功能的同时，却不用受到类似于商业银行的监管约束而带来的成本降低和间接利润。其中，套利期限短、风险小、收益高，被认为是影子银行兴起的重要原因之一。影子银行的业务具有表外性，使其游离于监管体系之外，不像传统商业银行那样满足资本充足率和准备金等要求，其承担的风险没有相应的成本投入，因此影子银行与传统商业银行相比更有盈利优势，这也促使越来越多的金融机构纷纷涉足影子银行业务以降低监管成本、提高利润率。从促进实体经济发展及金融全面市场化的角度来看，这种套利行为虽然分担了一部分风险，但依然对信贷价格造成了影响，是一种金融抑制下的不当得利，长此以往会加重实体经济的融资成本，影响金融环境，积聚整个金融系统的风险，甚至影响金融体系的发展。

（四）业务链条短，业务性质简单

与欧美国家影子银行相比，我国影子银行业务及工具种类繁多，但资金运用方式整体来看比较简单，且业务性质大多仍与传统商业银行信贷业务相似，资产证券化程度较低，模式相对简单。同时，我国影子银行的交易结构呈现不均衡的特点，缺乏标准、严格的复杂证券化产品，多为简单的债务工具或者初级资产证券化产品。

三、影子银行体系的发展历程

对于我国的企业来说，通过传统的商业银行进行间接融资一直是主要融资渠道。根据表3.1所示的中国人民银行社会融资规模相关统计数据可知，人民币贷款占社会融资规模的比重从2003年的81.06%上升至2018年的81.37%，其中2013年下降到了历史最低值51.35%。尽管以人民币贷款形式为主的间接融资比重依然是社会融资规模中占比最大的部分，但其所呈现出的下降趋势，反映出间接融资规模开始出现减少的趋势。

表3.1　　　　　我国社会融资规模及人民币贷款相关数据

年份 项目	社会融资规模总量（亿元）	人民币贷款（亿元）	人民币贷款占比（%）
2003	34113	27652	81.06
2004	28629	22673	79.20
2005	30008	23544	78.46
2006	42696	31523	73.83
2007	59663	36323	60.88
2008	69802	49041	70.26
2009	139104	95942	68.97
2010	140191	79451	56.67
2011	128286	74715	58.24
2012	157631	82036	52.04
2013	173168	88916	51.35
2014	164133	97813	59.59
2015	152936	112693	73.69
2016	178160	124371	69.81
2017	194445	138431	71.19
2018	192584	156710	81.37

资料来源：中国人民银行网站。

由表 3.2 可知，2003—2018 年，我国社会融资规模增长了 4.64 倍，影子银行规模则增长了 2.76 倍，一直保持着稳定增长。影子银行由于基数小，增长速度相对较快，2008 年以后开始出现大规模增长。2009—2013 年，影子银行的规模发展到一定程度，呈现出蓬勃发展的态势。2013 年之后，随着规模达到一定程度，政策偏向收紧，影子银行的增速出现小幅回落，开始进入稳健发展时期。

表 3.2　我国社会融资规模及影子银行体系规模相关数据

年份\项目	社会融资规模（亿元）	影子银行体系规模（亿元）
2003	34113	3118
2004	28629	3435
2005	30008	2700
2006	42696	5868
2007	59663	12859
2008	69802	9967
2009	139104	18180
2010	140191	39036
2011	128286	29824
2012	157631	41373
2013	173168	58072
2014	164133	34597
2015	152936	10817
2016	178160	16988
2017	194445	42582
2018	192584	11716

资料来源：中国人民银行网站。

（一）我国影子银行体系的初步发展阶段：2003—2008 年

2003—2008 年是我国经济高速增长的一段时期，与改革开放初期相比，这段时期金融市场有了一定程度的完善和提升，商业银行、政策性银行、证券公司、基金公司和保险公司逐渐成为金融市场上最重要的市场主体。

东南亚金融危机之后，我国经济逐步恢复并蓬勃发展起来，从中央到地方，各级政府大力发展经济，开展了一系列的大型基础设施建设，经济形势的不断好转和公众对我国经济的良好预期使市场对资金的需求不断增加，紧缩的货币政策也逐渐转向宽松。在此期间，在积极的财政政策和货币政策的支持下，二元制的利率结构出现，对金融创新的需求不断提高，我国影子银行体系正是在这样的背景下发展起来的，虽然起初影子银行体系规模占社会融资规模的比例比较低，但影子银行体系自此开始不断发展和壮大。

（二）我国影子银行体系的蓬勃发展阶段：2008—2013年

2008年之后，受美国次贷危机的影响，金融风险逐步由金融危机转化为经济危机并向全世界扩散。在全球化的大环境下，我国经济也受到了严重影响，外商对内投资下滑、出口贸易急剧萎缩、金融泡沫破灭、股指大幅下挫等使经济增长速度放缓，经济呈现出下行趋势。为应对国际金融危机，我国政府开展了一系列的"救市"政策，实行了宽松的货币政策，同时政府财政政策支持的大型基础设施纷纷开始运作。在此阶段，社会总体流动性充足但结构不均衡，国有企业流动性充足，并且容易获得流动性的支持；而民营企业则由于自身资产规模和经营情况的限制，依然难以获得资金支持。

对于我国影子银行体系而言，一方面，影子银行体系与商业银行和其他非银行金融机构一同为各类企业提供资金，既解决了商业银行等金融机构在监管方面的限制问题，又为各类企业提供了充足的资金，分享了国家政策带来的红利。另一方面，影子银行体系以高于商业银行的融资成本承担较高风险，为众多无法通过商业银行融资的民营企业提供流动性支持。

在此时期，影子银行体系利用经济形势带来的发展契机，利用国家政策的红利，以较低的资金成本进行投资，并通过财政政策的支持和担保不断扩展业务、扩大规模，不断扩张和蓬勃发展，逐渐成为金融市场重要的组成部分。

（三）我国影子银行体系的稳健发展阶段：2013年至今

从2013年开始，随着金融改革的进一步深化、互联网技术的发展和网络的普及，以余额宝为代表的互联网金融产品不断涌现。这些互联网金融产品借助网络手段吸收了大量的社会零散资金，形成巨大的资金池，再通过资产组合和期限错配将资金以各种形式向实体经济领域投放，成为影子银行的重要组成部分。

在此期间，大量的 P2P 网贷平台、私募股权基金、小额贷款公司和资产管理公司如雨后春笋般生长，这些机构大多处于监管真空地带，可以用高于有牌照金融机构的投资收益率吸引大量的投资者和社会零散资金，并以更加宽松的审批条件、较高的融资成本向有融资需求的中小企业进行融资，使影子银行体系获得了更大的发展。

从整体发展的角度来看，影子银行体系在不同发展阶段都顺应了经济形势的变化，利用政府宏观调控的各种政策支持，甚至在经济下行时也能进一步扩大自身规模，得到不同程度的发展。通过金融产品创新，影子银行体系一方面规避着严格的监管，另一方面为无法满足传统商业银行信贷条件的各种企业提供资金的融通，满足市场需求，从而抓住了发展的大好时机。

综上所述，我国的影子银行体系尽管是金融抑制环境下的创新产物，但却在一定程度上悄然改变着我国社会融资结构。一方面，影子银行体系作为传统融资渠道的有效扩展，在为金融行业提供资金流通渠道、为中小企业提供融资平台、为投资者提供更高收益投资、促进地方经济发展等方面发挥着重要作用；但另一方面，部分影子银行体系业务存在监管缺失，面临极大的系统性风险，甚至可能会出现影响整个金融体系稳定的隐患。

四、影子银行体系的发展作用

（一）理论分析

1. 拓宽投融资渠道，促进实体经济发展

影子银行体系的出现与发展，使我国的融资渠道由单一化转变为多元化，不仅拓宽了投融资渠道，弥补了社会资金缺口，还促进了实体经济发展，对宏观经济发展作出了贡献。

多年来，我国多层次的金融市场尚不成熟，面对巨大的社会融资需求，投融资渠道显得相对单一。影子银行体系的出现在一定程度上拓宽了投融资渠道，满足了实体经济多元化的融资需求，缓解了传统的金融体系因信贷规模、资本充足率和贷存比等监管而无法满足与实体经济相适应的投融资需求。

（1）融资渠道方面。对于我国众多中小微企业来说，由于其普遍存在规模较小、财务透明度低、抗风险能力差、信用水平不高等诸多问题，商业银行不愿意给予资金支持，而更愿意将资金投向规模大、实力强、回报率高的大型企业，这就使中小微企业长久以来一直饱受融资难问题的困扰。相关统计数据显示，中小微企业融资的所有来源中，银行信贷占比不足22%。融资难、融资贵成为中小微企业发展过程中面临的主要问题。

具体到影子银行体系，影子银行体系所受到的监管相对较少，融资门槛相对较低，服务的对象一般多是中小微企业。当中小微企业旺盛的融资需求在传统商业银行处无法得到满足时，便会转向借贷门槛更低、借贷手续更灵活、借贷成本更低的影子银行体系。因此，影子银行体系可以降低中小微企业的融资成本和融资难度，为中小微企业提供了一种比传统商业银行更高效、更便捷的融资渠道。同时，影子银行体系的出现与发展，提高了整个金融体系的融资效率，为企业提供了资金供给服务，有效弥补了信贷资金短缺造成的资金链断裂，满足了实体经济发展的融资需求。

（2）投资渠道方面。经济的快速发展给我国个人投资者和企业带来了财富的不断积累，随之而来的则是投资需求的不断提高。面对不断高涨的投资需求，目前市场上可供投资的途径依然相对有限，房地产市场持续低迷，股市继续震荡，这些都使投资渠道过于狭窄，无法满足日益高涨的投资需求，加之从2015年11月开始，我国CPI同比上涨幅度首次出现大于1年期存款利率的情况，负利率成为投资者投资过程中不可忽视的问题。负利率时代的到来，更在一定程度上刺激着投资者的投资热情，投资者唯有不断寻找高收益的投资渠道，才能使自己手中的财富保值增值。

具体到影子银行体系，影子银行体系的主要资金来源于个人投资者、企业和传统商业银行。对于饱受实际利率为负、投资收益率低困扰的个人投资者和企业来说，影子银行体系无疑为大量闲置资金提供了新的投资途径，提供了更加多元化的投资渠道，实现了财富的保值增值。

特别是随着影子银行体系的不断发展，影子银行机构凭借自身所具有的区域性优势或灵活便捷的优势，深度挖掘客户的融资需求，向各类中小微企业提供资金，有效缓解了中小微企业的融资难问题，更好地服务于中小微企业，从而带动了实体经济的发展。

因此，影子银行体系的出现和发展，正好可以弥补商业银行在信贷结构上的缺口，不仅可以拓宽投资者的投资渠道，吸收社会闲置资金，还可以辅助商业银行实现资源配置的最优化，减少经济下行过程中资金短缺导致的企业融资难问题。

2. 促进金融创新，倒逼金融改革

（1）促进金融业务创新。随着互联网金融时代的到来，传统的商业银行受到了来自内部和外部的双重挑战与冲击。从外部来说，以支付宝为代表的互联网金融产品以其方便快捷、手续简单、融资成本低等特点，迅速抢占传统商业银行的市场份额，对传统商业银行业务形成了巨大的冲击与挑战。从内部来说，在新巴塞尔协议下，商业银行核心资本充足率等指标面临严格监管，商业银行以存贷利差为主的传统经营模式难以为继，"躺着挣钱"的时代一去不复返。在这样的背景下，影子银行体系以其利率高、门槛低等优势，迅速成为商业银行强有力的对手。面对这种竞争，商业银行唯有不断发展中间业务和表外业务，不断扩大信贷规模，不断进行产品创新、业务创新、机制创新等金融创新，才能使自己在激烈的市场竞争中不被淘汰。面对来自影子银行体系的冲击，无论商业银行的创新与发展是主动的抑或是被动的，这种金融创新都将会提高整个金融体系的市场效率和融资效率，为经济发展提供新的活力。

（2）推动利率市场化进程。随着居民收入的提高和资产保值增值意识的不断增强，越来越多的企业和个人不愿将自己手中的大量闲置资金放在银行，转而寻找可以带来更高收益的多样化投资渠道。商业银行在意识到自己的垄断地位受到威胁后，为了保住自己的位置，也加入各种理财产品的创新，来吸引更多的储户或防止储户流失。在这一过程中，商业银行会通过创新理财产品来规避利率监管，以吸引储蓄存款。对于广大储户来说，理财产品就成为高利率的变相存款。商业银行也通过这种方式变相承认了基准存款利率过低的事实，理财产品在某种意义上反映出了存款市场的真实市场价格。理财产品的出现与发展，在一定程度上间接加速了存款利率市场化的进程。因为理财产品资金池的投向组合中，包含了多种利率敏感性资产，如同业业务、债券、基金等，这就要求理财产品的收益率制定不仅要考虑自身流动性与风险特征的变化，还要针对市场利率的波动而作出改变，因此不仅可以在金融市场中形成具有不同期限与风险特征的复杂利率体系，还可以推动我国利率市场化进程。

影子银行体系的出现和发展,实际上是我国金融体系不断发展与完善的必然结果。影子银行体系可以凭借较高的收益率吸引更多的企业及个人手中的闲置资金,为企业和居民提供更高的利润、更多的选择,提高实际储蓄率,将闲置资本转化为储蓄,并转而对中小微企业进行融资,投入实体经济,促进实体经济发展。

(3) 加速金融监管创新。影子银行体系是金融创新的必然结果,随着影子银行体系业务产品的不断创新、业务范围的不断扩大,影子银行体系的金融主体已经由最初的仅仅涉及商业银行,逐步扩展至证券、保险、基金等非银行金融机构,影子银行体系业务出现在商业银行、证券基金及保险理财业务之中,与其他金融机构的联系越来越密切,再加上受到互联网金融的影响和冲击,影子银行体系远远超过了传统意义上的金融监管范畴。传统意义上的窗口指导、现场检查、非现场检查等监管手段难以实行,缺乏有效的监管指标和监管手段。因此,影子银行体系的出现与发展为金融监管提出了新课题,加速了金融监管创新的步伐。

对此,我国的监管当局已经意识到了这一问题,不断出台新的监管政策,提出新的监管手段,规范对影子银行体系的监管。但总体来看,这些监管手段和政策的效果并不明显,依然存在很多问题。

现有金融体系不能满足经济发展的需要,才催生了各种形式的影子银行,现有的监管方式无法适应影子银行体系的发展。监管当局为了对影子银行实施有效的监管,就必须不断进行金融监管创新。因此,影子银行体系的发展,在一定程度上也起到了倒逼金融监管创新的效果,对促进金融监管创新、规范金融环境起到了重要的作用。

3. 调整宏观调控及货币政策

(1) 修正宏观调控方式。第一,影子银行体系与地方政府债务平台以及各类地方政府背景的金融机构的关系都十分密切,会在一定程度上对地方债务产生影响,积累风险,影响财政政策的效果。第二,影子银行体系弱化了存款准备金制度、贷款规模限制等,影响货币政策的执行效果。第三,影子银行体系在业务拓展及风险传递过程中还会形成复杂而庞大的业务体系,直接或间接影响各类金融政策及经济政策。

(2) 调整货币政策操作。在没有影子银行体系的金融市场中，当实施扩张性的货币政策时，货币供应量的增加会导致可贷资金数量增加，企业可以获得的资金也会随之增加，企业可以充分利用信贷资金来进行融资、增加投资，实现经济增长的目标；反过来，当实施紧缩型的货币政策时，货币供应量的减少将会直接导致可贷资金数量的减少，企业融资减少、投资减缓，出现经济增速放缓的情况。在影子银行体系出现后，当实施扩张型货币政策时，货币供应量会因为影子银行体系的出现被放大，出现流动性过剩，不仅无法实现经济增长的目标，反而可能会引起通货膨胀等社会问题；反过来，当实施紧缩型货币政策时，货币供应量无法如预期一样实现紧缩的目标，政府对信贷规模和信贷投向的控制会因为影子银行体系的存在而大打折扣，因为企业在无法获得银行信贷支持时，可以通过转向影子银行体系来进行融资，规避政府对于信贷规模和信贷方向的控制，影响货币政策调控经济的效果，使货币政策调控目标无法顺利实现，造成货币政策在一定程度上的失灵。

(二) 实证分析

1. 影子银行体系对实体经济促进作用的实证分析

(1) 相关研究述评。关于影子银行体系对实体经济促进作用的文献相对较多，其主要观点是影子银行体系的发展能够促进经济增长，经济增长反过来也能够促进影子银行体系的发展。李建伟、李树生 (2015) 认为，影子银行体系作为一种新的金融生态模式，其产生与发展是利率管制、金融创新和经济内生综合作用的产物，对推进我国利率市场化进程、提升实体经济景气程度具有一定的积极作用，但这种作用并不稳定，容易出现波动。宋巍、刘俊奇 (2015) 通过构建 VAR 模型，实证分析影子银行体系规模对经济增长、通货膨胀和货币政策的影响程度，认为影子银行规模在一定程度上会对经济增长、通货膨胀和宏观货币政策产生影响，不仅影子银行体系能够促进经济发展，经济增长也可以反过来刺激影子银行体系的发展。赵颖岚、刘凯 (2017) 利用马尔科夫机制转换回归模型和向量自回归模型 (MSIH – VAR (2)) 对影子银行体系的非对称宏观经济效应进行分析，认为影子银行体系在"经济下行"区制比"经济上行"区制更明显地正向影响经济增长，影子银行体系的波动可以作为宏观经济波动的先行指标。李存、杨大光 (2017) 认为，影子银行体系对我国实体经济的影响是复杂的,既有拓宽实体经济融资渠道、优化实体经济的投资结构、将闲置资金转为储蓄和增强资金流动性的积极影响,也有抬高实体经济融资成本、引起实体经济空心化和加剧实体经济风险积聚的消极影响。高彦彬、杨芳芳(2017)运用 SPSS 软件和 EViews 软件对影子银行体系与实体经济之间存在的关联性进行分析,认为影子银行体系对实体经济的发展有很大的影响,具有促进作用,而实体经济的发展反过来也会促进影子银行体系的发展,二者具有互动效应。王湃(2018)运用 DSGE 模型研究影子银行体系对宏观经济的影响,认为影子银行体系在一定程度上会削弱货币政策的实施效果,对宏观经济的稳定性会造成潜在威胁,导致投资和产出的下降。

(2)变量选取与数据说明。数据选择区间为 2004—2018 年的年度数据,数据来源均为国家统计局网站。具体变量选择如下:选择影子银行体系整体规模的增长率作为影子银行体系规模(SB_t)的测度指标,选择全社会固定资产投资完成额的增长率作为我国投资规模(I_t)的测度指标,选择国内生产总值(GDP)增长率作为我国实体经济发展程度(Y_t)的测度指标。

(3)变量的平稳性检验。表 3.3 对 SB_t、Y_t 和 I_t 的平稳性进行 ADF 单位根检验后发现,变量 Y_t 和 I_t 是不平稳的,其变量一阶差分后的序列在 1% 的显著性水平下拒绝单位根检验,说明一阶差分后的数据是平稳的;变量 SB_t 是原始数据即为平稳的,一阶差分后的数据依然为平稳的,存在一阶单整。

表 3.3 平稳性检验结果

变量	ADF 检验值	临界值(置信水平)			平稳性结果
		1%	5%	10%	
Y	-0.574869	-4.121990	-3.144920	-2.713751	不平稳
ΔY	-5.511008	-4.121990	-3.144920	-2.713751	平稳
I	0.333667	-4.057910	-3.119910	-2.701103	不平稳
ΔI	-6.476402	-4.057910	-3.119910	-2.701103	平稳
SB	-1.312268	-4.121990	-3.144920	-2.713751	平稳
ΔSB	-7.123712	-4.121990	-3.144920	-2.713751	平稳

(4)变量的协整检验。当证明时间序列数据 Y_t、I_t、SB_t 存在一阶单整关系后,通过表 3.4 的协整关系检验结果可以发现,迹检验和最大特征根检验

的统计量小于5%的临界值,时间序列数据至少存在三个协整关系,接受原假设,即时间序列数据 Y_t、I_t、SB_t 存在长期稳定的均衡关系。因此,影子银行体系、经济增长和投资之间存在一种长期均衡关系。

表 3.4　　　　　　　　　　协整关系检验结果

协整关系检验	特征值	迹统计量	5%临界值	概率
不存在协整关系	0.872725	55.04142	29.79707	0.0000
至多存在一个协整关系	0.730357	28.24313	15.49471	0.0004
至多存在两个协整关系	0.577637	11.20458	3.841466	0.0008
协整关系检验	特征值	最大特征根统计量	5%临界值	概率
不存在协整关系	0.872725	26.79829	21.13162	0.0071
至多存在一个协整关系	0.730357	17.03855	14.26460	0.0178
至多存在两个协整关系	0.577637	11.20458	3.841466	0.0008

(5)格兰杰因果检验。由表3.5的格兰杰因果检验结果可以知道,在5%的显著性水平下,SB_t 与 Y_t 存在双向因果关系,SB_t 是 Y_t 的格兰杰原因,Y_t 也是 SB_t 的格兰杰原因;Y_t 和 I_t 存在单向因果关系,Y_t 是 I_t 的格兰杰原因;但 SB_t 与 I_t 不存在因果关系。格兰杰因果检验的结果表明,一方面,影子银行体系规模的不断扩大,会带来影子银行体系的整体发展,促进宏观经济发展,增强实体经济的活力,间接带动投资,提升投资水平;另一方面,影子银行体系对于投资的直接拉动作用并不明显,尽管在一定程度上拓宽了投资渠道,提高了投资的收益率,但对投资整体规模的提升作用并不明显。

表 3.5　　　　　　　　　　格兰杰因果检验结果

原假设	变量	F 统计量	概率
Y 不是 SB 的格兰杰原因	13	6.89905	0.0181**
SB 不是 Y 的格兰杰原因		10.2025	0.0063***
I 不是 SB 的格兰杰原因	13	2.32462	0.1600
SB 不是 I 的格兰杰原因		2.15092	0.1788
I 不是 Y 的格兰杰原因	13	2.79151	0.1203
Y 不是 I 的格兰杰原因		11.4996	0.0044***

注:***、**分别表示在1%、5%的置信概率下显著。

2. 影子银行体系对利率市场化的推动作用的实证分析

（1）相关研究述评。影子银行体系与利率市场化关系之间的研究相对较少，相关研究主要认为影子银行在一定程度上推动了利率市场化的进程。任墨香（2014）认为，影子银行业务、产品的创新有助于提升金融产品和服务的创新能力，市场定价模式有利于市场利率价格机制的形成和银行综合定价能力的提升，影子银行体系的发展为利率市场化改革创造了条件。封思贤、张瑶（2015）分析了影子银行体系发展与利率市场化改革的关系，认为影子银行体系通过投融资渠道、定价机制、监管突围等方面的金融创新，促进了利率市场化改革。王悦（2018）认为，影子银行体系凭借其自身发展的特点，提升了微观经济主体的利率敏感度，提高了资金配置效率，创新推出了满足市场不同需求的风险与期限搭配的金融产品，其发展为利率市场化提供了市场条件与经验。

利率市场化是指金融机构可以根据金融市场环境的变化，恰当地选择相应的利率，即利率水平由市场供求关系所决定。本书第一篇选择基准利率与市场利率之间的差距来作为我国利率市场化程度的代表，即

$$\Delta R = |R_s - R_j|$$

其中，R_s 表示我国利率市场的基准利率，用 1 年期存款利率来代表；R_j 表示我国利率市场的均衡利率，用 7 天全国银行间同业拆借加权平均利率来代表；ΔR 为两种利率之间的差值，代表二者之间的偏离程度。ΔR 越小，说明两者之间的距离越小，我国的利率市场化程度越高。

（2）变量选取与数据说明。一般来说，我国利率市场化主要受到经济发展程度、金融发展程度和金融市场的开放程度等因素的影响。因此，本书第一篇在分析影子银行体系对利率市场化的推动作用时，选择的具体变量如下：

经济发展程度的测度指标为国内生产总值（GDP）。需要说明的一点是，由于国家统计局只公布季度 GDP 和年度 GDP，因此本书第一篇利用 EViews 软件中频率转换的方法，将季度 GDP 转换为月度 GDP，具体数据见表 3.6。

表 3.6　　　　　2012—2017 年季度 GDP 转换月度 GDP

项目 日期	GDP（亿元）	GDP 增长率（%）	项目 日期	GDP（亿元）	GDP 增长率（%）
2012-01	119378.81	-12.439146	2015-01	153983.51	-13.43533
2012-02	116297.68	-2.5809717	2015-02	149219.59	-3.0937873
2012-03	117105.21	0.69436755	2015-03	149757.01	0.36015528
2012-04	128063.01	9.35722663	2015-04	164043.33	9.53966861
2012-05	131951.68	3.03652603	2015-05	168847.77	2.9287655
2012-06	135032.81	2.33504673	2015-06	172617.90	2.23285278
2012-07	135171.21	0.10249361	2015-07	172799.18	0.10501894
2012-08	138238.68	2.26931951	2015-08	176416.54	2.09339345
2012-09	142100.01	2.79323659	2015-09	180915.48	2.55017654
2012-10	153248.89	7.84579395	2015-10	194513.93	7.51646886
2012-11	153827.70	0.37769352	2015-11	194612.53	0.05069046
2012-12	150330.12	-2.2736983	2015-12	189429.23	-2.6633948
2013-01	131848.09	-12.294293	2016-01	164431.97	-13.196094
2013-02	128378.78	-2.6312941	2016-02	159583.92	-2.9483655
2013-03	129014.13	0.49489833	2016-03	160353.01	0.48193383
2013-04	140009.47	8.52259244	2016-04	175622.99	9.52272847
2013-05	144162.62	2.96633101	2016-05	180963.56	3.04092687
2013-06	147728.91	2.47379586	2016-06	185258.46	2.3733508
2013-07	148921.20	0.80708144	2016-07	185477.76	0.11837916
2013-08	152654.13	2.50665005	2016-08	189953.77	2.41323328
2013-09	157140.57	2.93895307	2016-09	195656.56	3.00219825
2013-10	169863.18	8.09632744	2016-10	211859.58	8.28135702
2013-11	170244.60	0.22454673	2016-11	213060.84	0.56700554
2013-12	165767.51	-2.6297978	2016-12	208533.78	-2.1247713
2014-01	143457.63	-13.458536	2017-01	183094.07	-12.199322
2014-02	138994.23	-3.1113019	2017-02	178498.65	-2.5098694
2014-03	139403.03	0.29411292	2017-03	179563.17	0.5963755
2014-04	152156.95	9.14895337	2017-04	195187.80	8.70146661
2014-05	156705.46	2.98935478	2017-05	200897.09	2.92502338
2014-06	160521.49	2.43515583	2017-06	205591.20	2.33657494
2014-07	161706.89	0.73846812	2017-07	206146.21	0.26995679
2014-08	165481.53	2.33425091	2017-08	211152.91	2.42871308
2014-09	169947.29	2.6986429	2017-09	217487.38	2.99994285
2014-10	182791.03	7.55748509	2017-10	225149.61	3.52307036
2014-11	182873.85	0.04530979	2017-11	234139.61	3.99290052
2014-12	177882.63	-2.7293253	2017-12	244457.38	4.40667285

金融发展程度的测度指标为影子银行整体规模占社会融资规模的比重。由于本书第一篇重点研究影子银行体系对利率市场化的影响，影子银行体系是金融体系不可或缺的一部分，因此，本书选择影子银行体系整体规模占社会融资规模的比重来作为金融发展程度的测度指标。

金融开放程度的测度指标为中美基准利率的利差，即我国基准存款利率（1年期）与美国联邦基准利率之间的差值（见表3.7）。

表3.7　　　　　　　　解释变量指标与变量选取

影响因素	变量选择	变量符号
经济发展程度	GDP	X_1
金融发展程度	影子银行规模占社会融资规模的比重	X_2
金融开放程度	中国存款基准利率（1年期）与美国联邦基准利率的差值	X_3
利率市场化程度	1年期存款利率与7天全国银行间同业拆借加权平均利率的差值的绝对值	Y

注：所选数据是2012年1月至2017年12月的月度数据。
资料来源：国家统计局网站、中国人民银行网站、美联储网站。

被解释变量是我国利率市场化程度，为实际利率与均衡理论的偏离程度，解释变量为影子银行体系规模占比、GDP增长率、中美利差。其中，需要说明的是，由于我国目前对于影子银行体系规模的统计制度还有待进一步完善，因此，本书第一篇仅对影子银行体系规模进行了简单测算，即"影子银行体系规模＝社会融资规模总量－人民币贷款－外币贷款－企业债券－非金融企业境内股票融资"。各具体指标的描述性统计结果如表3.8所示。

表3.8　　　　　　　　解释变量指标与变量选取

指标名称	观测值	均值	标准差	最小值	最大值
X_1	72	0.009601	0.053510	－0.134585	0.095397
X_2	72	0.143479	0.246427	－0.991231	0.522103
X_3	72	2.0675	1.015252	0.2	3.42
Y	72	1.0325	0.674075	0.01	3.98

（3）实证结果分析。通过对影子银行体系规模及其他因素对我国利率市场化进程的影响进行分析，本书分别对利率市场化程度分布中0.1～0.9的9

个层次采用分位数回归，对模型进行估计，模型回归结果如表3.9所示。

表3.9 分位数估计的回归结果

分位数	GDP增长率	影子银行体系规模占比	中美利差
0.1	-0.850438	-0.526817*	0.133400***
0.2	-1.986858	-0.520088	0.164655***
0.3	-2.500657	-0.170149	0.185433***
0.4	-1.781144	-0.335945	0.226857***
0.5	-1.534361	-0.193556	0.274733***
0.6	-2.524029	0.108878	0.380262***
0.7	-1.794262	0.428111	0.487150***
0.8	3.493363	0.965324*	0.656722***
0.9	9.392697	1.701588***	0.892545***

注：***、*分别表示在1%、10%的置信概率下显著。

首先需要说明的是，不同偏离程度的分位数代表了不同的偏离等级，较高的分位数对应较大的偏离程度，代表利率市场化程度较低；反之，较低的分位数对应较小的偏离程度，代表利率市场化程度较高。

由表3.9可知，在分位数较高，即利率市场化程度相对较低时，影子银行体系规模和中美利差都会对利率市场化产生较为显著的影响，但GDP增长率的影响并不明显；在分位数较低，即利率市场化程度相对较高时，只有中美利差会对利率市场化产生较为显著的影响，GDP增长率和影子银行体系规模影响都不明显。

随着分位数的不断增加，影子银行体系规模占比的分位数回归系数由负变正，系数逐渐增大。这反映出利率市场化程度越低，影子银行体系规模对利率市场化的影响越大；利率市场化程度越高，影子银行体系对利率市场化的影响越小。影子银行体系的出现与发展，不仅加速了商业银行的竞争程度，也对传统融资渠道进行了有益的补充和替代。影子银行、传统商业银行与融资者之间的竞争都会引起市场利率的不断浮动，从而提升利率的市场化程度，推动利率市场化改革的进程。

3. 影子银行体系对货币政策效果影响的实证分析

（1）相关研究述评。国内外学者对影子银行与货币政策之间的关系进行了深入细致的研究，也具有了一定的研究基础。高宏霞、张小燕（2017）利用向量自回归模型（VAR），对 2013—2016 年的月度数据进行实证分析，认为影子银行体系的过度发展会导致社会货币供应量的增加，对货币政策的调控产生一定的削弱作用，对货币政策的有效性产生一定的冲击，并且这种冲击是具有一定时滞性的。马亚明、段奇奇（2018）运用 TVP—VAR 模型，对影子银行、货币政策和经济周期的动态关系进行研究，认为影子银行体系降低了广义货币供应量的可测性、可控性和相关性，M_2 作为数量型货币政策中介目标的有效性值得商榷，影子银行体系对宏观经济的冲击会间接地影响影子银行体系自身的运行，放大经济的周期性波动，增加货币政策调控的难度。高然、陈忱、曾辉等（2018）运用 SVAR 模型对我国影子银行体系的周期性特征进行检验，认为影子银行体系的融资规模变动是逆周期的，同时建立 DSGE 模型，模拟影子银行体系对货币政策传导的影响，分析结果认为影子银行体系造成传统商业银行的信贷渠道被部分替代，降低了货币政策的有效性。

（2）变量选取与数据说明。本书第一篇在研究影子银行体系对货币政策效果的影响时，以影子银行体系对货币供应量的影响为主要研究角度。具体来说，影子银行体系具有一定的货币创造功能，加快货币流通速度，弱化货币供应的调控力度，干扰货币政策的实施，最终影响货币政策的效果。

在变量选择上，本书第一篇选取货币供应量和影子银行体系规模两个变量。

本书选取广义货币供应量（M_2）的月度数据，作为货币供给量的衡量指标，数据来源于中国人民银行统计数据。

对以往相关研究进行梳理可以发现，前期研究大多直接将影子银行体系整体规模与货币供应量结合到一起进行回归分析，其结果显示相关程度并不显著。因此，为了消除单纯考虑总量可能会出现的相互影响，更好地分析各个子系统对货币供应量的影响模式，本书选取信托贷款总额（X_1）、委托贷款总额（X_2）以及企业债券总额（X_3）三个子系统作为影子银行体系规模的衡量指标，数据来源于中国人民银行统计数据。

数据区间选择是 2012 年 1 月至 2018 年 12 月的月度数据。

（3）方法介绍。在分析影子银行对货币政策效果的影响时，本书采用 VAR 模型。VAR 模型将系统中每个内生变量对模型全部内生变量的滞后值进行回归，从而估计全部内生变量的动态关系。VAR 模型对于相互联系的时间序列变量系统具有较高的有效性，既可以用来预测相互联系的时间序列系统并分析随机扰动对变量系统的动态冲击，也可以很好地解释动态冲击对经济变量的影响。

本书第一篇将影子银行体系的子系统规模与广义货币供应量规模作为变量的内生变量，将其他因素归为随机项，建立 VAR 模型。随后，在 VAR 模型的基础上进行平稳性检验和脉冲响应分析，分析影子银行体系子系统与货币供应量的动态关系。

（4）平稳性检验。建立 VAR 模型之前，要保证模型中的各个变量都具有平稳性。为避免"伪回归"的出现，需要先进行平稳性检验，检验数据的单位根，具体结果如表 3.10 所示。

表 3.10　　　　　　　　变量的平稳性检验结果

变量	ADF 检验值	临界值（置信水平）			平稳性结果
		1%	5%	10%	
M_2	-1.250462	-3.524233	-2.902358	-2.588587	不平稳
ΔM_2	-2.700640	-2.525618	-2.902953	-2.588902	平稳
X_1	-2.330208	-3.512290	-2.897223	-2.585861	不平稳
ΔX_1	-10.50178	-3.513344	-2.897678	-2.586103	平稳
X_2	-1.736058	-3.512290	-2.897223	-2.585861	不平稳
ΔX_2	-10.04891	-3.513344	-2.897678	-2.586103	平稳
X_3	-2.172361	-2.593468	-1.944811	-1.614175	不平稳
ΔX_3	-13.39547	-2.593468	-1.944811	-1.614175	平稳

表 3.10 对 M_2、X_1、X_2 和 X_3 的平稳性进行检验后发现，各个变量都是不平稳的，其变量一阶差分后的序列拒绝单位根检验，说明一阶差分后的数据是平稳的，存在一阶单整。

（5）滞后期选择。为准确估计 VAR 模型，需要确定 VAR 模型的滞后阶数。根据 SC 准则，确定模型的滞后阶数为 1 阶（见表 3.11）。

表 3.11　　　　　　　　模型的滞后阶数的确定结果

Lag	lgL	LR	FPE	AIC	SC	HQ
0	-3027.179	NA	1.83e+29	78.73192	78.85368	78.78063
1	-2723.518	567.8855	1.04e+26*	71.26021*	71.86899*	71.50372*
2	-2711.175	21.80147	1.15e+26	71.35518	72.45099	71.79350
3	-2693.402	29.54454*	1.11e+26	71.30914	72.89197	71.94225
4	-2685.079	12.97036	1.38e+26	71.50855	73.57840	72.33647
5	-2667.516	25.54701	1.36e+26	71.46794	74.02481	72.49066
6	-2652.707	20.00080	1.46e+26	71.49889	74.54279	72.71642
7	-2638.763	17.38484	1.63e+26	71.55229	75.08322	72.96463

注：* 表示在 10% 的置信概率下显著。

同时，对模型整体的稳定性进行检验，结果如图 3.1 所示。

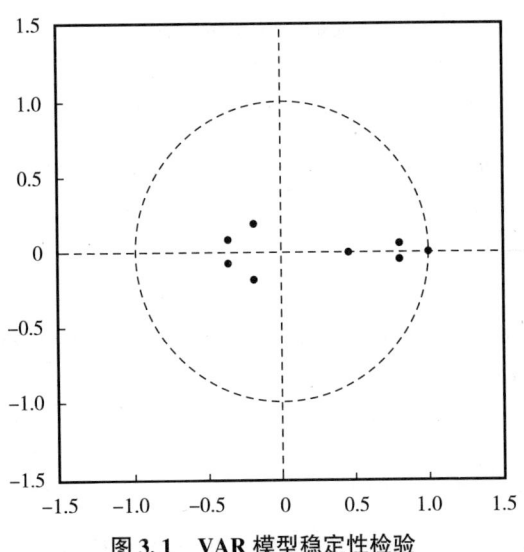

图 3.1　VAR 模型稳定性检验

VAR 模型稳定性检验结果表明，VAR 模型的所有特征值均落在单位圆内，说明模型特征方程的所有根都小于 1，VAR 模型具有稳定性。

（6）脉冲响应分析。在 VAR 模型的基础上，本书利用脉冲响应函数（IRF），结合 Cholesky 分解技术，分析影子银行体系子系统产生一个标准差数量的波动时，对货币供应量当期值会产生多大的冲击、对未来值产生何种方向的影响，以及影响持续的时间。图 3.2、图 3.3、图 3.4 分别为信托贷款总额（X_1）、委托贷款总额（X_2）和企业债券总额（X_3）对货币供应量的脉冲响应函数。

图 3.2、图 3.3、图 3.4 的脉冲响应函数的走势表明，信托贷款、委托贷款、企业债券总额的变化，初期都会对广义货币供应量产生剧烈影响，但是这种影响的持续时间并不长，会在长期回归平稳。这反映出影子银行体系的各个子系统都会在短期内对我国的货币供应量造成影响和冲击，干扰货币政策效果，但这种影响和冲击是短暂的，从长期来看不会造成显著影响。

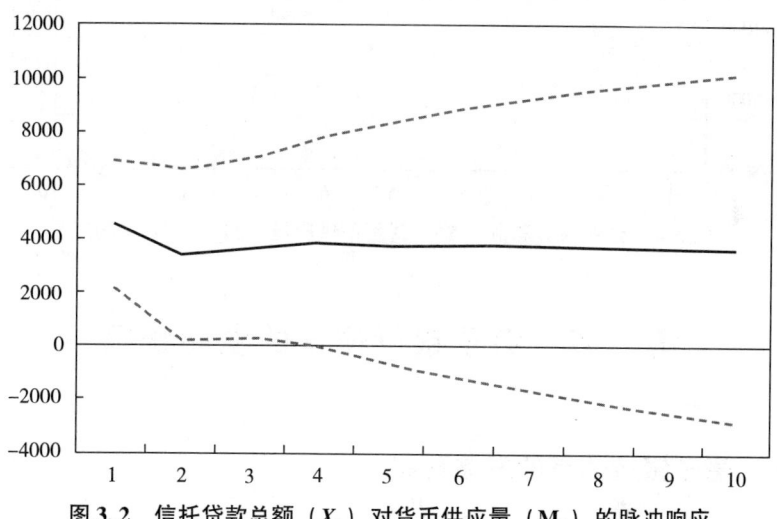

图 3.2 信托贷款总额（X_1）对货币供应量（M_2）的脉冲响应

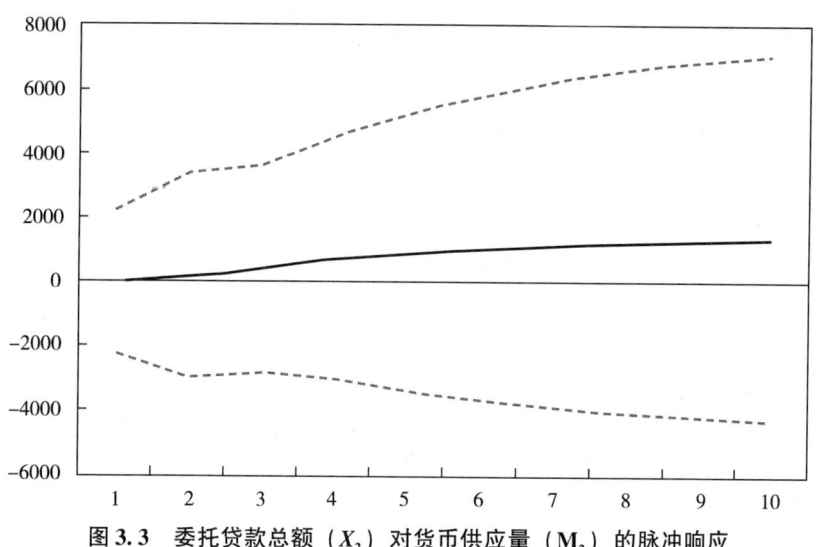

图 3.3 委托贷款总额（X_2）对货币供应量（M_2）的脉冲响应

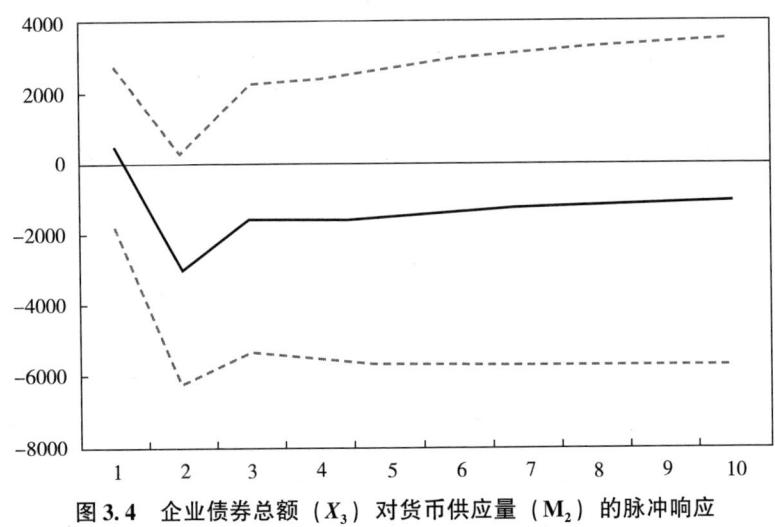

图 3.4　企业债券总额（X_3）对货币供应量（M_2）的脉冲响应

第二节　影子银行体系的发展状况

一、影子银行体系的发展现状

我国影子银行体系虽然起步较晚，但随着我国经济的不断进步和金融行业的不断发展与创新，我国影子银行体系也获得了迅速发展，在短短的几年之内，影子银行体系已发展到一定规模，不容小觑。我国影子银行体系作为金融创新的一种形式，正以较快的速度发展。

从社会融资规模的数据中也可以看出，我国影子银行体系发挥的作用越来越大。根据中国人民银行发布的社会融资规模统计数据，我国社会融资规模从 2002 年的 2 万亿元增加至 2018 年的 19.26 万亿元，整体上保持递增的态势。但是，新增人民币贷款占社会融资总量的比重呈现下降趋势，2003 年传统商业银行信贷融资仍然是社会融资的主要方式，其占比为 81.06%。伴随着我国经济的高速发展，大量非存款类金融机构和民间金融机构涌现，对信贷融资工具起到了极大的补充作用，促进了社会融资渠道的多元化发展，传统商业银行贷款占社会融资规模的比重逐步下降，截止到 2018 年底占比为 81.37%。其中 2013 年创下历史新低，下降至 51.34%，这说明影子银行体系在我国社会融资规模中所占比重越来越高。我国影子银行体系的规模正以较快的速度增长，使居民和企业可以拥有更多的投资和融资渠道，不再单纯依靠商业银行贷款。

尽管近年来，我国开始重视影子银行体系可能存在的问题，加强对信贷总额的控制，旨在遏制影子银行体系发展，但不可否认的是，影子银行体系依然向社会提供了大量的流动性，再加上影子银行体系大多是绕开金融监管当局的监管和国家宏观调控政策寻求投机和收益，因此势必会对我国的经济发展产生重大的影响。

二、影子银行体系发展的原因分析

近年来，我国影子银行体系业务获得了迅速发展，离不开金融创新和监管套利等常规因素，因而在传统融资渠道的基础上衍生出非正规融资渠道。我国影子银行体系发展的原因大致可以从以下三个方面来解释。

（一）宏观调控政策转向

进入21世纪后，我国在较长的一段时间内实施较为宽松的经济刺激政策。2008年国际金融危机爆发后，国内经济受到了很大程度的影响。为应对国际金融危机，刺激经济健康、稳定发展，我国政府在2009年采取适度宽松的货币政策，推出了"4万亿元计划"来刺激经济，一方面实施增加4万亿元货币的救市计划，为市场带来大量的融资需求；另一方面扩大银行信贷投放量，降低存款准备金率和存贷款利率，拉动国内的消费和投资。为了抑制通货膨胀的威胁，我国在2010年转变政策导向，采取紧缩的货币政策，2010—2011年连续五次上调银行存贷款利率，对银行实施更严格的信贷管制标准。在这种情况下，投资需求旺盛的中小企业面对巨大的资金缺口，就会倾向于通过影子银行体系等非正规渠道进行融资，解决资金短缺的问题，加之影子银行体系的经营活动具有复杂性和隐蔽性，监管难以完全覆盖，因而获得了较快的发展。

（二）商业银行追求利润、减少资本消耗的需要

商业银行也是以追求利润最大化为目的的企业，特别是在后金融危机时代，为了防止商业银行过度扩张和保障金融秩序的稳定，中国人民银行不断调整以适应巴塞尔协议Ⅱ和巴塞尔协议Ⅲ所提出的要求，提高商业银行存贷

款比例的指标，增加储备资产，降低信贷风险。对商业银行而言，上调存款准备金率使传统的信贷业务增长难以突破，提高了经营成本。与之相反，商业银行的表外业务不仅不会受到信贷约束，反而可以节约流动性资金，这些因素都激励商业银行发展表外业务。因此，商业银行积极开发短期理财产品、信托计划、委托贷款等一系列金融创新的表外业务，寻求新的利润增长点，减少资本消耗。一方面，商业银行作为中介机构不承担风险，在增加中间业务手续费收入的同时，还可以获得除支付给投资者的投资收益之外的额外收益，有效弥补商业银行因信贷规模控制而产生的利润缺口。另一方面，在资金供应的紧张局面下，商业银行通过表外业务吸收信贷资金，暗中"输血"给投资需求旺盛的中小企业、房地产企业以及地方政府融资平台，减少负债规模，规避金融监管。因此，这些绕过金融监管的金融创新业务在很大程度上推动我国影子银行体系的规模不断壮大。

（三）中小企业和地方政府融资平台需求

我国影子银行体系的资金大多流向两大类：一类是中小企业较为旺盛的信贷需求。尽管中小企业在国民经济发展中的地位比较重要，但商业银行更偏好于规模较雄厚、信誉良好的国有企业，中小企业发展遇到资金瓶颈，主要表现为融资困难、贷款困难等，不得不通过其他非正规渠道来融资，如小额贷款公司、信托产品、民间借贷等。另一类是地方政府融资平台信贷需求。部分地方政府的投资与收入不匹配，即便是在货币政策紧缩的时期，地方政府也需要资金维持一些城建投资项目，这导致了较为旺盛的信贷需求，但地方政府融资平台获得资金的难度较大，转而借助其他非正规的融资渠道来融资，这些都在一定程度上加快了我国影子银行体系的发展。

三、影子银行体系的业务类型

下文将介绍影子银行体系中有代表性的几种业务类型。

（一）商业银行理财产品业务

首先需要声明的是，并非所有商业银行理财产品业务都具有影子银行特色的表外业务，只有那些没有纳入商业银行资产负债表的业务风险较大、非保本理财产品才具有影子银行业务类型的特点。从功能上来看，商业银行的理财产品可以拓宽社会融资渠道，还能满足客户多样化的理财需求，调剂资金余缺，实现资源优化配置。

（二）商业银行委托贷款业务

委托贷款又被称为银企合作，是指那些实力雄厚、资金充足的大型国有或非国有企业利用市场出清，获取融资套利。资金充裕、有额外利润需求的大型企业可以向资金短缺的企业通过商业银行作为信用中介发放贷款，商业银行从中收取手续费，其实质是进行委托贷款的资金供给企业和资金需求企业之间进行非信贷交易。截止到2019年8月底，我国委托贷款规模已达11.74万亿元，委托贷款在促进经济发展方面的作用效果十分明显，但也存在较大的信用违约风险。

（三）非银行金融机构信托贷款类业务

商业银行会通过与信托公司合作，即银信合作模式，来实现资产转表、规避监管、获取收益。银信合作是指商业银行通过发行信托理财产品方式筹集资金，信托公司将募集的受托资金转交给有资金需求的企业。我国对于商业银行的经营范围有着严格的规定，所以商业银行的理财产品投资渠道受监管限制。相反，信托公司的信托资产，货币市场、资本市场和实业都可不受限制地投资。商业银行与信托公司合作的方式，使二者的优势互补：信托公司可以通过商业银行影响力、品牌声誉优势吸引更多资金，商业银行则可以凭借信托公司的投资渠道拓宽理财产品投向，同时规避信贷融资监管，大大减少了监管成本。截止到2019年8月底，我国信托贷款规模达7.75万亿元。由此可见，我国信托贷款在企业融资和促进经济发展方面发挥着重要作用，成为传统商业银行在信贷和中间业务方面的有力补充。

（四）民间借贷类影子银行业务

国际金融危机后，国家宏观政策收紧，对传统商业银行的信贷规模严格限制，以至于传统正规金融机构的融资无法完全满足社会融资需求。社会融资供不应求，催生了民间借贷类影子银行业务。民间借贷的融资成本和融资门槛相对不高，为很多中小企业提供了新的融资手段，但由于民间借贷的融资利率较高，容易陷入"庞氏骗局"，加之民间借贷的参与者相对复杂，因此，民间借贷具有一定的高风险性，且风险具有传递性。

第四章
影子银行体系对宏观经济的影响分析

第一节 影子银行体系对金融体系稳定的阈值效应

一、影子银行体系规模测算

由于影子银行体系发展历史较短，我国影子银行体系整体规模目前尚没有官方统计数据。国内外学者运用多种方法对影子银行体系的规模进行了测算，测算依据、方法不同，测算结果也不尽相同。在考虑到数据的可得性、系统性、连续性等问题之后，笔者选择社会融资规模数据来对其规模进行测算，即"影子银行体系规模＝社会融资规模总量－人民币贷款－外币贷款－企业债券－非金融企业境内股票融资"。

表4.1为依据社会融资规模估算的2003—2018年影子银行体系的绝对规模，结果发现2003—2013年影子银行体系的绝对规模总体呈上升趋势，2014—2015年开始出现下降的趋势，2016年和2017年又开始反弹。但影子银行体系的绝对规模只能反映出影子银行体系自身规模的变化趋势，无法反映影子银行体系规模的相对变化程度。因此，除了对影子银行体系绝对规模进行估计外，本书还对其相对规模进行估计，即"影子银行体系相对规模＝影子银行体系绝对规模/GDP"。

表 4.1　　　　2003—2018 年影子银行体系绝对规模估算

项目 年份	社会融资规模总量（亿元）	人民币贷款（亿元）	外币贷款（亿元）	企业债券（亿元）	非金融企业境内股票融资（亿元）	影子银行体系绝对规模（亿元）
2003	34113	27652	2285	499	559	3118
2004	28629	22673	1381	467	673	3435
2005	30008	23544	1415	2010	339	2700
2006	42696	31523	1459	2310	1536	5868
2007	59663	36323	3864	2284	4333	12859
2008	69802	49041	1947	5523	3324	9967
2009	139254	95942	9265	12367	3350	18180
2010	140191	79451	4855	11063	5786	39036
2011	128286	74715	5712	13658	4377	29824
2012	157631	82036	9164	22551	2507	41373
2013	173168	88916	5848	18113	2219	58072
2014	164133	97813	3556	23817	4350	34597
2015	152936	112693	-6427	28249	7604	10817
2016	178160	124371	-5639	30025	12415	16988
2017	194445	138431	251	4422	8750	42582
2018	192584	156710	-4203	24755	3606	11716

资料来源：中国人民银行网站。

表 4.2 为 2003—2018 年影子银行体系相对规模估算结果，数据显示，2003—2015 年影子银行体系相对规模呈现出有升有降的起伏上升趋势，2010 年影子银行体系相对规模达到高点，随后开始下降，2013 年达到了最高点，2014 年和 2015 年开始下降，2016 年出现反弹。尽管影子银行体系相对规模在近几年出现了起伏，但整体上影子银行体系相对规模已经超过了 0.05，最高时已接近 0.1，反映出影子银行体系相对规模不断扩大的趋势。

表 4.2　　　　2003—2018 年影子银行体系相对规模估算

年份	影子银行绝对规模（亿元）	GDP（亿元）	影子银行相对规模
2003	3118	137422	0.02268923
2004	3435	161840.2	0.02122464
2005	2700	187318.9	0.01441392

续表

年份	影子银行绝对规模（亿元）	GDP（亿元）	影子银行相对规模
2006	5868	219438.5	0.02674098
2007	12859	270092.3	0.04760965
2008	9967	319244.6	0.03122058
2009	18180	348517.7	0.05216378
2010	39036	412119.3	0.09472015
2011	29824	487940.2	0.06112224
2012	41373	538580	0.07681867
2013	58072	592963.2	0.09793525
2014	34597	641280.6	0.05394986
2015	10817	685992.9	0.01576838
2016	16988	740060.8	0.02295487
2017	42582	820754.3	0.05188154
2018	11716	900309.5	0.0130133

资料来源：中国人民银行、国家统计局网站。

通过以上测算可知，影子银行体系的绝对规模从2003年开始呈现出逐年增加的态势，影子银行体系的相对规模则呈现出先增加后减少的倒"U"形增长趋势，可以看出影子银行体系的发展并非是一帆风顺的，其发展的起伏势必对金融体系稳定性造成影响。

二、构建金融稳定指数

在综合国内外学者相关研究的基础上，本书第一篇构建金融稳定指数，通过金融环境、金融政策、金融市场三个方面来对金融体系稳定性进行测度。在具体指标选择上，本书采用了3个一级指标和12个二级指标来构建金融稳定指数，具体见表4.3。本书利用2003—2015年的年度数据，估算中国的金融稳定指数，以此来实现对我国金融体系稳定性的度量。

表 4.3 金融稳定指数

金融稳定指数	代表指标
金融环境	投资增长率
	消费增长率
	财政支出增长率
	贸易顺差增长率
金融政策	M_2 增长率
	利率
	汇率
	财政赤字率
金融市场	不良贷款率
	资产负债率
	股票总市值/GDP
	债券无风险收益率

第一步，各指标标准化。首先，对构建金融稳定指数的 12 个二级指标进行标准化，然后将标准化后的结果加总求和，得到合成指标值。本书借助标准化后的结果来反映金融体系稳定的程度，标准化后的结果越大越稳定，如标准化后的结果为"1"，则为稳定状态；如为"0"，则为不稳定状态。

在进行指标标准化之前，首先需要判断指标是属于正向指标还是负向指标，指标标准化处理方法如下：

正向指标标准化：$I_{it}n = \dfrac{I_{it} - \min(I_{it})}{\max(I_{it}) - \min(I_{it})}$

负向指标标准化：$I_{it}n = \dfrac{\max(I_{it}) - I_{it}}{\max(I_{it}) - \min(I_{it})}$

其中，$I_{it}n$ 代表的是 t 时期指标 i 标准化之后的结果，I_{it} 代表的是 t 时期指标 i，$\max(I_i)$ 和 $\min(I_i)$ 分别代表指标 i 的最大值和最小值。

第二步，各指标加总求和，得到金融稳定指数。在完成对所有指标的标准化过程后，给予所有指标值相同的权重，来综合计算金融稳定指数（见表 4.4）。

表 4.4　　　　　　　　　　金融稳定指数

年份＼项目	金融环境指数	金融政策指数	金融市场指数	金融稳定指数
2003	0.2893	0.4387	0.0941	0.2740
2004	0.4595	0.4324	0.1798	0.3572
2005	0.6990	0.4552	0.1922	0.4488
2006	0.5047	0.4609	0.3702	0.4453
2007	0.6772	0.6045	0.6988	0.6601
2008	0.6311	0.3541	0.6296	0.5383
2009	0.4867	0.3324	0.5060	0.4417
2010	0.3101	0.4531	0.6019	0.4550
2011	0.6216	0.3871	0.7544	0.5877
2012	0.3881	0.2624	0.7014	0.4506
2013	0.2475	0.3225	0.7212	0.4304
2014	0.1643	0.2444	0.8280	0.4122
2015	0.2047	0.3659	0.8384	0.4697

资料来源：作者测算。

通过表4.4可以看出，2003—2015年金融稳定指数呈现出先增加后减少的变化趋势，金融稳定指数从2003年的0.2740增加到2007年的0.6601，随后呈下降趋势。2008年成为金融稳定指数变化过程中的转折点，在那一年爆发的国际金融危机对我国金融体系造成了巨大的影响，此后金融稳定指数开始下降。2008年国际金融危机爆发后，地方债务风险等风险问题逐渐暴露，影子银行体系发展对金融稳定带来的冲击等问题不断出现，使金融稳定指数呈现出下降的趋势，我国金融体系的整体稳定性变弱。

三、影子银行体系对金融体系稳定阈值效应的实证分析

在指标选择上，本书选取上文测算出的影子银行体系相对规模（SB）作为影子银行体系的代表指标，上文构建的金融稳定指数（FS）作为金融稳定的代表指标，GDP增长率作为经济增长的代表指标，CPI作为通货膨胀的代表指标。在指标期限选择上，本书利用2003—2015年的年度数据，来分析影子银行体系对金融体系稳定性的影响。

(一) 单位根检验

由表4.5可知,所有指标的 ADF 检验统计量均大于临界值,说明原序列均是不平稳的。接下来,我们利用差分方法来消除数据的不平稳性,再对差分之后的序列进行 ADF 检验。检验结果显示,所有指标一阶差分之后的数据的检验值均小于临界值,说明一阶差分后序列是平稳的,即序列为一阶单整时间序列。

表4.5　　　　各变量平稳性检验结果（ADF 单位根检验）

变量	ADF 检验值	临界值（置信水平）			平稳性结果
		1%	5%	10%	
FS	-0.080803	-2.792154	-1.977738	-1.602074	不平稳
ΔFS	-3.714302	-2.816740	-1.982344	-1.601144	平稳
GDP	-0.748278	-2.847250	-1.988198	-1.600140	不平稳
ΔGDP	-4.311625	-2.847250	-1.988198	-1.600140	平稳
CPI	-0.284871	-2.847250	-1.988198	-1.600140	不平稳
ΔCPI	-5.727300	-2.847250	-1.988198	-1.600140	平稳
SB	-0.784822	-4.420595	-3.259808	-2.771129	不平稳
ΔSB	-5.406123	-4.420595	-3.259808	-2.771129	平稳

(二) 协整检验

我们首先采用 OLS 方法进行协整回归,并提取方程残差序列 $\hat{u}$；随后,对 $\hat{u}$ 进行平稳性检验。根据表4.6中 $\hat{u}$ 的平稳性检验结果可知,$\hat{u}$ 序列的 ADF 检验值为 -3.326335,拒绝原假设,可以确定 $\hat{u}$ 为平稳序列,即 $\hat{u} \sim I(0)$, 变量 FS、GDP、CPI、SB 之间存在协整关系。

表4.6　　　　　　　　协整检验结果

ADF 统计量			T 统计量	概率值（P 值）
			-3.326335	
显著性水平	1%	检验临界值	(-4.200056)	0.0394
	5%		(-3.175352)	
	10%		(-2.728985)	

(三) 模型设定与估计

在对模型进行了平稳性检验和协整检验后,下文将就影子银行体系对金融体系稳定性的影响进行模型的设定与估计(见表4.7)。在表4.7的模型结果中,模型1为不包含影子银行体系相对规模影响的金融稳定模型,模型2为包含影子银行体系相对规模影响的金融稳定模型,模型3为包含影子银行体系相对规模及其相对规模平方影响的金融稳定模型。通过这三个模型的设定可以看出,从模型1到模型2,再到模型3,变量的显著性、模型的整体显著性、R^2都是逐渐增加的。也就是说,考虑了影子银行体系相对规模和影子银行体系相对规模平方的模型是三个模型中拟合程度最好的,是最能反映金融稳定影响因素的模型。

表4.7 影子银行体系对金融稳定影响的模型设定与估计

模型 变量	模型1	模型2	模型3
C	0.302295 ***	0.214584	0.018076
	(3.435624)	(1.796318)	(0.140910)
GDP	0.628302	1.003210	1.281632 *
	(0.840582)	(1.224803)	(1.912745)
CPI	2.183416	1.443027	0.693978
	(1.186912)	(0.740144)	(0.433183)
SB		1.049298	9.098775 **
		(1.074826)	(2.550993)
SB^2			-69.62293 *
			(-2.313628)
F统计量	3.300021	2.623049	4.375925
R^2	0.423079	0.495877	0.714329

注:***、**、*分别表示在1%、5%、10%的置信概率下显著。

$$FS = 0.018076 + 9.098775SB - 69.62293SB^2 + 1.281632GDP + 0.693978CPI$$
$$\quad (0.140910)(2.550993) \quad (-2.313628)(1.912745) \quad (0.433183)$$

根据模型3的结果可以得出如下结论:(1)模型的R^2为0.71,反映出模型的拟合程度较高,说明金融稳定指数(FS)数值变化的71%可以由影子银行体系相对规模（SB）、经济增长率（GDP）、通货膨胀率（CPI）等变量的变化来解释；F 值为 4.3759，说明模型整体显著。（2）影子银行体系相对规模（SB）的系数为正，说明其相对规模与金融体系稳定程度呈现正相关关系；影子银行体系相对规模平方（SB^2）的系数为负，说明其相对规模平方与金融体系稳定程度呈现负相关关系，我国影子银行体系规模对金融稳定性的影响是非线性的。（3）影子银行体系相对规模与金融稳定性之间存在阈值效应，即呈现出一种倒"U"形关系，阈值是 0.065，当影子银行体系相对规模小于 6.5% 时，金融体系稳定性会随着影子银行体系相对规模的上升而上升；反过来，当影子银行体系相对规模大于 6.5% 时，金融体系稳定性会随着影子银行体系相对规模的上升而下降。

第二节 影子银行体系对金融体系稳定的风险溢出效应

本书第一篇在完成对影子银行体系影响金融体系稳定性的分析之后，得出的结论是当影子银行体系相对规模超过阈值时，影子银行体系就会对金融体系稳定性产生负面影响，进而产生风险。因此，下文将以金融体系中占主导地位的商业银行为例，深入分析影子银行体系对金融体系稳定性所产生的风险溢出效应。

在具体研究思路上，本书首先对影子银行体系进行分类，并依据此分类情况选取影子银行体系的抽样样本。随后，以上市商业银行作为金融体系的代表，通过构建 CoVaR 模型和 GARCH 模型，分析影子银行体系对上市商业银行所产生的条件风险价值、溢出风险价值以及风险溢出强度，进一步分析影子银行体系对金融体系稳定性所产生的风险溢出效应。

一、指标选择及处理

在具体影子银行体系研究对象选择上，我们选择了信托类（安信信托、陕国投 A）、券商类（广发证券、中信证券）、创投类（大众公用、张江高科）和互联网金融类（东方财富、生意宝）四类影子银行机构的 8 家影子银行作为影子银行体系的抽样样本；同时，选择了 14 家上市商业银行作为金融体系的代表，包括 5 家大型商业银行（工商银行、建设银行、中国银行、农业银行和交通银行)、6家股份制商业银行(兴业银行、光大银行、民生银行、招商银行、浦发银行和平安银行)、3家城市商业银行(北京银行、南京银行和宁波银行)。

在数据来源选择上,所有数据均选择该上市公司股票当日的收益率作为风险测度指标,数据期间选择为2010年1月4日至2015年12月31日。为保持数据的连贯性和可比性,对晚于2010年1月4日上市的影子银行机构和上市商业银行,从其上市时间开始计算。

二、影子银行体系对金融体系稳定性风险溢出效应的实证分析

GARCH模型在赋予新的数据更大的权重条件下,假设收益率的变动是可以预测的。预测的条件均值和条件方差同时包括了新的信息和以前的信息,见式(4.1):

$$R_t = \gamma + \alpha R_{t-1} + \mu_t \tag{4.1}$$

其中,R_t为条件均值,γ为常数项,μ_t为波动项。

$$\sigma_t^2 = \omega + \alpha \mu_{t-1}^2 + \beta \sigma_{t-1}^2 \tag{4.2}$$

其中,σ_t^2为条件方差,ω为常数项,μ_{t-1}^2为ARCH项,σ_{t-1}^2为GARCH项。

实证研究表明,GARCH(1,1)模型对金融时间序列数据具有较好的拟合性,因此,我们利用GARCH(1,1)模型分析影子银行体系对金融体系稳定性的风险溢出效应,估算出影子银行体系和金融体系的风险价值VaR,其中风险价值VaR的计算公式见式(4.3):

$$VaR_t = \mu_t - \alpha \times \sigma_t \tag{4.3}$$

其中,VaR为风险价值,μ、σ分别为收益率的均值和标准差,α为某置信水平下正态分布的分位数。

若以$1-p$为置信水平,在影子银行体系S的损失等于VaR的情况下,金融体系N的条件风险价值($CoVaR_p^{N|S}$)见式(4.4)和式(4.5):

$$P_r(X^N \leq CoVaR_p^{N|S} = VaR_p^S) = p \tag{4.4}$$

$$CoVaR_p^{N|S} = \hat{R}^N + Q(p)\hat{\sigma}^S \tag{4.5}$$

式(4.4)中,$CoVaR_p^{N|S}$表示的是影子银行体系S对金融体系N的风险溢出效应,包括了无条件风险价值和溢出风险价值,是金融体系N的总风险价值的体现。

第四章 影子银行体系对宏观经济的影响分析

下文利用溢出风险价值 $\Delta CoVaR_p^{N|S}$ 和风险溢出强度 $\% CoVaR_p^{N|S}$ 来反映当影子银行体系 S 在发生最大可能损失的极值事件时，金融体系 N 的风险增加情况，具体见式（4.6）和式（4.7）：

$$\Delta CoVaR_p^{N|S} = CoVaR_p^{N|S} - VaR_p^S \quad (4.6)$$

$$\% CoVaR_p^{N|S} = (\Delta CoVaR_p^{N|S}/VaR_p^S) \times 100\% \quad (4.7)$$

从表4.8和表4.9影子银行体系与金融体系的VaR回归结果来看，影子银行体系的风险价值（VaR）普遍高于金融体系的风险价值（VaR），反映出我国影子银行体系依然存在很大的风险，依然较为脆弱，极易导致系统性风险；相反，金融体系中除了平安银行和交通银行之外，其余上市商业银行的风险价值（VaR）均在6以下，市场风险相对较小。

同时，通过对影子银行体系内部各影子银行机构风险价值的横向比较可以看出，券商类影子银行和互联网金融类影子银行的风险价值是影子银行体系内部相对较高的，说明券商类影子银行和互联网金融类影子银行所产生的风险十分显著，是最易引发系统性风险的影子银行领域。

表4.8 影子银行的VaR回归结果

项目 机构	预测均值	预测标准差	VaR (q=1%)	VaR (q=5%)
安信信托	0.1354	3.0546	-6.9696	-4.8894
陕国投A	0.0636	3.2300	-7.4492	-5.2496
广发证券	0.2895	10.9486	-25.1771	-17.7210
中信证券	0.0264	2.7532	-6.3776	-4.5027
大众公用	0.0253	2.5133	-5.8206	-4.1090
张江高科	0.0967	2.6611	-6.0929	-4.2807
东方财富	0.1539	4.6400	-10.6387	-7.4788
生意宝	0.1171	3.8258	-8.7817	-6.1763

表4.9 商业银行的VaR回归结果

项目 机构	预测均值	预测标准差	VaR (q=1%)	VaR (q=5%)
工商银行	0.0077	1.4077	-3.2666	-2.3079
建设银行	0.0227	1.5504	-3.5835	-2.5277

续表

项目 机构	预测均值	预测标准差	VaR（q=1%）	VaR（q=5%）
农业银行	0.0374	1.4417	-3.3159	-2.3341
中国银行	0.0205	1.5061	-3.4827	-2.4570
交通银行	0.0066	1.8029	-4.1869	-2.9591
平安银行	-0.0033	2.6354	-6.1331	-4.3384
招商银行	0.0198	1.8580	-4.3018	-3.0365
浦发银行	0.0060	2.1874	-5.0818	-3.5922
民生银行	0.0390	2.0770	-4.7920	-3.3776
光大银行	0.0669	2.0183	-4.6277	-3.2532
兴业银行	-0.0208	2.7648	-6.4518	-4.5689
北京银行	-0.0062	2.0901	-4.8677	-3.4443
南京银行	0.0337	2.0580	-4.7532	-3.3517
宁波银行	0.0380	2.1785	-5.0291	-3.5456

与此同时，在得到影子银行体系和金融体系的风险价值之后，在给定的 99% 的置信水平下，我们计算得出影子银行体系对金融体系的风险溢出价值和风险溢出强度，计算结果如表 4.10 和表 4.11 所示。

表 4.10　　　　　　　　影子银行对商业银行的风险溢出价值

影子银行 商业银行	安信信托	陕国投 A	广发证券	中信证券	大众公用	张江高科	东方财富	生意宝
工商银行	-3.8307	-4.2386	-22.1923	-2.9008	-2.3427	-2.6864	-6.4710	-4.5772
建设银行	-3.4987	-3.9066	-21.8603	-2.2105	-1.6524	-1.9961	-5.7048	-3.8110
农业银行	-3.7517	-4.1595	-22.1132	-0.2741	0.2839	-0.0598	-5.9616	-4.0678
中国银行	-3.6018	-4.0097	-21.9634	-2.0824	-1.5243	-1.8680	-6.0980	-4.2042
交通银行	-2.9115	-3.3194	-21.2731	-1.3162	-0.7581	-1.1018	-4.3616	-2.4678
平安银行	-0.9752	-1.3830	-19.3367	-1.5730	-1.0149	-1.3586	-5.9311	-4.0373
招商银行	-2.7834	-3.1912	-21.1449	-1.7094	-1.1513	-1.4950	-6.0057	-4.1119
浦发银行	-2.0172	-2.4251	-20.3787	0.0270	0.5851	0.2414	-5.7255	-3.8317
民生银行	-2.2740	-2.6818	-20.6355	-1.4973	-0.9446	-1.2883	-5.8912	-3.9974
光大银行	-2.4104	-2.8183	-20.7720	-1.6171	-1.0590	-1.4027	-6.0057	-4.1119

续表

商业银行\影子银行	安信信托	陕国投A	广发证券	中信证券	大众公用	张江高科	东方财富	生意宝
兴业银行	-0.6740	-1.0819	-19.0356	-1.3956	-0.8376	-1.1813	-5.7843	-3.8904
北京银行	-2.2435	-2.6514	-20.6050	-1.5425	-0.9844	-1.3281	-5.9311	-4.0373
南京银行	-2.3181	-2.7259	-20.6796	-1.6171	-1.0590	-1.4027	-6.0057	-4.1119
宁波银行	-2.0379	-2.4457	-20.3994	-1.3369	-0.7788	-1.1225	-5.7255	-3.8317

从表4.10可以看出，所有影子银行体系对金融体系均产生负的风险溢出价值，即考虑了影子银行体系对金融体系的风险溢出后，会导致金融体系的风险值明显增大。换句话说，影子银行体系所产生的风险，会传导到金融体系，导致金融体系也面临较大风险，即风险具有传导性。

表4.11　　　　　　　　影子银行对商业银行的风险溢出强度

商业银行\影子银行	安信信托	陕国投A	广发证券	中信证券	大众公用	张江高科	东方财富	生意宝
工商银行	117.2702	129.7561	679.3752	88.8022	71.7180	82.2395	198.0969	140.1216
建设银行	97.6337	109.0152	610.0213	61.6852	46.1121	55.7029	159.1948	106.3473
农业银行	113.1424	125.4426	666.8861	8.2677	-8.5623	1.8026	179.7879	122.6749
中国银行	103.4212	115.1324	630.6497	59.7923	43.7682	53.6368	175.0961	120.7179
交通银行	69.5394	79.2808	508.0904	31.4358	18.1068	26.3156	104.1732	58.9412
平安银行	15.9000	22.5502	315.2838	25.6470	16.5478	22.1516	96.7059	65.8276
招商银行	64.7029	74.1841	491.5390	39.7365	26.7636	34.7531	139.6092	95.5854
浦发银行	39.6944	47.7203	401.0135	-0.5317	-11.5133	-4.7502	112.6661	75.3997
民生银行	47.4538	55.9651	430.6257	31.2454	19.7114	26.8836	122.9396	83.4193
光大银行	52.0863	60.8997	448.8609	34.9432	22.8839	30.3107	129.7767	88.8535
兴业银行	10.4467	16.7684	295.0433	21.6318	12.9820	18.3091	89.6536	60.3004
北京银行	46.0896	54.4685	423.3036	31.6881	20.2233	27.2840	121.8464	82.9407
南京银行	48.7685	57.3491	435.0637	34.0202	22.2795	29.5102	126.3491	86.5067
宁波银行	40.5216	48.6315	405.6259	26.5824	15.4857	22.3197	113.8464	76.1896

从表4.11中可以看出，各类影子银行对商业银行的风险溢出强度，以大众公用和张江高科为代表的创投类影子银行的风险溢出强度最小，以广发证

券为代表的券商类影子银行的风险溢出强度最大。影子银行对大型商业银行的风险溢出强度大于对股份制商业银行和城市商业银行的风险溢出强度。探究原因可以发现,对于大型商业银行来说,其自身风险较小,其风险主要来自影子银行体系等外部原因;相反,对于股份制商业银行和城市商业银行来说,尽管风险相对较高,但影子银行体系分散了大部分的风险,有助于实现风险管理。

从影子银行体系对金融体系的风险溢出效应的价值可以看出,影子银行体系对金融体系产生负的风险溢出效应,会导致金融体系的风险值明显增大。从影子银行体系对金融体系的风险溢出效应的强度可以看出,影子银行体系对大型商业银行的风险溢出效应大于对股份制商业银行和城市商业银行的风险溢出效应,其中,创投类影子银行的风险溢出效应最小,券商类影子银行的风险溢出效应最大。

第三节 影子银行体系对传统信贷流动性的水床效应

一、水床效应概念

水床效应是指类似于水床的此消彼长的现象。这一概念最先出现在控制理论中,用来指设计系统或控制器时,有得有失的内在限制,即在某些频段对噪声的抑制,必定会造成在其他频段对噪声的放大。本书第一篇将水床效应的概念运用到经济学中,用来探讨货币政策调控、信贷规模控制与影子银行体系三者之间的内在关联以及动态相互作用,指出货币政策紧缩一方面可以降低传统信贷流动性,另一方面却可以促使影子银行体系流动性扩张,由此引发流动性水床效应。

二、指标选择及处理

本书采用存款准备金率(大型金融机构存款准备金率)作为货币政策工具变量。当中央银行调高法定存款准备金率时,货币政策趋紧;反之,货币政策宽松。

我国影子银行体系主要由委托贷款、信托贷款之和(SB_t)构成,因此本书选取委托贷款和信托贷款之和,构成影子银行体系"狭义"的范围,作为影子银行体系规模的变量。

人民币贷款（L_t）能够及时并且有效反映传统金融机构的信贷状况，因此，本书采用人民币贷款增长率作为社会信贷规模指标。

为了消除季节性因素，本书利用 EViews 对数据进行季节性调整。具体做法为除了存款准备金率指标外，其他指标均将原始数据进行对数处理，并进行 CensusX12 季节调整。数据选择的区间为 2012—2017 年的月度数据，数据来源于中国人民银行网站及中经网数据库，就影子银行体系、货币政策与传统信贷之间存在的水床效应进行实证分析。

三、影子银行体系对传统信贷流动性水床效应的实证分析

（一）单位根检验（ADF）

表 4.12 对 R_t、L_t 和 SB_t 的平稳性进行检验后发现，各个变量都是不平稳的，其变量一阶差分后的序列在 1% 的显著性水平下拒绝单位根检验，说明一阶差分后的数据是平稳的，存在一阶单整。

表 4.12　　　　　　　　　平稳性检验结果

变量	ADF 检验值	临界值（置信水平）			平稳性结果
		1%	5%	10%	
R_t	-0.606866	-3.528515	-2.904198	-2.589562	不平稳
ΔR_t	-3.781163	-3.528515	-2.904198	-2.589562	平稳
L_t	-0.460904	-3.544063	-2.910860	-2.593090	不平稳
ΔL_t	-8.995540	-3.544063	-2.910860	-2.593090	平稳
SB_t	-1.725853	-3.533204	-2.906210	-2.590628	不平稳
ΔSB_t	-7.299301	-3.533204	-2.906210	-2.590628	平稳

（二）协整检验

当证明时间序列数据 R_t、L_t、SB_t 存在一阶单整关系后，通过表 4.13 的协整关系检验结果可以发现，迹检验和最大特征根检验的统计量小于 5% 的临界值，时间序列数据至少存在 1 个协整关系，接受原假设，即时间序列数据 R_t、L_t、SB_t 存在长期稳定的均衡关系。因此，影子银行体系、货币政策和传统信贷之间存在一种长期均衡关系。

表 4.13　　　　　　　　　　协整关系检验结果

协整关系检验	特征值	迹统计量	5%临界值	概率
不存在协整关系	0.450693	68.83423	29.79707	0.0000
至多存在一个协整关系	0.315324	26.89738	15.49471	0.0006
至多存在两个协整关系	0.005424	0.380747	3.841466	0.5372
协整关系检验	特征值	最大特征根统计量	5%临界值	概率
不存在协整关系	0.450693	41.93686	21.13162	0.0000
至多存在一个协整关系	0.315324	26.51663	14.26460	0.0004
至多存在两个协整关系	0.005424	0.380747	3.841466	0.5372

(三) 格兰杰因果检验

由表 4.14 的格兰杰因果检验结果可以知道，在 5% 的显著性水平下，R_t 与 L_t 存在单向因果关系，R_t 是 L_t 的格兰杰原因；R_t 和 SB_t 存在双向因果关系，R_t 是 SB_t 的格兰杰原因，SB_t 也是 R_t 的格兰杰原因；L_t 和 SB_t 也存在单向因果关系，L_t 是 SB_t 的格兰杰原因。这些结果表明货币政策的变化，一方面可以影响传统信贷的流动性，另一方面可以影响影子银行的流动性，有可能引发流动性水床效应，还需要进一步分析。

表 4.14　　　　　　　　　　格兰杰因果检验结果

原假设	变量	F 统计量	概率
L_t 不是 R_t 的格兰杰原因	70	1.69752	0.19115
R_t 不是 L_t 的格兰杰原因		3.41114	0.03902**
SB_t 不是 R_t 的格兰杰原因	70	4.06316	0.02174**
R_t 不是 SB_t 的格兰杰原因		8.30943	0.00061***
SB_t 不是 L_t 的格兰杰原因	70	0.09392	0.91048
L_t 不是 SB_t 的格兰杰原因		3.32653	0.04213**

注：***、** 分别表示在 1%、5% 的置信概率下显著。

(四) 脉冲响应分析

脉冲响应可以解释为在 VAR 方程中因变量对每个变量冲击的回应，因此，对每个方程中的每个变量的误差项都施加一个单位的冲击，就可以得到一段时期内单位冲击对 VAR 系统的影响。下文通过脉冲响应分析图，分析三个变量之间的相互冲击影响。图 4.1 和图 4.2 给出了存款准备金率对影子银行体系和传统信贷的脉冲响应冲击效应。图 4.1 显示的是货币政策对影子银行体系的冲击,存款准备率给予影子银行体系一个单位的正向冲击之后,影子银行体系立刻受到正面影响,在第 5 期左右达到最大值,大约 0.1 个百分点,随后开始以相对缓慢的速度逐步下降。图 4.2 显示的是货币政策对传统信贷的冲击,存款准备金率给予传统信贷一个单位的正向冲击之后,传统信贷立刻受到负面影响,在第 5 期左右达到最小值,大约 0.08 个百分点,随后开始以相对缓慢的速度逐渐回升。这反映出货币政策的紧缩,一方面可以引起传统信贷规模流动性的紧缩,另一方面却可以促使影子银行规模流动性扩张,出现由货币政策所引起的二者之间明显的水床效应。

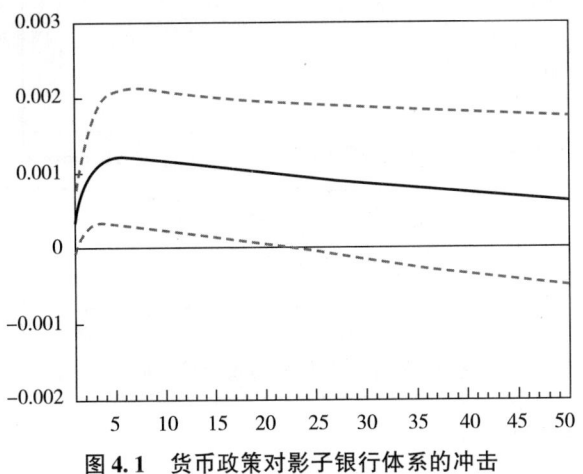

图 4.1 货币政策对影子银行体系的冲击

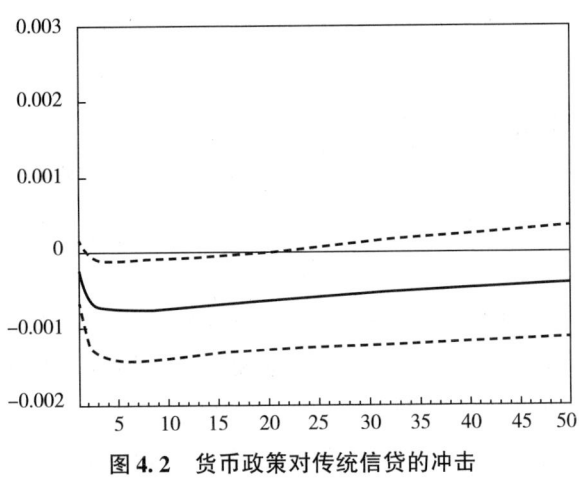

图 4.2 货币政策对传统信贷的冲击

通过分析传统信贷与影子银行体系之间的相互冲击的脉冲响应（见图4.3）可以发现，我国传统信贷规模与影子银行体系规模之间存在负相关关系。在传统信贷规模受到抑制时，由于影子银行体系游离于监管体系之外，并且不受限制等，从金融机构的角度来看，商业银行等金融机构可以通过影子银行体系将资金发挥到最大效用；从中小企业的角度来看，各种限制造成的融资难的问题也可以得到解决。当传统信贷规模受到抑制时，影子银行体系规模得以扩张，同样会引起二者之间明显的流动性水床效应。

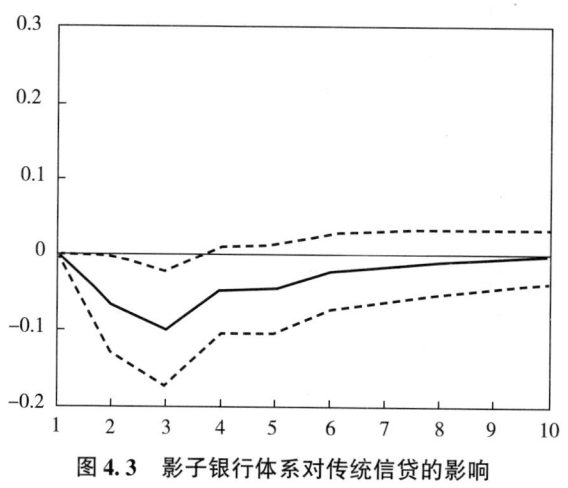

图4.3　影子银行体系对传统信贷的影响

（五）方差分解

方差分解给出了因变量在受到自身和其他变量冲击时变动的比例。下文通过方差分解来分析货币政策、传统信贷与影子银行体系之间的相互贡献度。本书将方差分解的期数设为10。

表4.15中显示的是对影子银行体系进行方差分解的结果。从表4.15中可以看出，影子银行体系对自身的贡献率一直处于较高的水平，这是因为影子银行体系自身发展具有一定的惯性。当经济过热时，中央银行为了控制货币供应量会实行紧缩的货币政策，调高存款准备金率，社会融资总额便会受限，经济环境大热的同时资金需求也会远大于资金供给，无法得到满足的需求便会寻求影子银行体系业务进行融资补充。影子银行体系发展过热又会导致大量资金流入实体经济，进而使社会融资规模变大、流动性变强，如此一来，中央银行又会进一步实施紧缩的货币政策，这样的循环往复就会导致影

子银行体系的发展具有显著的惯性。除此之外，传统信贷规模对影子银行体系规模的贡献度也在逐渐上升，在第 10 期达到最大，大约 21%，说明传统信贷规模对影子银行体系规模的变化有较大的并且持续的影响，当货币政策紧缩时，传统信贷规模在一定期间内持续受到抑制，但影子银行体系规模却在此期间内持续扩张，两者之间的信贷流动性呈现出此消彼长的关系。另外，存款准备金率对影子银行体系的贡献度在前两期持续增加，在第 2 期达到最大值，随后开始缓慢递减，说明存款准备金率对影子银行体系规模的影响随着时间的推移有所变化，在前一段时间内影响较小，随后开始影响加深，这与我国利用存款准备金率进行货币政策实施的时间滞后性有关，可见货币政策对影子银行体系的贡献度不容小觑。

表 4.15　　　　　　　　影子银行体系的方差分解

预测期	标准差	影子银行（SB）	传统信贷（L）	货币政策（R）
1	0.236375	100.0000	0.00000	0.00000
2	0.271772	80.8699	6.29167	12.8384
3	0.296171	72.3481	16.7364	10.9155
4	0.302379	70.5672	18.5837	10.8491
5	0.306568	69.0955	20.3460	10.5585
6	0.307739	68.7484	20.7686	10.4830
7	0.308318	68.5438	21.0124	10.4438
8	0.308488	68.4869	21.0799	10.4333
9	0.308549	68.4636	21.1058	10.4306
10	0.308566	68.4563	21.1710	10.4327

表 4.16 显示的是对传统信贷进行方差分解的结果。从表 4.16 可以看出，传统信贷对自身的贡献率在第 1 期达到最大，随后小幅下降，但一直保持在 95% 以上。由于我国传统信贷规模受到多个因素的影响。从长期来看，影子银行体系对传统信贷规模的贡献度大于存款准备金率对传统信贷规模的贡献度，反映出影子银行体系对传统信贷的解释能力不断提高，传统信贷对自己的贡献度与影子银行体系对传统信贷的贡献度呈现出明显的此消彼长的关系，说明影子银行体系规模的变动对传统信贷有着重要的影响，在货币政策从紧时，影子银行体系规模的扩张侧面抑制了传统信贷的规模。另外，货币政策

对传统信贷也有比较深远的影响。具体来看，存款准备金率对传统信贷的贡献度逐渐增大，说明中央银行利用存款准备金率作为货币政策的主要调控工具，能够调节社会信贷规模与流动性。当货币政策扩张时，传统信贷规模会随之变大；当货币政策紧缩时，传统信贷规模会受到影子银行体系规模等因素的影响而收缩。

表4.16 传统信贷的方差分解

预测期	标准差	传统信贷（L）	影子银行（SB）	货币政策（R）
1	0.15111	97.7697	2.23031	0.00000
2	0.15265	96.7239	2.54859	0.72747
3	0.15513	96.0797	2.50909	1.41118
4	0.15522	95.9664	2.62072	1.41293
5	0.15558	95.7154	2.63223	1.65238
6	0.15572	95.5941	2.69862	1.70723
7	0.15594	95.4186	2.74654	1.83484
8	0.15614	95.2688	2.80544	1.92576
9	0.15634	95.1097	2.86133	2.02892
10	0.15655	94.9576	2.91834	2.12404

第五章
影子银行体系对货币政策工具规则的影响分析

货币政策规则是指中央银行进行货币政策决策和操作的指导原则（刘斌，2003）。货币政策规则具有以下三个特点：一是货币政策规则必须被系统建立，并且被公众知晓；二是货币政策规则必须有正确的长期目标；三是货币政策规则必须具有可操作性，可以通过市场机制来实现。

根据在货币政策实施过程中的不同作用，Svensson（1999）首次将货币政策规则划分为货币政策工具规则和货币政策目标规则。本章将对影子银行体系与货币政策工具规则选择的关系进行分析，下一章将对影子银行体系与货币政策目标规则选择的关系进行分析。

第一节 货币政策工具规则概述

一、货币政策工具规则的含义

货币政策工具规则是指货币供应量或利率等货币政策工具如何根据经济行为变化进行调整的一般要求（Taylor，1998），具体表现为一个使操作变量接近预定目标的货币政策调整的指导公式。

货币政策工具规则实质上是建立一种预先承诺机制，是对中央银行的一种约束，但却可以避免货币政策的机会主义倾向，提高社会的福利水平，不仅可以为中央银行提供切实可行的货币政策，还可以提高货币政策的实施效果，为货币政策提供一个评价标准。

在具体实施过程中，需要注意以下几点：一是货币政策工具规则的实施是对操作变量进行设定，而不是对货币政策工具进行设定；二是货币政策工具规则的政策取向能够由操作变量的变化来表示。

二、货币政策工具规则的分类

货币政策工具规则的选取是根据不同国家的具体经济情况而定的，不同的国家会在不同的发展阶段，根据不同的货币政策工具规则来执行相应的货币政策。

目前，根据操作变量的不同，货币政策工具规则主要包括货币供应量规则和利率规则。除此之外，在各国具体货币政策工具规则实施过程中，还有一种混合规则。

（一）货币供应量规则

货币供应量规则又称麦克勒姆规则，它是由 McCallum（1988）提出的，以基础货币为货币政策工具，通过控制名义货币供应量来实现物价稳定，以此稳定经济。货币供应量规则的成立需要满足两个假设条件：一是货币数量方程必须满足，二是货币流通速度短期内相对稳定。

（二）利率规则

利率规则又称泰勒规则，它是由美国经济学家 Taylor（1993）提出的，以调整名义利率为货币政策操作工具来调控经济，使经济保持稳定，本质上是中央银行利用多种调节手段调整短期名义利率，使通货膨胀和产出缺口与其各自的目标值偏差最小，从而使社会的总体效用最大，具体表现为根据产出、物价以及其他经济变量的变化而调整利率的操作方法。

（三）混合规则

混合规则主要是由利率规则和货币供应量规则混合形成的，通过共同操作利率和货币供应量来保持产出和物价的稳定，进而实现经济的稳定，是一种介于利率规则和货币供应量规则之间的混合规则。

第二节 影子银行体系对货币政策工具规则选择的分析

一、理论模型的设定

本书通过构建包含家庭部门、厂商部门、商业银行、影子银行和中央银行五部门在内的动态随机一般均衡模型,对当前影子银行体系快速发展背景下的货币政策工具规则最优选择进行分析,找出充分发展影子银行体系情况下的最优货币政策工具规则。

(一) 家庭部门

在模型中,假设家庭部门追求的是终生效用的最大化,并非当期效用的最大化,家庭部门可以选择在获得收入后用于消费(C_t)、闲暇(L_t)等来增加当期的效用,也可以选择在获得收入后进行储蓄,增加手中持有的货币数量(M_t)以增加未来的效用,进而实现终生效用的最大化。其家庭部门的效用函数如下:

$$\max: E_0 \sum_{t=0}^{\infty} \beta^t U(C_t, M_t, L_t) \qquad (5.1)$$

$$U(C_t, M_t, L_t) = \frac{1}{1-\sigma_c} C_t^{1-\sigma_c} + \frac{1}{1-\sigma_M} M_t^{1-\sigma_M} - \frac{1}{1-\sigma_L} L_t^{1-\sigma_L} \qquad (5.2)$$

$$s.t \; W_t L_t + R_{t-1}^e D_{t-1} + R_{t-1}^F CB_{t-1} + \prod_t^s \geq T_t + D_t + CB_t + M_t + C_t \qquad (5.3)$$

其中,E_0 表示理性预期算子;β 为贴现因子,取值为[0,1];C_t 代表 t 时期家庭部门的消费水平;M_t 代表 t 时期家庭部门持有的货币水平,即货币需求;L_t 代表 t 时期家庭部门的劳动力供给水平;W_t 代表 t 时期家庭部门的收入水平;D_t 代表 t 时期家庭部门在商业银行中的存款数量;CB_t 代表 t 时期家庭部门在影子银行的投资;R_t^F 代表 t 时期影子银行体系的投资收益率;R_t^e 代表 t 时期商业银行的存款收益率;$\prod_t^s$ 代表 t 时期家庭部门收到的厂商部门的分红;T_t 代表 t 时期家庭部门所需要缴纳的税收总量,φ_c、φ_M、φ_L 分别为家庭部门消费水平、货币需求和劳动力供给的跨期替代弹性,$0<\varphi_c<1$,$0<\varphi_M<1$,$0<\varphi_L<1$。

其推导出的一阶条件为

$$\lambda_t = C_t^{-\sigma_c} \qquad (5.4)$$

$$\lambda_t = M_t^{-\sigma_M} \qquad (5.5)$$

$$W_t = \frac{L_t^{-\sigma_L}}{C_t^{-\sigma_c}} \qquad (5.6)$$

$$\lambda_t = \beta \lambda_{t+1} R_t^e \qquad (5.7)$$

$$\lambda_t = \beta \lambda_{t+1} R_t^F \qquad (5.8)$$

其中,式(5.4)、式(5.5)和式(5.6)分别为消费、劳动供给和货币需求的欧拉方程。比较式（5.7）和式（5.8）可以发现，$R_t^F = R_t^e$，说明在均衡条件下，影子银行投资收益率与商业银行存款利率相同。

(二) 厂商部门

对于厂商部门来说，在生产过程中需要进行外部融资。厂商在融资过程中，理论上存在多种融资方式与融资选择，本书假设厂商只可以在商业银行和影子银行这两种融资方式之间进行融资选择，选择标准就是融资成本最小，其融资成本最小化条件如下：

$$\min : Z_t B_t^u + R_t^c B_t^v \tag{5.9}$$

$$s.t\ B_t = \left[\varphi^{\frac{1}{\eta}} B_t^{u\frac{\eta-1}{\eta}} + (1-\varphi)^{\frac{1}{\eta}} B_t^{v\frac{\eta-1}{\eta}} \right]^{\frac{\eta}{\eta-1}} \tag{5.10}$$

其中，B_t^u 为厂商部门利用商业银行进行融资的融资额，Z_t 为厂商向商业银行融资的融资利率，B_t^v 为厂商部门利用影子银行进行融资的融资额，R_t^c 为厂商向影子银行融资的融资利率，φ 为厂商部门在商业银行和影子银行之间的融资选择偏好，η 为厂商部门的融资需求弹性，$\eta > 1$。

其推导出的一阶条件为

$$B_t^u = \frac{\varphi (Z_t)^{-\eta} B_t}{A_t} \tag{5.11}$$

$$B_t^v = \frac{(1-\varphi)(R_t^c)^{-\eta} B_t}{A_t} \tag{5.12}$$

$$A_t = \left[\varphi (Z_t)^{1-\eta} + (1-\varphi)(R_t^c)^{1-\eta} \right]^{\frac{1}{\eta-1}} B_t \tag{5.13}$$

在具体生产过程中，厂商除了追求融资成本最小化之外，还会追求生产成本最小化，其生产成本最小化条件如下：

$$\min : W_t L_t + \left[\varphi (Z_t)^{1-\eta} + (1-\varphi)(R_t^c)^{1-\eta} \right]^{\frac{1}{\eta-1}} B_t \tag{5.14}$$

$$s.t\ Y_t = L_t^{1-\alpha} B_t^{\alpha} \tag{5.15}$$

其中，α 为厂商部门的融资成本需求弹性。

其推导出的一阶条件如下：

$$L_t = \left[\frac{(1-\alpha) A_t}{\alpha W_t} \right]^{\frac{1}{\alpha}} B_t^{\frac{\alpha-1}{\alpha}} \tag{5.16}$$

$$MC_t = \frac{W_t^{\frac{1}{\alpha}} (RB_t) B_t^{\frac{1}{1-\alpha}}}{(1-\alpha)^{\frac{1}{\alpha}} \alpha^{\frac{1}{1-\alpha}}} \tag{5.17}$$

(三) 商业银行

商业银行在对厂商进行融资支持的过程中,要求厂商自身必须具备一定的净资产(N_t),对厂商进行的是部分融资,需要厂商以价格 Q_{t-1} 贷款得到资本 K_t,同时假设厂商部门的生产过程存在生产力冲击 ϖ_t,因此从商业银行处所购买的资本 K_t,实际转化为生产资本后只有 $\varpi_t K_t$;ϖ_t 是厂商部门在生产过程中所面临的风险,服从对数正态分布,$\ln\varpi_t \sim N(0.5\sigma^2, \sigma^2)$;$F(\varpi_t)$ 为 ϖ_t 的累积分布函数,表示厂商在生产过程中所面临的总体风险。

厂商部门从商业银行所获得的贷款 B_t^u 是厂商总资金需求中将其自身具有的净资产剔除后的资金需求,具体存在如下关系:

$$B_t^u = Q_{t-1} K_t - N_t \tag{5.18}$$

在市场均衡条件下,商业银行所获得的收益应等于厂商部门从商业银行贷款融资所需付出的成本。因此,商业银行和厂商部门之间可以形成如下融资关系:

$$Z_t B_t^u = W_t R_t^u Q_{t-1} K_t \tag{5.19}$$

其中,R_t^u 为厂商的投资收益率,Z_t 为商业银行的贷款利率。

除此之外,厂商的净资产 N_t 与厂商的存活率 κ、厂商的资本收益率 R_t^u 和贷款成本有关:

$$N_{t+1} = \kappa \left[R_t^u Q_{t-1} K_t - \left(R_t^e + \frac{\mu \int_o^W W R_t^u Q_{t-1} K_t dF(W)}{Q_t K_{t+1} - N_{t+1}} \right) (Q_t K_{t+1} - N_{t+1}) \right] \tag{5.20}$$

我们再借鉴 Townsend(1979)提出的"有成本的状态识别"问题,将厂商和商业银行之间存在明显的信息不对称问题加入模型。厂商无须付出监管成本,就能观察到生产力冲击,但商业银行必须付出监管成本,才能观察到生产力冲击,其中假设付出的监管成本占收益的比重为 θ。

在贷款资金来源的分析上,假设商业银行向厂商提供贷款的资金全部来源于家庭部门在商业银行的存款,其存款利率为 R_t^e。假设商业银行处于完全竞争的环境中,满足零利润的条件:

$$B_t^u R_t^e = [1 - F_t(\varpi_t)] Z_t B_t^u + (1-\theta) \int_0^{\varpi_t} \varpi_t dF(\varpi_t) R_t^u Q_{t-1} K_t \tag{5.21}$$

其中，式（5.21）左边为商业银行支付给家庭部门的资金，即厂商的融资成本，右边第一项为贷款给生产力冲击在临界值之上的厂商所得到的收益，右边第二项为贷款给生产力冲击在临界值之下的厂商扣除银行监管成本之后的收益。

因此，商业银行在零利润的约束下存在如下关系：

$$\max: \Lambda_t(\varpi_{t+1}) = \int_0^{\varpi_{t+1}} \varpi_t dF(\varpi_{t+1}) \tag{5.22}$$

$$s.t [\Lambda_t(\varpi_{t+1}) - \mu\Theta(\varpi_{t+1})] K_{t+1} \frac{R_{t+1}^u}{R_{t+1}^e} = K_{t+1} - 1 \tag{5.23}$$

其中，$\Lambda_t(\varpi_{t+1}) = \int_0^{\varpi_{t+1}} \varpi_t dF(\varpi_{t+1})$ 代表商业银行发放贷款所获得的收益，$1 - \Lambda_t(\varpi_{t+1})$ 代表厂商的收益，$\Theta(\varpi_{t+1}) = \varpi_{t+1}[1 - F_t(\varpi_{t+1})] + \Lambda_t(\varpi_{t+1})$，$\theta\Theta(\varpi_{t+1})$ 代表厂商的监管成本。

其推导出的一阶条件如下：

$$\frac{E_t(R_{t+1}^u)}{R_{t+1}^e} = \psi\left(\frac{N_{t+1}}{Q_t K_{t+1}}\right) \tag{5.24}$$

其中，比率 $\frac{E_t(R_{t+1}^u)}{R_{t+1}^e}$ 为厂商部门面临的融资溢价，对于函数 ψ，当 $Q_t K_{t+1} > N_{t+1}$ 时，$\psi < 0$。

（四）影子银行

影子银行是指具备商业银行功能但却基本不受监管或受很少监管的非银行金融机构，主要包括委托贷款、信托公司、担保公司、金融租赁公司、小额贷款公司、民间借贷等。这些影子银行吸收来自家庭部门的投资，随后通过融资方式提供给厂商，帮助厂商进行社会生产，通过充当融资中介来盈利。

厂商在向影子银行体系寻求融资支持时，通常不会选择在一家影子银行进行融资，而是会选择在多家影子银行进行分散融资 $B_t^v(z)$，以实现融资成本最小化：

$$\min: \int_0^1 [1 + R_t^c(z)] B_t^v(z) dz \tag{5.25}$$

$$s.t B_t^v = \left\{\int_0^1 [B_t^v(z)]^{\frac{\varepsilon_{t+1}^c - 1}{\varepsilon_{t+1}^c}} dz\right\}^{\frac{\varepsilon_{t+1}^c}{\varepsilon_{t+1}^c - 1}} \tag{5.26}$$

其中，$R_t^c(z)$ 为影子银行的融资利率，ε_{t+1}^c 为资金需求的利率弹性，且 $\varepsilon_{t+1}^c > 1$。

其推导出的一阶条件如下：

$$B_t^v(z) = \left(\frac{1 + R_t^c(z)}{1 + R_t^c}\right)^{-\varepsilon_{t+1}^c} B_{t-1}^v \quad (5.27)$$

影子银行追求在融资成本最小化的前提下，实现自身利益的最大化：

$$\max: \Pi_t^v(z) = [1 + R_{t+1}^c(z)] B_{t+1}^v(z) - [1 + R_{t+1}^f] B_{t+1}^v(z) \quad (5.28)$$

$$s.t \, B_{t+1}^v(z) = \left(\frac{1 + R_{t+1}^c(z)}{1 + R_{t+1}^c}\right)^{-\varepsilon_{t+1}^c} B_t^v \quad (5.29)$$

其推导出的一阶条件如下：

$$1 + R_{t+1}^c = \frac{\varepsilon_{t+1}^c}{\varepsilon_{t+1}^c - 1}(1 + R_{t+1}^f) \quad (5.30)$$

通过式（5.30）可以看出，影子银行的贷款利率是在融资成本利率基础上进行加价，假设 $\varepsilon_{t+1}^c = \varepsilon$，即资金需求的利率弹性是恒定的，则 $\frac{\varepsilon}{\varepsilon - 1}$ 反映了影子银行的贷款定价权，ε 越大，定价权越小，贷款利率越低。

（五）中央银行

中央银行是货币政策工具规则的制定者和执行者，货币政策工具规则主要包括利率规则、货币供应量规则和混合规则三种。

1. 利率规则

$$\hat{r}_t = \rho_r \hat{r}_{t-1} + (1 - \rho_r)(\varphi_\pi \hat{\pi}_t + \varphi_y \hat{y}_t) \quad (5.31)$$

利率规则根据当期的通货膨胀率、产出水平设定利率水平。其中，$\hat{r}_t$ 和 $\hat{r}_{t-1}$ 分别表示 t 期和 $t-1$ 期的利率水平对均衡利率水平的偏离情况；ρ_r 表示利率平滑系数；$\hat{y}_t$ 表示 t 期的产出水平对均衡产出水平的偏离情况，即产出缺口；$\hat{\pi}_t$ 表示 t 期的通货膨胀率水平对均衡通货膨胀率水平的偏离情况；φ_π 表示通货膨胀率的系数；φ_y 表示产出缺口的系数。

2. 货币供应量规则

$$\hat{m}_t = \rho_m \hat{m}_{t-1} - (1 - \rho_m)(\varphi_\pi \hat{\pi}_t + \varphi_y \hat{y}_t) \quad (5.32)$$

货币供应量规则根据当期的通货膨胀率、产出水平设定货币供应量水平。

其中，$\hat{m}_t$ 和 $\hat{m}_{t-1}$ 分别表示 t 期和 $t-1$ 期货币供应量水平对均衡货币供应量水平的偏离情况，ρ_m 表示货币供应量平滑系数。

3. 混合规则

混合规则是综合运用货币供应量和利率两种货币政策工具的货币政策工具规则，本质上是利率规则和货币供应量规则的混合，是在经济发展过程中的一种过渡性货币政策工具规则。本书在借鉴刘斌（2008）、Liu 和 Zhang（2007）、张杰平（2012）所设定的传统混合规则的基础上，假设混合规则根据当期的通货膨胀率、产出水平设定利率和货币供应量水平，建立的混合规则如式（5.33）所示：

$$\hat{r}_t = \rho_r \hat{r}_{t-1} - \rho_m \hat{m}_{t-1} + (1 - \rho_r - \rho_m)(\varphi_\pi \hat{\pi}_t + \varphi_y \hat{y}_t) \quad (5.33)$$

（六）外生冲击

本书假设存在利率、货币供应量和影子银行融资三种外生冲击，具体冲击情况见式（5.34）至式（5.36）。

利率冲击：

$$r_t = \varphi_r r_{t-1} + \varepsilon_r \quad (5.34)$$

货币供应量冲击：

$$M_t = \varphi_M M_{t-1} + \varepsilon_M \quad (5.35)$$

影子银行融资冲击：

$$B_t^v = \varphi_{BV} B_{t-1}^v + \varepsilon_{BV} \quad (5.36)$$

其中，φ_r、φ_M、φ_{BV} 表示冲击的持续系数；随机扰动项 ε_r、ε_M、ε_{BV} 服从正态分布，均值为0，标准差分布为 σ_r、σ_M、σ_{BV}。

二、模型的参数估计与校准

（一）模型参数的校准

在完成模型的构建之后，下文将进行参数估计与校准。除了对货币政策工具规则反应系数进行参数估计之外，其余的参数全部采用参数校准。因此，本书在借鉴国外模型参数的基础上，充分考虑我国的具体情况，在原有的模型参数中对参数进行校准，设定适合我国国情的参数。借鉴刘斌（2008）的估计，本书将家庭部门效用函数中的消费需求、货币需求、劳动供给需求跨

期替代弹性 σ_c、σ_M 和 σ_L 的参数校准值分别设定为 2.1、6.16 和 0.55；贴现因子 β 的取值设定为 0.9；根据刘喜和（2014）的估计，将厂商的融资成本需求弹性 α 的取值设定为 0.4；根据仝冰（2010）的估计，将企业存活率 κ 的取值设定为 0.9；根据 Fabio Verono（2011）的校准方法，将影子银行的资金需求利率弹性 ε 的取值设定为 0.54；根据刘喜和（2014）的估计，将厂商的融资需求弹性 η 的取值设定为 0.6；根据 Fabio Verono（2011）的校准，将监管成本占总收益的比例 θ 的取值设定为 0.6。

（二）货币政策工具规则反应系数的估计——OLS 估计

在进行参数估计时，货币政策工具规则的相关参数全部采用参数估计法，利用我国宏观经济数据，采用月度数据，数据区间为 2003 年 1 月至 2016 年 12 月。其中，选择全国银行间同业拆借利率（7 天）作为利率的代表变量，选择 M_2 作为货币供应量的代表变量，选择国内生产总值作为产出的代表变量，选择 CPI 指数作为通货膨胀的代表变量。

通过表 5.1 可以看出，货币政策工具规则反应系数基本均为显著的。在模型拟合程度方面，利率规则、货币供应量规则和混合规则的拟合程度 R^2 分别为 0.6319、0.3722、0.6250，利率规则的拟合程度是三种货币政策工具规则中最高的，初步可以判断利率规则是货币政策工具规则中的最优规则。三种货币政策工具规则的反应系数基本显著，也表明 OLS 估计方法基本可以实现对货币政策工具规则反应系数的估计。

表 5.1　三种货币政策工具规则的反应系数的 OLS 估计

货币政策 工具规则 \ 反应系数	ρ_r	ρ_m	φ_π	φ_y	R^2
利率规则	0.916973 (0.0000)***	—	0.742739 (0.0410)**	5.481771 (0.5883)	0.6319
货币供应量规则	—	0.263954 (0.0000)***	0.289279 (0.0000)***	0.072403 (0.0021)***	0.3722
混合规则	0.878787 (0.0000)***	0.100493 (0.0248)**	0.498849 (0.0421)**	8.213632 (0.2492)	0.6250

注：***、**分别表示在 1%、5%的置信概率下显著。

通过上述货币政策工具规则反应系数估计结果还可以看出，三种货币政策工具规则反应系数中，在物价稳定和经济增长之间，货币政策工具规则无论采取利率规则、货币供应量规则还是混合规则，均对经济增长赋予了更大的权重，给予更多的关注，这与我国目前阶段的货币政策目标相符合，也从一个侧面证明了 OLS 估计方法基本可以实现对货币政策工具规则反应系数的估计。

三、模型的脉冲响应及福利损失分析

下文将借助 Matlab 软件对最优货币政策工具规则进行模拟，分析主要经济变量在受到影子银行融资冲击后脉冲响应函数和福利损失的变化情况，进而确定我国现阶段货币政策工具规则的最优选择。需要说明的一点是，受篇幅所限，以及本书的研究对象是影子银行体系充分发展背景下的最优货币政策工具规则选择，因此，本书只重点分析了影子银行融资冲击对宏观经济变量的脉冲响应，在宏观经济变量选取上，只选择了与宏观经济密切相关的产出、通货膨胀两个主要指标分析其脉冲响应变化。

（一）不同货币政策工具规则的脉冲响应分析

1. 影子银行融资冲击对产出缺口的脉冲响应

由表 5.2 可知，利率规则中，产出缺口受到正向的影子银行融资冲击后增加了大约 0.05 个单位，随后继续增加，最终增加大约 0.07 个单位；货币供应量规则中，产出缺口在受到正向的影子银行融资冲击后增加了大约 1.2 个单位，随后开始逐渐减小，最终下降了大约 2 个单位；混合规则中，产出缺口在受到正向的影子银行融资冲击后下降了大约 0.15 个单位，随后继续下降，最终下降了大约 0.2 个单位。与货币供应量规则和混合规则相比，利率规则在受到影子银行融资冲击后产出缺口的变化幅度更小，在抑制产出波动、稳定产出方面发挥的作用更明显。因此，在影子银行融资冲击下，利率规则对产出缺口的波动影响更有效。

表 5.2　　　　　　　　影子银行融资冲击对产出缺口的影响

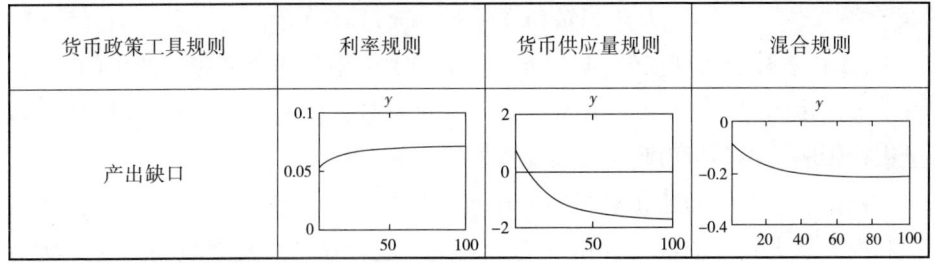

2. 影子银行融资冲击对通货膨胀的脉冲响应

由表 5.3 可知，利率规则中，通货膨胀受到正向的影子银行融资冲击后下降了大约 0.4 个单位，随后继续下降，最终下降大约 0.5 个单位；货币供应量规则中，通货膨胀在受到正向的影子银行融资冲击后下降了大约 0.8 个单位，随后逐渐增加，最终增加了大约 0.3 个单位；混合规则中，通货膨胀在受到正向的影子银行融资冲击后增加了大约 1.6 个单位，随后继续增加，最终增加了大约 3.4 个单位。与货币供应量规则和混合规则相比，利率规则在受到影子银行融资冲击后通货膨胀的变化幅度更小，在抑制价格波动、稳定物价方面发挥的作用更明显。因此，在影子银行融资冲击下，利率规则对通货膨胀的波动影响更有效。

表 5.3　　　　　　　　影子银行融资冲击对通货膨胀的影响

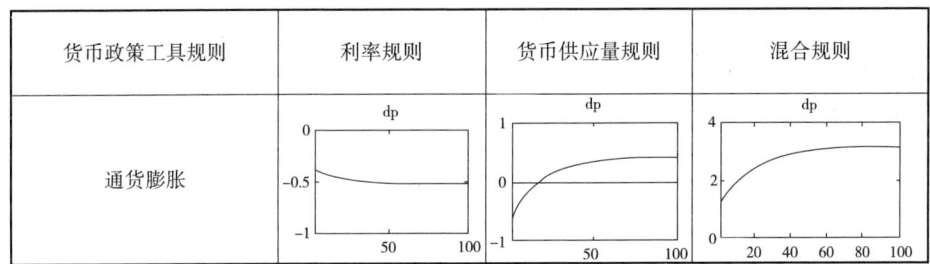

（二）不同货币政策工具规则的福利损失分析

本书以福利损失函数为标准来估计社会福利损失程度，进而比较不同的货币政策工具规则，并假设货币政策的目标就是产出缺口和通货膨胀的损失最小化，来判断最优货币政策工具规则的选择，其具体福利损失函数公式如下：

$$L = \tau Var(\pi) + (1 - \tau) Var(Y) \tag{5.37}$$

其中，L 代表社会福利损失；$Var(\pi)$、$Var(Y)$ 分别为通货膨胀、产出的方差；参数 τ 表示为保持通货膨胀相对稳定的权重系数，假定 τ 为 0.5。我们计算影子银行影响下不同货币政策工具规则的社会福利损失。

根据表 5.4 中的社会福利损失比较可以发现，三种货币政策工具规则的福利损失从大到小依次为货币供应量规则、混合规则和利率规则，这反映出在充分发展影子银行体系的背景下，货币政策工具规则应选择利率规则作为最优货币政策工具规则。

表 5.4　　　　　　不同货币政策工具规则的福利损失比较

货币政策工具规则 \ 福利损失比较	$Var(\pi)$	$Var(Y)$	福利损失
利率规则	4.360640	0.039329	2.199985
货币供应量规则	3.711025	47.151526	25.43128
混合规则	10.135397	0.357354	5.246376

第三节　利率规则在我国的适用性分析

上文已经利用 DSGE 模型的脉冲响应和福利损失进行理论分析，认为利率规则是考虑影子银行发展的货币政策工具规则的最佳选择。在具体实施过程中，需要对利率规则和货币供应量规则在我国的可行性与适用性进行全面的对比分析。

一、货币供应量规则已不适合单独作为我国货币政策工具规则

从 20 世纪 90 年代起，我国开始将货币供应量作为中介目标，货币供应量规则也相应成为货币政策工具规则，但是随着我国金融市场的不断发展，加之利率市场化进程的不断推进，其在可测性、可控性和相关性等方面的缺陷逐渐显现，货币供应量规则作为货币政策工具规则的有效性遭遇到了前所未有的冲击，在保持币值稳定及促进经济增长方面的作用不能令人满意，已

经不适合单独作为货币政策工具规则,具体表现在以下几个方面。

(一) 货币供应量的可测性降低

随着金融市场的不断开放和金融产品的不断创新,货币供应量的可测性越来越难以把握。第一,各层次货币之间的界限日渐模糊,作为货币的货币与作为资本的货币难以进行准确区分,交易账户与投资账户之间的区别越来越模糊。第二,货币的统计口径越来越难以界定,在确定资产或负债应被归类在 M_0、M_1、M_2 哪个层次的货币指标方面存在操作困难,极易导致现行的货币统计口径无法真实反映货币政策的执行情况。

(二) 货币供应量的可控性下降

在具体实施过程中,货币供应量规则实质上是通过对基础货币进行直接控制,来间接控制货币供应量,进而实现货币政策目标。

表 5.5 是 1999—2018 年 M_2、M_1 和 M_0 增长率相关数据的描述性统计分析结果,1999—2008 年 M_2、M_1 和 M_0 增长率的均值分别为 11.87%、15.50% 和 16.16%,标准差分别为 3.65、3.63 和 2.12,变异系数分别为 0.3075、0.2341 和 0.1309;2009—2018 年 M_2、M_1 和 M_0 增长率的均值依次为 14.57%、13.45% 和 8.75%,标准差分别为 5.36、8.86 和 6.67,变异系数分别为 0.3679、0.6587 和 0.7632。通过对国际金融危机发生前后我国的货币供应量增长率进行分析发现,国际金融危机后我国货币供应量增长率的波动明显增加,货币供应量的可控性存在一定程度的下降。

表 5.5　1999—2018 年货币供应量增长率的描述性统计分析结果

描述性统计分析	货币供应量 1999—2008 年			2009—2018 年		
	M_2	M_1	M_0	M_2	M_1	M_0
均值 (%)	11.87	15.50	16.16	14.57	13.45	8.75
中位数	12.05	16.40	16.75	13.35	11.50	7.70
最大值	20.10	21.10	19.60	29.70	39.00	42.50
最小值	7.10	9.10	12.30	8.00	1.20	-17.60
标准差	3.65	3.63	2.12	5.36	8.86	6.67
变异系数	0.3075	0.2341	0.1309	0.3679	0.6587	0.7623

事实上,货币供应量是货币乘数乘以基础货币。因此,本书将从基础货币和货币乘数两个角度,分析造成货币供应量可控性降低的原因。

1. 中央银行对基础货币的直接控制力不强

根据费雪方程式,存在如下恒等式:

$$MV = PT \tag{5.38}$$

其中,M 为货币流通数量,V 为货币流通速度,P 为各类商品的平均价格,T 为各类商品的交易数量。

首先,将费雪方程式等式两边同时取对数:

$$\ln(M) + \ln(V) = \ln(P) + \ln(T) \tag{5.39}$$

然后,在等式两边同时求导:

$$\frac{\Delta M}{M} + \frac{\Delta V}{V} = \frac{\Delta P}{P} + \frac{\Delta T}{T} \tag{5.40}$$

最后,将费雪方程式变形为

$$\frac{\Delta M}{M} = \frac{\Delta P}{P} + \frac{\Delta T}{T} - \frac{\Delta V}{V} \tag{5.41}$$

V 为货币流通速度,由于制度性因素在短期内不会发生变动,因此可以将货币流通速度(V)视为常数。通过费雪方程式可以看出,假设不考虑货币流通速度的变化,货币需求量的变动率应大致等于 GDP 增长率与物价增长率之和。

表5.6对费雪方程式测算出的目标增长率与基础货币的实际增长率进行了比较,尽管我国基础货币实际增长率与目标增长率的变动路径大体一致,但深入分析实际增长率与目标增长率的偏离程度可以发现,除2011年和2012年外,其余年份基础货币的实际增长率与目标增长率的偏离程度均在10%以上,反映了中央银行存在被动投放或收回基础货币的情况。中央银行对基础货币的控制力下降,将会直接导致中央银行对货币供应量控制力的减弱,进而影响货币供应量规则作为货币政策工具规则的实施效果。

表5.6 基础货币的实际增长率与目标增长率比较

单位:%

年份\项目	实际增长率	目标增长率	物价增长率	GDP增长率	偏离程度
1999	7.29	4.85	-1.40	6.25	50.35
2000	8.54	11.04	0.40	10.64	-22.60

续表

项目 年份	实际增长率	目标增长率	物价增长率	GDP增长率	偏离程度
2001	9.21	11.22	0.70	10.52	-17.95
2002	13.27	8.94	-0.80	9.74	48.43
2003	17.07	14.07	1.20	12.87	21.27
2004	11.38	21.61	3.90	17.71	-47.33
2005	9.32	17.47	1.80	15.67	-46.65
2006	20.85	18.47	1.50	16.97	12.90
2007	30.59	27.68	4.80	22.88	10.51
2008	27.26	24.05	5.90	18.15	13.35
2009	11.42	7.85	-0.70	8.55	45.49
2010	28.70	21.08	3.30	17.78	36.16
2011	21.22	23.23	5.40	17.83	-8.64
2012	12.33	12.40	2.60	9.80	-0.55
2013	7.40	12.10	2.60	9.50	-38.85
2014	8.51	10.19	2.00	8.19	-16.58
2015	-0.06	8.40	1.40	7.00	-99.29
2016	11.80	9.91	2.00	7.91	19.07

资料来源：国家统计局网站。

2. 货币乘数不稳定导致中央银行对货币供应量的间接控制力减弱

货币乘数的稳定是我国实施货币供应量规则的必要条件之一。当中央银行可以实现对基础货币的调控时，若货币乘数稳定，中央银行可以通过对基础货币的调控来实施货币供应量规则；相反，若货币乘数不稳定，即便中央银行能够实现对基础货币的及时、准确控制，也不可能成功实施货币供应量规则。可见，货币乘数的稳定性对分析货币供应量规则在我国的适用性非常重要。

（1）货币乘数的基本概念。货币乘数是指货币供应量与基础货币之间的比值，体现了基础货币所具有的货币创造能力。货币供应量（M）等于基础货币（m）乘以货币乘数（K），用公式表示即 $M = m \times K$。当货币乘数是稳定且可以预测时，意味着可以通过调节基础货币，来准确控制货币供应量。

经济新常态下我国货币政策规则选择研究

目前，我国将货币供应量划分为三个层次，分别是 M_0、M_1 和 M_2。其中，M_1 和 M_2 分别被称为狭义货币供应量和广义货币供应量，经常被用来衡量货币供应量的变化。因此，可以得到 M_1 层次的货币乘数 K_1，即狭义货币乘数，$K_1 = M_1/B$，以及 M_2 层次的货币乘数 K_2，即广义货币乘数，$K_2 = M_2/B$，其中 B 为基础货币，具体货币乘数见表5.7。

表5.7　　　　　　　1999—2017年我国货币乘数

时间 项目	基础货币（亿元）(B)	货币供应量（亿元）(M_2)	货币供应量（亿元）(M_1)	货币乘数 (K_2)	货币乘数 (K_1)
1999年第一季度	29185.8	106261.6	38053.6	3.6409	1.3038
1999年第二季度	28799.8	109171.9	38821.8	3.7907	1.3480
1999年第三季度	29393.2	112891.4	41913.9	3.8407	1.4260
1999年第四季度	33620	117638.1	45837.2	3.4991	1.3634
2000年第一季度	32290.29	120399.6	45158.5	3.7287	1.3985
2000年第二季度	32469.94	124486.8	48024.4	3.8339	1.4790
2000年第三季度	33845.85	128352.6	50616.9	3.7923	1.4955
2000年第四季度	36491.48	132487.6	53147.2	3.6306	1.4564
2001年第一季度	35634.12	136915.1	53033.3	3.8422	1.4883
2001年第二季度	35596.8	141885.6	55187.4	3.9859	1.5503
2001年第三季度	35727.5	146248.5	56644	4.0934	1.5854
2001年第四季度	39851.73	152888.5	59871.6	3.8364	1.5024
2002年第一季度	41221.08	162300.9	59475.7	3.9373	1.4428
2002年第二季度	40554.45	167869.4	63144.7	4.1394	1.5570
2002年第三季度	39863.97	175254.9	66800.3	4.3963	1.6757
2002年第四季度	45138.18	183246.9	70882.2	4.0597	1.5703
2003年第一季度	44111.31	192832.4	71439.2	4.3715	1.6195
2003年第二季度	43205.96	203071.7	75923.5	4.7001	1.7572
2003年第三季度	46730.4	211611.5	79164.1	4.5283	1.6941
2003年第四季度	52841.36	219226.8	84118.8	4.1488	1.5919
2004年第一季度	50461.59	229726.9	85815.8	4.5525	1.7006
2004年第二季度	51305.77	236242.3	88627.5	4.6046	1.7274
2004年第三季度	53150.02	241696.4	90439.7	4.5474	1.7016
2004年第四季度	58856.11	250802.8	95971	4.2613	1.6306

续表

项目 时间	基础货币 （亿元）(B)	货币供应量 （亿元）(M_2)	货币供应量 （亿元）(M_1)	货币乘数 （K_2）	货币乘数 （K_1）
2005 年第一季度	57588.32	262197.68	94744.19	4.5530	1.6452
2005 年第二季度	57360.22	272990.41	98602.14	4.7592	1.7190
2005 年第三季度	60771.21	284832.32	100964.95	4.6870	1.6614
2005 年第四季度	64343.13	296040.13	107279.91	4.6010	1.6673
2006 年第一季度	62551.31	310490.65	106737.08	4.9638	1.7064
2006 年第二季度	63096.19	322756.35	112342.36	5.1153	1.7805
2006 年第三季度	66187.1	331865.36	116814.1	5.0140	1.7649
2006 年第四季度	77757.83	345577.91	126028.05	4.4443	1.6208
2007 年第一季度	76990.09	364104.66	127881.31	4.7292	1.6610
2007 年第二季度	82663.98	377832.15	135847.4	4.5707	1.6434
2007 年第三季度	88212.33	393098.91	142591.57	4.4563	1.6165
2007 年第四季度	101545.4	403401.3	152519.17	3.9726	1.5020
2008 年第一季度	104224.2	423054.53	150867.47	4.0591	1.4475
2008 年第二季度	115353.1	443141.02	154820.15	3.8416	1.3421
2008 年第三季度	117336.1	452898.71	155748.97	3.8598	1.3274
2008 年第四季度	129222.3	475166.6	166217.13	3.6771	1.2863
2009 年第一季度	124276.7	530626.712	176541.13	4.2697	1.4205
2009 年第二季度	123929.7	568916.2	193138.15	4.5906	1.5584
2009 年第三季度	133406.6	585405.337	201708.14	4.3881	1.5120
2009 年第四季度	143985	610224.523	221445.81	4.2381	1.5380
2010 年第一季度	150032.8	649947.464	229397.93	4.3320	1.5290
2010 年第二季度	154234.5	673921.724	240580	4.3695	1.5598
2010 年第三季度	161320.3	696471.5	243821.9	4.3173	1.5114
2010 年第四季度	185311.1	725851.79	266621.54	3.9169	1.4388
2011 年第一季度	192565.4	758130.88	266255.48	3.9370	1.3827
2011 年第二季度	203469.9	780820.85	274662.57	3.8375	1.3499
2011 年第三季度	212204.1	787406.204	267193.16	3.7106	1.2591
2011 年第四季度	224641.8	851590.9	289847.7	3.7909	1.2903
2012 年第一季度	226684.3	895565.5	277998.11	3.9507	1.2264

续表

项目 时间	基础货币 （亿元）（B）	货币供应量 （亿元）（M_2）	货币供应量 （亿元）（M_1）	货币乘数 （K_2）	货币乘数 （K_1）
2012 年第二季度	228050.9	924991.2	287526.17	4.0561	1.2608
2012 年第三季度	236032.6	943688.753	286788.21	3.9981	1.2150
2012 年第四季度	252345.2	974159.46	308664.23	3.8604	1.2232
2013 年第一季度	253649.8	1035858.37	310898.29	4.0838	1.2257
2013 年第二季度	257776.5	1054403.69	313499.82	4.0904	1.2162
2013 年第三季度	263137.9	1077379.16	312330.34	4.0944	1.1869
2013 年第四季度	271023.1	1106509.15	337260.63	4.0827	1.2444
2014 年第一季度	274741.06	1160687.38	327683.74	4.2247	1.1927
2014 年第二季度	279898.66	1209587.20	341487.45	4.3215	1.2200
2014 年第三季度	285299.18	1202051.41	327220.21	4.2133	1.1469
2014 年第四季度	294093.02	1228374.81	348056.41	4.1768	1.1835
2015 年第一季度	295752.63	1275332.78	337210.52	4.3122	1.1402
2015 年第二季度	288779.55	1333375.36	356082.86	4.6173	1.2331
2015 年第三季度	279677.24	1359824.06	364416.90	4.8621	1.3030
2015 年第四季度	276377.49	1392278.11	400953.44	5.0376	1.4507
2016 年第一季度	283376.58	1446198.03	411581.31	5.1034	1.4524
2016 年第二季度	289070.82	1490491.83	424250.70	5.1561	1.4676
2016 年第三季度	290706.67	1516360.50	454340.25	5.2161	1.5629
2016 年第四季度	308979.61	1550066.67	486557.24	5.0167	1.5747
2017 年第一季度	302387.33	1599609.57	476527.60	5.2899	1.5759
2017 年第二季度	303771.57	1631282.53	510228.17	5.3701	1.6796
2017 年第三季度	306044.19	1655662.07	517863.04	5.4099	1.6921
2017 年第四季度	321870.76	1676768.54	543790.15	5.2094	1.6895

资料来源：中国人民银行。

（2）货币乘数的基本统计特征。通过货币供应量和货币乘数的关系可以看出，若货币乘数不稳定，将会对货币供应量造成极大的扩张或收缩效应，影响货币供应量规则的实施，进而对实体经济产生巨大的影响。因此，对货币供应量规则在我国的适用性进行分析时，货币乘数是否稳定，对货币供应量规则的可行性分析和货币政策操作的准确性分析就显得极为重要。因此，下文将对货币乘数的稳定性进行分析,进而判断货币供应量规则在我国的适用性。

在对货币乘数的稳定性进行实证分析之前,首先需要对货币乘数 K_1、K_2 的描述性统计结果进行分析。通过表 5.8 可以发现,从波动性的角度看,广义货币乘数(K_2)的波动幅度明显高于狭义货币乘数(K_1)的波动幅度,说明广义货币乘数的波动比狭义货币乘数的波动更剧烈。

表 5.8　1999 年第一季度至 2017 年第四季度货币乘数描述性统计

描述性统计指标	均值	中位数	最大值	最小值	标准差	偏度	峰度
K_2	4.3226	4.2497	5.4099	3.4991	0.478188	0.544277	2.39370
K_1	1.4759	1.4988	1.7805	1.1402	0.179089	-0.21191	1.86771

(3) 货币乘数的平稳性检验。对货币乘数进行描述性统计分析后,下文将利用 ADF 单位根检验对货币乘数 K_2、K_1 的稳定性进行实证检验,以判断我国目前货币乘数的稳定性是否会对货币供应量规则的实施产生影响。因此,下文将利用 1999—2017 年广义货币乘数(K_2)和狭义货币乘数(K_1)的季度数据对货币乘数的平稳性进行检验(见表 5.9)。

表 5.9　1999 年第一季度至 2017 年第四季度货币乘数平稳性检验

平稳性检验货币乘数	T 统计量	1% 的临界值	5% 的临界值	10% 的临界值	AIC	SC
K_2	-2.171933	-3.525618	-2.902953	-2.588902	-0.5191	-0.3279
K_1	-1.566179	-3.520307	-2.900670	-2.587691	-2.5428	-2.4810

对货币乘数的平稳性进行 ADF 单位根检验可以发现,无论是广义货币乘数(K_2),还是狭义货币乘数(K_1),都呈现出较大的不稳定性,货币乘数长期偏离均衡水平,货币乘数的时间序列数据是不平稳的。在货币乘数不稳定的情况下,即便中央银行可以实现对基础货币的控制,如果存在货币乘数不稳定的问题,中央银行对货币供应量的间接控制力也会减弱。

(三)货币供应量与宏观经济的相关性不高

本书运用 1999—2017 年的季度数据,对货币供应量与宏观经济之间的关系进行实证分析。货币供应量的代表指标分别选择狭义货币供应量（M_1）和广义货币供应量（M_2），以期全面反映货币供应量。主要宏观经济变量分别选择经济增长、通货膨胀、消费和投资，其中，国内生产总值（GDP）增长率代表经济增长，消费者价格指数（CPI）代表通货膨胀，居民消费水平（C）代表消费，全社会固定资产投资（I）代表投资，数据均来自国家统计局网站。

由表5.10可知，无论是狭义货币供应量（M_1）还是广义货币供应量（M_2），货币供应量与经济增长、通货膨胀、消费和投资等主要宏观经济变量的相关系数均小于0.5，货币供应量与主要宏观经济变量的相关性并不高。

表5.10　　　　货币供应量和主要宏观经济变量的相关系数

主要宏观经济变量 货币供应量	经济增长 （GDP）	通货膨胀 （CPI）	消费 （C）	投资 （I）
狭义货币供应量（M_1）	0.127495	-0.460865	-0.261017	0.089090
广义货币供应量（M_2）	0.220827	-0.211570	-0.040934	0.473615

由表5.11可知，在5%的置信概率下，广义货币供应量（M_2）除了对消费存在格兰杰原因，对经济增长、通货膨胀和投资不存在格兰杰原因；狭义货币供应量（M_1）除了对经济增长存在格兰杰原因，对通货膨胀、消费和投资不存在格兰杰原因。货币供应量与主要宏观经济领域之间不存在紧密的关系，导致货币供应量规则无法继续作为我国的货币政策工具规则被加以使用，货币供应量规则并不适合我国目前阶段的实际情况。

表5.11　　　　货币供应量与主要宏观经济变量的格兰杰因果关系

因果检验 因果关系	F统计量	概率
M_2不是GDP的格兰杰原因	4.13352	0.0585
M_2不是CPI的格兰杰原因	2.09125	0.1860
M_2不是C的格兰杰原因	6.49926	0.0211*
M_2不是I的格兰杰原因	0.85287	0.4616
M_1不是GDP的格兰杰原因	8.72365	0.0098*
M_1不是CPI的格兰杰原因	3.46241	0.0826

续表

因果检验 因果关系	F 统计量	概率
M_1 不是 C 的格兰杰原因	3.50214	0.0808
M_1 不是 I 的格兰杰原因	1.61235	0.2580

注：*表示在10%的置信概率下显著。

因此，货币供应量规则在可测性、可控性和相关性方面存在明显问题，我国已经不再适合选择货币供应量规则作为货币政策工具规则。

二、利率规则已具有现实基础，尚存操作难度

与货币供应量规则相比，利率规则可以对消费、投资、储蓄、信贷、通货膨胀、资产价格波动等宏观经济变量产生直接的影响。第一，利率规则具有明确的政策含义。当中央银行采用利率规则时，货币政策实际上就具备了一种预先承诺机制，给公众提供明确的政策信号，以确定风险和成本，并增加公众的理性预期，进而可以解决货币政策的时间不一致问题。第二，利率规则有利于实现中性货币政策。中性货币政策是指中央银行对货币供应量采取既不扩大也不紧缩的政策措施，其目的是使货币在经济活动中保持中立，不对经济增长产生任何实质上的影响，完全通过市场机制来实现经济的均衡。通过实施利率规则，设定通货膨胀目标值或目标区间，对利率进行间接调控，实现经济增长目标，这样可以有效减少政府对货币政策的干预，实现中性货币政策。第三，利率规则有利于培育中央银行的独立性，增强货币政策的有效性。

目前，利率作为重要的调节手段，在我国的货币政策调控过程中发挥着越来越重要的作用，我国将利率规则设定为货币政策工具规则已经具备了一定的条件，利率与主要宏观经济变量之间的关系日益密切，利率规则作为货币政策工具规则具备了一定的条件和可行性。

由表5.12可知，利率与主要宏观经济变量的相关性系数远远大于货币供应量与主要宏观经济变量的相关性系数。利率与经济增长、通货膨胀、消费呈现正相关关系，其相关系数分别为0.1890、0.3045和0.3054；利率与投资呈现负相关关系，其相关系数为-0.3236。同货币供应量与主要宏观经济变

量的相关性相比,利率与主要宏观经济变量的相关性明显更高,利率可以在一定程度上实现对宏观经济的调节作用。

表5.12　　　　　利率和主要宏观经济变量的相关系数

主要宏观经济变量	经济增长（GDP）	通货膨胀（CPI）	消费（C）	投资（I）
利率（r）	0.189047	0.304521	0.305434	-0.323611

通过以上分析可以知道,利率在经济中发挥着越来越重要的作用,可以有效影响金融市场,进而对宏观经济产生重要影响,利率规则作为货币政策工具规则已经具备了一定的理论及现实基础。但尽管如此,采取利率规则作为货币政策工具规则对宏观经济进行调控,在具体操作过程中仍存在一些难题。

（一）没有完全实现浮动汇率制度

一个国家如果采用的是浮动汇率制度,该国的中央银行就可以调整短期利率,但如果一个国家采用的是固定汇率制度,利率的上升会导致外币的流入,从而对本币形成升值压力,也就是说在采用固定汇率制度的情况下,中央银行无法单独决定短期利率,无法独立地调控利率。但在利率规则实施过程中,中央银行主要是通过对短期利率进行调控来使用货币政策工具规则。因此,一旦该国采用的是固定汇率制度,利率规则将无法充分发挥作用。

我国目前实行的是以市场供求关系为基础、参考一篮子货币进行调节、有管理的浮动汇率制度,人民币不再单一盯住美元,而是形成了更具弹性的汇率制度,但我国目前并未完全实现浮动汇率制度,利率规则在我国现阶段的适用性并不强。

（二）利率作为内生变量和政策变量的效果无法区分

在利率规则中,利率作为内生变量,呈现与宏观经济同周期变动的趋势,即当宏观经济上行时,利率水平应提高;当宏观经济下行时,利率水平应下降。作为政策变量,利率也呈现出与宏观经济同周期变动的趋势,即当经济繁荣时,利率水平应提高;当经济衰退时,利率水平应降低。

在宏观经济过热时,为了抑制过剩的需求,中央银行往往需要设定一个相对较高的利率水平。但如果过热的经济过程本身就导致利率处于相对较高的水平,则利率作为内生变量,无法发挥抑制过剩需求的作用。在宏观经济衰退时,为了刺激低迷的需求,中央银行往往需要设定一个相对较低的利率水平。但若衰退的经济过程本身就导致利率处于相对较低的水平,则利率作为内生变量,难以起到刺激需求的作用。利率在调节宏观经济的过程中,无法区分利率作为内生变量和政策变量所产生的效果,无法对利率规则是否达到预期目的进行明确判断。

(三) 货币供应量变动对利率的影响不确定

利率规则作为货币政策工具规则的前提条件之一即货币供应量的变动对利率的影响是确定的,中央银行可以通过改变货币供应量来调节利率,即增加货币供应量使利率下降,减少货币供应量使利率上升。但从实际效果来看,货币供应量的变动对利率所产生的影响是不确定的,即货币供应量的变动对利率所产生的影响是无法控制的,实施利率规则无法实现对宏观经济的调控作用。具体来说,当中央银行试图通过增加货币供应量来降低利率时,起初会导致利率下降,但随着货币供应量的不断增加,在一定程度上会刺激商品价格的上涨,从而导致货币需求的增加,使利率先降后升;反之,当中央银行试图通过减少货币供应量来提高利率时,起初会使利率上升,但同样会导致支出减少、价格下降,使利率先升后降。货币供应量变动对利率所产生的不确定影响,导致利率规则在可行性方面大打折扣。

由上述分析可知,货币供应量规则存在可测性降低、可控性降低、相关性不高等问题,使其作为货币政策工具规则的可行性大大降低,已经不再单独适合作为我国货币政策工具规则。同时,尽管利率规则在理论上是我国现阶段货币政策工具规则的最佳选择,但考虑到我国的具体情况,我国的利率市场化尚未完全实现,仍存在利率管制的现象,利率水平仍然主要由中国人民银行来决定,利率规则在具体实施环节仍存在现实操作难题。

第四节 货币政策工具规则的国际经验——美国

为了更好地说明货币政策工具规则的选择和实施效果,本书接下来以美国为例,对美国货币政策工具规则的具体情况进行介绍,对美国在不同阶段的货币政策工具规则选择进行分析,重点介绍泰勒规则在美国的实施情况及操作特点,为后文理性地提出我国货币政策工具规则的具体建议做好铺垫。

一、美国货币政策工具规则选择的实践过程

美国对货币政策工具规则选择的实践过程大致经历了三个阶段。

1. 第一阶段(20世纪50~60年代):利率规则

在这个阶段,中央银行选择利率作为货币政策的中介目标。当时,凯恩斯主义盛行,并成为当时经济学的主流学派。凯恩斯主义认为,货币政策在对宏观经济产生影响之前,首先会使利率发生变动,利率的变动又紧接着影响投资,进而影响收入水平,最后对宏观经济各变量产生影响。凯恩斯主义还认为,中央银行可以通过控制利率来明确表明货币政策的政策取向,即利率上升反映出中央银行实施紧缩型的货币政策,利率下降则反映出中央银行实施扩张型的货币政策。由于受到凯恩斯主义的影响,美国在此阶段选择利率作为货币政策的中介目标,以利率规则作为货币政策工具规则来实现经济增长、充分就业等货币政策目标。

2. 第二阶段(20世纪70~80年代):货币供应量规则

在这个阶段,中央银行选择货币供应量作为货币政策的中介目标。受到越南战争爆发的影响,美国战争经费支出激增,导致美国的财政赤字日益增加,出现了严重的通货膨胀。战争不仅带来了大量的财政赤字,还将美国的经济增长拖入了停滞的深渊,使美国经济陷入了通货膨胀与经济增长停滞的滞胀局面。面对这一局面,凯恩斯主义显得束手无策,货币主义则展现出在治理滞胀方面的巨大优势。货币主义认为,应采取货币供应量作为货币政策中介目标,选择货币供应量规则作为货币政策工具规则。他们认为中央银行可以有效地调节货币供应量,通过调节货币供应量来反映货币政策意图,即增加货币供应量意味着中央银行将实施扩张型的货币政策,减少货币供应量意味着中央银行将实施紧缩型的货币政策。由于货币主义在解决滞胀问题方面所起的作用,美国在此阶段将货币供应量作为货币政策的中介目标,将货币供应量规则作为货币政策工具规则。

3. 第三阶段(20世纪90年代至今):泰勒规则

以货币供应量规则作为货币政策工具规则,需要满足两个前提条件:一

第五章 影子银行体系对货币政策工具规则的影响分析

是货币需求稳定,二是货币供给外生。但进入20世纪90年代以后,经济形势发生重大变化,金融创新工具和产品不断涌现,使货币供应量规则作为货币政策工具规则的前提条件无法成立,原有的货币供应量规则无法实现对宏观经济的调控,中央银行转而选择以利率作为货币政策的中介目标,由货币供应量规则转向利率规则,其具体原因表现在以下几个方面。

第一,随着20世纪60年代美国金融创新浪潮的袭来,金融创新规模日益扩大,各种金融创新产品不断涌现,货币供应量的层次划分日渐模糊,货币供应量的统计面临越来越多的困难,导致货币供应量作为货币政策中介目标的适应性不断下降,货币供应量规则的实施难度不断加大。同时,由于货币乘数和货币流通速度的不稳定性,中央银行无法实现对货币供给的有效控制,货币供给所存在的内生性使货币供应量规则作为货币政策工具规则的效果大打折扣。

第二,随着20世纪70年代全球金融自由化浪潮的掀起,离岸金融、跨国银行业务不断活跃,国际资本流动大幅增加,资金的频繁流动使货币供应量的测算存在一定的难度与滞后性,为货币供应量规则作为货币政策工具规则带来了巨大的挑战。

第三,20世纪90年代美国预算平衡法案通过,建立了新的财政运作框架,致使美国联邦政府无法运用减少税收及扩大政府支出等财政手段拉动经济,财政政策在宏观经济调控方面的作用越来越有限,反而给了货币政策极大的发挥空间。

在此背景下,泰勒(1993)对美国等国家的货币政策实践过程进行分析后认为,在所有能够对产出和物价产生影响的因素中,实际利率是唯一能够与产出和物价保持长期稳定关系的经济变量,以实际利率作为调节手段的利率规则也应成为中央银行所采用的货币政策工具规则。泰勒认为,中央银行可以根据当期的通货膨胀率、均衡的实际利率、当期的通货膨胀缺口和产出缺口四个因素来调整名义利率,实现产出和物价稳定的目标,这就是著名的"泰勒规则"。其具体政策含义是指为了保持实际利率均衡水平不变,名义利率要不断进行调节,需要和通货膨胀率的变化保持一致。当预期通货膨胀率高于(或低于)目标通货膨胀率,或者实际产出水平高于(或低于)潜在产出水平,导致实际利率高于(或低于)实际利率均衡水平时,中央银行就应当对联邦基金名义利率进行调节，保持与通货膨胀率的同步变化，使实际利率回到均衡水平。有时为实现物价稳定的目标，中央银行还会采取相应的手段调整实际产出水平的波动，避免其偏离潜在产出水平。一般情况下，实际情况偏离均衡水平的幅度越大，货币政策所作出的反应就会越强烈，体现出了泰勒规则在货币政策操作过程中的灵活性。

1993年7月，美联储宣布放弃货币供应量，转向使用短期实际利率调控宏观经济。利率在货币政策操作中的作用被不断加强，这标志着美国货币政策工具规则又重新转变为利率规则，转变为更为灵活的泰勒规则，这实质上是一种更高层次的转变。

二、泰勒规则在美国的实施过程

1993年，时任美联储主席格林斯潘宣布，美联储将实施以调整短期实际利率为手段的泰勒规则，美国便开始了漫长的泰勒规则实践过程。

根据泰勒规则的要求，美联储通过变动联邦基金名义利率来实现对实际利率的调节，进而实现货币政策的目标。具体来说，美联储主要遵循了以下三个原则：第一，通过调节通货膨胀率，使实际利率保持在均衡水平，一旦通货膨胀率偏离了所设定的目标区间，就需要通过调节名义利率，来抵消通货膨胀率对实际利率的影响，使实际利率重新回归原有的均衡水平。第二，实际利率水平应和社会资源潜在利用率保持同步变化，即当经济繁荣（或萧条）、社会资源利用率高于（或低于）其潜在水平时，就应选择抬高（或降低）利率水平。第三，判断不同经济波动的产生原因及影响，在面对不同类型的经济波动时，做到具体情况具体分析，区别对待，即当面对"持续性"的经济波动时，美联储应利用规则行事来实现经济的平稳运行；相反，当面对"意外性"的经济波动时，美联储可以利用自身的经验和判断加以决策。

美联储通过将泰勒规则运用到货币政策中，成功解决了经济发展过程中出现的一系列危机和问题，如化解了1997年东南亚金融危机所带来的影响，阻止了2001年"9·11"事件所引发的经济衰退，使美国经济在内外部冲击下得以迅速复苏。但美国在利用泰勒规则调节经济的过程中，也有失效或效果不明显的时候，如2008年由美国次贷危机所引发的国际金融危机，通过泰勒规则刺激经济复苏的效果就极不明显，联邦基金利率在2008年底被降至

0~0.25%以后，美国经济的复苏迹象并不明显。可见，以泰勒规则作为货币政策工具规则在解决2008年国际金融危机中出现了失灵。在意识到泰勒规则失效后，美联储推出了量化宽松的货币政策，采取增发货币、购入债券等手段增加市场的流动性，加速实体经济的复苏。然而事与愿违，美联储所推出的量化宽松的货币政策，并未达到预期效果，对美国经济复苏的刺激作用也十分有限，仍需要依靠财政政策和货币政策的配合及协调来实现经济的振兴。

三、泰勒规则在美国的操作特点

泰勒规则在美国的操作过程具有以下几个特点。

（一）泰勒规则具有"中性"

20世纪90年代，美国经济进入了高速发展的阶段，这种高速增长的态势一直持续到2007年，这一阶段被称为"新经济"时期，这一时期最主要的特点可以用"一高两低"来形容，即经济高速增长与低通货膨胀率、低失业率并存。之所以会出现这种经济良性发展的局面，"中性"的泰勒规则功不可没。

1994年，美联储明确提出将实行"中性"的货币政策，来取代以往以刺激经济增长为目标的货币政策。泰勒规则具有典型的"中性"特点，对经济既不起刺激作用，也不起抑制作用，使经济运行保持稳定且持续增长的状态，更多地是向市场传递政策信号，稳定市场预期，合理引导市场行为，达到既保持低通货膨胀，又可以实现产出潜在增长的目标（高丽，2013）。

"中性"的泰勒规则，既沿袭了货币主义货币供应量规则的优点，又比单一的规则行事更为灵活。相机抉择可以增加货币政策的应变性和灵活性，规则行事可以保证货币政策的连续性。运用规则行事和相机抉择两种政策操作模式，可以最大限度地减缓货币政策可能导致的经济波动。

（二）泰勒规则具有前瞻性

利用利率作为货币政策调控手段，对经济运行进行调节，一个固有的缺陷就是比较滞后，缺乏预见性。美联储在意识到这一点后，1994年在既有货币政策的基础上，加入"预见性""前瞻性"策略，使泰勒规则具有前瞻性。在经济运行出现异常波动时，美联储会采取相应的措施提前处置，防患于未然，将经济中的不稳定因素扼杀在摇篮中。同时，美联储所采取的货币政策具有前瞻性，还体现在美联储会根据劳动力市场就业情况等经济先行指标，来判断未来的经济走势，即在经济过热、通货膨胀明显出现之前提高利率，在经济衰退、通货紧缩明显出现之前降低利率，不会等到经济增长和通货膨胀问题真的出现时再采取相应的措施。前瞻性的货币政策可以实现对经济状况的预判，避免出现过大的经济波动，使货币政策效果更明显、更有针对性。

（三）中央银行具有较强的独立性

美联储于1913年成立，负责履行美国的中央银行职责，主要由联邦公开市场委员会、联邦储备银行和联邦储备委员会等组成。从成立之初，美联储就被赋予完全独立于行政体系之外的地位，是世界上独立性最强的中央银行之一。《联邦储备法》规定，联邦储备系统可以不经过国会或总统的批准作出决策，并将主席任期与总统任期错开，避免受到来自政治方面的压力，在一定程度上确保了美联储的独立地位。美联储作为中央银行的独立地位，确保了美联储货币政策工具规则操作的独立性及货币政策目标的纯洁性，避免受到来自政府政绩的压力和干扰，保护了经济稳定增长的长远利益，维护了中央银行的可信度和声誉度。

（四）利率调整大多采用微调、平滑化的操作方式

在对利率规则进行调节时，美联储的操作大多具有微调、平滑化的特点，利率调整手段多以25个基点的微调操作进行，就算在2007年次贷危机导致美国经济出现严重衰退时，最大调整幅度也仅下调了75个基点，是20世纪90年代以来美联储调整的最大幅度，具体利率调整情况见表5.13。这种微调、平滑化的操作方式，一方面，可以使公众形成对美联储利率政策的稳定预期，避免利率的剧烈波动对经济和金融市场的运行带来剧烈的震荡；另一方面，可以利用微调、平滑化的操作，使中长期实际利率处于相对稳定的水平，促进经济平稳、健康发展。

表 5.13 1994 年以来美联储历次利率调整情况

年份 \ 项目	日期	调整幅度	调整后利率（%）
1994	2月4日	调升 25 个基点	3.25
	3月22日	调升 25 个基点	3.5
	4月18日	调升 25 个基点	3.75
	5月17日	调升 25 个基点	4.25
	8月16日	调升 50 个基点	4.75
	11月15日	调升 75 个基点	5.5
1995	2月1日	调升 50 个基点	6
	7月6日	调降 25 个基点	5.75
	12月19日	调降 25 个基点	5.5
1996	1月31日	调降 25 个基点	5.25
1997	3月25日	调升 25 个基点	5.5
1998	9月29日	调降 25 个基点	5.25
	10月15日	调降 25 个基点	5
	11月17日	调降 25 个基点	4.75
1999	6月30日	调升 25 个基点	5
	8月24日	调升 25 个基点	5.25
	11月16日	调升 25 个基点	5.5
2000	2月2日	调升 25 个基点	5.75
	3月21日	调升 25 个基点	6
	5月16日	调升 50 个基点	6.5
2001	1月3日	调降 50 个基点	6
	1月31日	调降 50 个基点	5.5
	3月20日	调降 50 个基点	5
	4月18日	调降 50 个基点	4.5
	5月15日	调降 50 个基点	4
	6月27日	调降 50 个基点	3.75
	8月21日	调降 50 个基点	3.5
	9月17日	调降 50 个基点	3
	10月2日	调降 50 个基点	2.5
	11月6日	调降 50 个基点	2
	12月11日	调降 25 个基点	1.75

续表

年份 项目	日期	调整幅度	调整后利率（%）
2002	11月6日	调降50个基点	1.25
2003	6月25日	调降25个基点	1
2004	6月30日	调升25个基点	1.25
	8月10日	调升25个基点	1.5
	9月21日	调升25个基点	1.75
	11月10日	调升25个基点	2
	12月14日	调升25个基点	2.25
2005	2月2日	调升25个基点	2.5
	3月22日	调升25个基点	2.75
	5月3日	调升25个基点	3
	6月30日	调升25个基点	3.25
	8月9日	调升25个基点	3.5
	9月20日	调升25个基点	3.75
	11月1日	调升25个基点	4
	12月13日	调升25个基点	4.25
2006	1月31日	调升25个基点	4.5
	3月28日	调升25个基点	4.75
	5月10日	调升25个基点	5
	6月29日	调升25个基点	5.25
2007	9月18日	调降50个基点	4.75
	10月31日	调降25个基点	4.5
	12月11日	调降25个基点	4.25
2008	1月22日	调降75个基点	3.5
	1月30日	调降50个基点	3
	3月18日	调降75个基点	2.25
	4月30日	调降25个基点	2
	10月8日	调降50个基点	1.5
	10月29日	调降50个基点	1
	12月16日	调降至少75个基点	0~0.25
2010	2月18日	维持不变	0~0.25

资料来源：美联储网站。

总之，美国货币政策工具规则的选择并非一成不变，其间经历了一个由利率规则到货币供应量规则再到泰勒规则的过程。货币政策工具规则的转变过程并非美联储人为设定，而是经济金融形势发展的需要，是经济发展的必然结果。梳理美国在货币政策工具规则选择方面的经验对我国货币政策工具规则的选择具有一定的借鉴意义，为后文提出有针对性的对策建议做铺垫。

第六章
影子银行体系对货币政策目标规则的影响分析

第一节 货币政策目标规则概述

一、货币政策目标规则的定义

货币政策目标规则是指中央银行根据本国的自身情况，确定适合本国的货币政策目标变量，使本国货币政策调控目标函数最小化的一种制度安排。货币政策目标规则本质上是中央银行的货币政策目标损失函数最小化的一种货币政策操作框架。具体来说，就是根据目标损失函数最小化的目标，选择合适的目标变量，使其满足目标变量条件的一个方程（或方程组）(Svensson, 1999)。其核心是各国选择货币政策框架中量化的名义目标变量，即"名义锚"的选择。

所谓名义锚，是指一国中央银行为本国货币政策所选择钉住的名义经济变量，是对本国货币币值的一种约束，其作用是锚定公众的通货膨胀预期，进而对中央银行的行为形成约束。之所以要进行名义锚的选择，主要是由于以下原因：第一，名义锚可以缓解动态不一致问题，约束货币政策决策者的机会主义行为；第二，名义锚可以强化中央银行的独立性，增加货币政策的可信度和透明度。

因此，货币政策目标规则通常是通过设定既定的货币政策目标损失函数，明确货币政策操作程序，提高货币政策的透明度和信誉度，强化中央银行的责任感，约束中央银行的行为。

二、货币政策目标规则的分类

货币政策目标规则根据名义锚或目标变量的不同，可以分为以下几种类型：一是汇率目标制（Exchange Rate Targeting），二是名义收入目标制（Nominal Income Targeting），三是货币供应量目标制（Money Targeting），四是通货膨胀目标制（Inflation Targeting），五是价格水平目标制（Price‑level Targeting）。

（一）汇率目标制

汇率目标制是一种以汇率作为货币政策目标变量来进行操作的货币政策目标规则。具体来说，汇率目标制就是将本国货币币值钉住币值更加稳定的某种货币或某一篮子货币，并在一段相当长的时期内维持这一固定的汇率平价水平，以达到货币政策目标。

根据选择的名义锚的形式不同，汇率目标制可以分为以下几种：（1）单边汇率目标制，即单独宣布本币与锚币之间存在固定的汇率平价水平，并对汇率水平的调整幅度作出规定，实行固定的名义汇率；（2）多边汇率目标制，即由多国共同签订合作协议，将本国货币钉住一个共同的锚币；（3）货币局制度，即固定本币与锚币之间的汇率水平，本币的发行必须有足够数量的外汇储备相对应，比如我国香港就采用这种制度。

采用汇率目标制的经济主体多为小型开放经济体。对于这些经济体来说，剧烈的汇率波动不利于经济的稳定，因此有必要对汇率的波动进行控制，通过保持与锚币的固定比价，控制国内的货币总量，实现币值的稳定和通货膨胀预期的稳定。

汇率目标制有以下优点：第一，汇率目标制可以实现币值和通货膨胀预期的稳定，避免汇率剧烈、频繁的波动可能对经济产生的不良冲击，稳定投资者对本国经济的整体信心，减少不必要的经济波动。第二，汇率目标制可以提供一种自动调节机制，缓解时间不一致的问题，减轻中央银行货币政策的决策和执行成本。在本币存在贬值（升值）趋势时，汇率目标制将促使中央银行实行紧缩型（扩张型）的货币政策，以避免中央银行为了保持经济增长、稳定币值而采取的短期政策所带来的动态不一致问题。第三，汇率目标制可以避免汇率剧烈波动对实体经济产生的不确定性影响，汇率的频繁、剧烈波动不仅会影响经常项目、进出口情况，还会导致资本的流动，对本币造成升值、贬值的压力，对金融稳定产生破坏性影响，汇率目标制通过锚定国际贸易品价格，在一定程度上控制通货膨胀，避免对金融稳定、宏观经济稳定产生负面影响。第四，汇率目标制简单而明确，可操作性强，便于公众对中央银行进行监督与评价，提高中央银行的信誉度。

尽管汇率目标制具有上述优点，但仍存在不少问题：第一，汇率目标制的实施会在一定程度上削弱货币政策的独立性。实行汇率目标制，将钉住国的货币币值与锚币国货币币值固定在一起，意味着钉住国丧失了自主制定和实施货币政策的独立性。同时，锚币国所遭受的冲击会直接传递到钉住国，钉住国丧失了运用货币政策应对国内冲击的能力。第二，汇率目标制的实施会在一定程度上增加本国货币遭受投机性打击的可能性，极易诱发金融危机。实行汇率目标制，将汇率波动的幅度控制在很小的范围内，并且出现贬值的幅度大于波动的幅度，出现获利和损失机会不对等的情况，使投机者获得投机机会。这种投机行为不仅对本国的外汇储备，而且对本国的经济政策都会造成巨大的压力，会不可避免地加剧汇率的不稳定性。第三，汇率目标制的实施会弱化货币当局的责任感。在发达国家，由于其具有完善的金融市场，汇率目标制可以使公众较为容易地获得政策松紧的信号，形成对货币政策制定者和决策者行为的约束。但在新兴市场国家，由于金融市场发展程度相对落后，实施汇率目标制会进一步屏蔽公众的信息源，导致无法依据货币币值的变化对货币政策作出正确的判断，在一定程度上削弱了货币政策制定者和决策者对外负责的能力。

（二）名义收入目标制

名义收入目标制又称名义 GDP 目标制，是指以名义收入为预定目标变量来进行操作的一种货币政策目标规则。其通常包括以下三种形式：一是名义收入增长率目标制，二是名义收入水平目标制，三是名义收入混合目标制。

名义收入目标制拥有一大批支持者，如 Frankel（1995）、Blinder（1995）和 Jensen（2002）等，但名义收入目标制迄今为止尚未在任何一个国家真正实践过。名义收入目标制的支持者认为名义收入目标制存在以下优点：第一，名义收入目标制的实施有助于稳定经济，可以通过抵消经济波动尤其是产出波动，实现稳定经济的作用。第二，名义收入目标制可以对冲击作出更快的抵消反应，与真实利率缺口对通货膨胀的滞后期相比，真实利率缺口对产出缺口或真实经济影响的滞后期更短，反映出基于货币政策对经济活动的影响要比对通货膨胀的影响快，名义收入目标制可以对各种冲击作出更快的抵消反应。第三，给定预测和控制通货膨胀的精度，名义收入目标制将可能产生一个更好的经济结果。

名义收入目标制也暴露了许多的弊端：一是无法实现对潜在 GDP 增长的准确、及时、持续的估计；二是对潜在 GDP 增长的不准确估计，极易出现更大的通货膨胀偏差；三是在短期内稳定 GDP 的有效性方面值得商榷；四是名义收入的数据可得性存在问题，无法提供一个准确的名义锚。

(三) 货币供应量目标制

货币供应量目标制又称货币增长目标制，是指中央银行将货币供应量设定为名义锚所进行的货币政策操作，以达到或维持货币政策目标。

采用货币供应量目标制，需要满足的前提条件包括：第一，货币供应量与产出和物价具有稳定的关系；第二，产出与货币需求存在稳定的关系；第三，货币供应量的可控性较强；第四，货币流通速度稳定。

具体来说，货币供应量目标制具有以下三个主要特征：一是通过调节货币供应量来控制通货膨胀水平；二是设定后应及时公布，以引导经济主体的通货膨胀预期；三是在设定过程中，应包含对最终目标和实现最终目标路径的设定。

货币供应量目标制具有以下优点：第一，实现中央银行的多重货币政策目标。一方面，中央银行既可以关注国内通货膨胀的情况，也可以及时对国外经济冲击作出必要的反应，保持并提高独立性；另一方面，中央银行既可以直接将通货膨胀率作为货币政策的最终目标，也可以对产出波动作出及时反应。第二，提高中央银行的信誉度，解决动态不一致的问题。通过事先公布货币供应量目标，中央银行能够及时向公众和社会传递政府、中央银行的意图和想法，进而稳定通货膨胀预期，明确中央银行所承担的稳定物价的责任，帮助中央银行解决动态不一致的问题。第三，增强货币供应量的可测性、可控性，可以有效控制货币供应量。

尽管具有众多的优点，但货币供应量目标制在具体实施过程中，所需要满足的条件过于苛刻。20 世纪 80 年代以后，货币乘数和货币流通速度越来越不稳定,可控性和可测性不断下降,货币供应量与各宏观经济变量之间的相关性不断下降。在这种情况下,实施货币供应量目标制的前提条件已经无法满足,此时继续采取货币供应量目标制,将无法实现货币政策的最终目标。因此,20世纪90年代后,许多国家先后由货币供应量转向寻求其他名义锚作为指示器,转而实施通货膨胀目标制。

(四)通货膨胀目标制

随着滞胀问题的出现,各国开始将控制通货膨胀作为货币政策的首要目标,许多国家相继宣布放弃原先的货币政策目标规则,转而使用通货膨胀目标制(见表6.1)。这些国家实施通货膨胀目标制后,在稳定产出和控制通货膨胀方面均有不同程度的改善,通货膨胀目标制也成为目前世界上比较受欢迎的货币政策目标规则。

表6.1　　　　各国实行通货膨胀目标制的时间

国家	新西兰	智利	加拿大	英国	以色列
时间	1990年3月	1991年1月	1991年2月	1992年10月	1992年12月
国家	瑞典	芬兰	秘鲁	澳大利亚	西班牙
时间	1993年1月	1993年2月	1994年1月	1994年9月	1995年1月
国家	韩国	捷克	波兰	墨西哥	巴西
时间	1998年1月	1998年1月	1998年10月	1999年1月	1999年6月
国家	哥伦比亚	瑞士	南非	泰国	
时间	1999年9月	2000年1月	2000年2月	2000年4月	

资料来源:作者整理。

通货膨胀目标制是指中央银行对通货膨胀目标值或目标区间进行设定,并将设定的目标向公众公布,承诺在未来一段时间内实现既定目标,引导公众的通货膨胀预期,实现稳定且较低的通货膨胀的一种货币政策目标规则。其主要特点就是以控制通货膨胀作为首要目标,并公开宣布目标值或目标区间,使通货膨胀保持在稳定且相对较低的水平上,形成一种承诺机制,向社会宣布实现通货膨胀目标制的能力与决心,具有较高的货币政策信誉度。

根据实施程度不同,通货膨胀目标制可以划分为灵活的通货膨胀目标制和严格的通货膨胀目标制。其中,前者是指不仅关注通货膨胀目标,还关注产出等其他目标的影响;后者是指只关注通货膨胀目标,并不关注产出等其

第六章
影子银行体系对货币政策目标规则的影响分析

他目标的影响。

在具体实施过程中，首先需要对通货膨胀的未来走势进行预判，确定合理的目标值（目标区间），然后对预测值和目标值（目标区间）进行比较，对货币政策进行相应的幅度和方向调整。当预测值高于（低于）目标值或目标区间的上限（下限）时，意味着应当采取紧缩型（扩张型）货币政策；如果预测值接近目标值或处于目标区间内，货币政策可以保持不变或仅做微调。

通货膨胀目标制具有以下优点：第一，约束性。设定目标值（目标区间）并向公众宣布，能够对中央银行形成一种约束，为货币政策效果的评价提供准确的依据。将通货膨胀的实际值与目标值进行比较，可以帮助判断中央银行是否实现预先承诺，承诺的兑现可以提高中央银行的信誉。第二，前瞻性。由于货币政策的制定存在一定的滞后性，因此，在制定货币政策时需要将未来可能发生的情况充分考虑，在制定通货膨胀目标时应充分利用多方面的信息进行预测，将货币政策时滞也考虑在内，具有预测性和前瞻性。第三，可操作性。通货膨胀目标不必与通货膨胀预测完全一致。货币政策制定者可以人为地选择较低的目标值或目标区间，这并不一定会对产出和通货膨胀的波动性造成影响，通货膨胀目标保守的中央银行比权数保守的中央银行可能带来更好的均衡结果，更具可操作性。

与此同时，通货膨胀目标制也存在一些问题：第一，通货膨胀目标制的假定过于严格。通货膨胀目标制假定货币当局可以很好地控制通胀水平，但事实上，由于货币政策滞后性的存在，会对通胀控制能力和预测能力产生不同程度的制约。第二，通货膨胀目标制的实施需要进一步加强与财政政策之间的沟通与协调，避免"财政占优"情况的出现，否则就会导致实施效果大打折扣。若中央银行无法摆脱"财政控制"，过多地受到财政政策的支配和约束，大量的、持续的财政赤字将会无形中增加通货膨胀压力，影响通货膨胀目标制的有效性。第三，通货膨胀目标制与固定汇率制度之间存在内在冲突。为了维持固定汇率制度，中央银行需要对基础货币调节进行外汇干预，这必然会影响货币供应量的变化，进而对通货膨胀产生影响，影响通货膨胀目标制的实现。布雷顿森林体系的瓦解也可以印证上述观点，同与固定汇率制度之间存在冲突相比，通货膨胀目标制只有在浮动汇率制度下，才能充分发挥其稳定通货膨胀水平的作用。

（五）价格水平目标制

价格水平目标制是指中央银行将价格水平作为名义锚、以钉住国价格水平作为货币政策目标进行的货币政策操作。价格水平目标制要求中央银行确定并公布所要实现的价格水平的目标值，目标值可以是某一固定的目标值或目标区间，也可以是按某一固定比例进行增长。将价格水平稳定在设定的目标值上或目标区间内，当出现超出目标区间的价格变动时，无论是高于或低于目标价格水平，都会进行修正。若上一期的价格水平低于（高于）目标价格水平，则在本期采取措施提高（降低）价格水平，使价格水平重新回到目标区间。

价格水平目标制的优点主要有：第一，价格水平目标制具有自我稳定机制。如果公众对中央银行所制定的价格水平目标制是信任的，本期是通货紧缩（通货膨胀）的，则可以确信下一期将是通货膨胀（通货紧缩）的，本期价格指数所带来的变动一定会被下一期的价格指数抵消。第二，价格水平目标制可以自动缓解货币政策的时间不一致性问题。本期的价格指数变动会被下一期的价格指数抵消，中央银行无法从未预期的通货膨胀中获得短期收益，自动缓解了货币政策的时间不一致问题。

与此同时，价格水平目标制也存在明显的问题：价格水平目标制对待每一次冲击，包括永久性冲击，都必须被抵消，以稳定价格水平。但如果价格水平具有黏性，则价格水平波动容易导致真实产出的波动，价格水平目标制也就无法从这种价格波动中获利。

第二节 影子银行体系对货币政策目标规则选择的分析

一、影子银行体系对货币政策目标规则选择影响的理论分析

（一）构造改进的 IS 曲线

本书在传统 IS 曲线对国民收入与利率之间的关系进行分析的基础上，尝试构建改进的 IS 曲线代表总需求，以确定货币政策目标规则。在确定纳入 IS

曲线的变量时，发现在传统的 IS 曲线的各变量中，实际上已经体现出了货币政策的经济增长和物价稳定两个目标。我国货币政策的目标包括经济增长、充分就业、物价稳定、国际收支平衡四个方面，因此只需将充分就业和国际收支平衡这两个货币政策目标再加入 IS 曲线来构建改进的 IS 曲线，即选取汇率来代表国际收支平衡，以失业率代表充分就业。

因此，本书构建改进的 IS 模型，代表总需求，见式（6.1）：

$$y_{t+1} = \beta_1 y_t + \beta_2 y_{t-1} + \beta_3 r_t + \beta_4 u_t + \beta_5 e_t + v_{t+1} \quad (6.1)$$

其中，r_t 为 t 期的实际利率，为名义利率与通货膨胀率之差，$r_t = R_t - E_t \pi_t$，代表货币政策工具规则——利率规则；y_t 为 t 期的产出缺口，代表货币政策目标中的经济增长目标；π_t 为 t 期的通货膨胀率，代表货币政策目标中的稳定物价目标；u_t 为 t 期的失业率，代表货币政策目标中的充分就业目标；e_t 为 t 期的汇率，代表货币政策目标中的国际收支平衡目标。

（二）构建改进的 Philips 曲线

本书在现有用来反映通货膨胀与失业之间关系的"产出—物价"Philips 曲线的基础上，充分考虑影子银行体系对宏观经济产生的显著影响，将影子银行体系发展的相对规模加入 Philips 曲线，充分考虑影子银行体系发展对宏观经济产生的影响，构建了改进的 Philips 曲线，代表总供给，见式（6.2）：

$$\pi_{t+1} = \beta_6 \pi_t + \beta_7 y_t + \beta_8 \Delta SB_t + \eta_{t+1} \quad (6.2)$$

其中，SB_t 为 t 期的影子银行体系相对规模，ΔSB_t 为 t 期的影子银行体系相对规模的增长率。式（6.2）反映出当期通货膨胀情况不仅会受到上一期通货膨胀情况的影响，还会受到影子银行体系发展和产出两个方面的影响。当影子银行相对规模增长率为正时，会带动社会整体价格水平上涨，出现通货膨胀；当影子银行相对规模增长率为负时，会引起社会整体价格水平下跌，出现通货紧缩。当产出缺口为正时，总需求大于总供给，存在通货膨胀的趋势；当产出缺口为负时，总需求小于总供给，则存在通货紧缩的趋势。

（三）模型求解

由于金融时间序列数据一般遵循随机游走的规律，因此本书假设影子银行体系相对规模 SB_t 遵循随机游走的变化规律，即

$$SB_{t+1} = SB_t + \vartheta_{t+1} \quad (6.3)$$

同时，将式（6.2）两边取期望，可以得到式（6.4）：
$$E_t \pi_{t+1} = \beta_6 \pi_t + \beta_7 y_t \quad (6.4)$$
将式（6.4）代入式（6.1），可以得到式（6.5）：
$$y_{t+1} = (\beta_1 - \beta_3 \beta_7) y_t + \beta_2 y_{t-1} + \beta_3 (R_t - \beta_6 \pi_t) + \beta_4 u_t + \beta_5 e_t + v_{t+1} \quad (6.5)$$
随后，定义状态变量：
$$z_t = \beta_6 \pi_t + \beta_7 y_t + \beta_8 \Delta SB_t \quad (6.6)$$
$$\theta_t = (\beta_1 - \beta_3 \beta_7) y_t + \beta_2 y_{t-1} + \beta_3 (R_t - \beta_6 \pi_t) + \beta_4 u_t + \beta_5 e_t \quad (6.7)$$
故可以将式（6.2）和式（6.5）改写成
$$\pi_{t+1} = z_t + \eta_{t+1} \quad (6.8)$$
$$y_{t+1} = \theta_t + v_{t+1} \quad (6.9)$$
将式（6.6）中的 t 期换成 $t+1$ 期，随后将式（6.8）和式（6.9）代入式（6.5）可以得到
$$z_{t+1} = \beta_6 z_t + \beta_7 \theta_t + \beta_8 \Delta SB_{t+1} + \beta_6 \eta_{t+1} + \beta_7 v_{t+1} \quad (6.10)$$
构建中央银行货币政策损失函数，找出最优货币政策目标规则：
$$Loss = \frac{1}{2} E_t \sum_{i=1}^{\infty} \gamma^i [\lambda y_{t+i}^2 + \pi_{t+i}^2] \quad (6.11)$$
其中，$Loss$ 为损失函数；γ 为贴现因子，$0 < \gamma < 1$，γ 的不同取值代表了中央银行制定货币政策的不同政策意图；λ 为货币政策中产出的相对权重，λ 的不同取值代表了中央银行所执行的不同货币政策目标规则。

式（6.11）为货币政策目标规则选择表达式，在此表达式中，通过设置不同的 λ 值，赋予产出和通货膨胀不同的相对权重，体现了中央银行对通货膨胀稳定和产出稳定之间的选择，本质上是一种混合的货币政策目标规则。

参考 Kontonikas、Montagnoli（2006）和 Svensson（1997）等的求解方法，中央银行的损失函数在式（6.1）和式（6.2）的约束下，推导得到货币政策目标规则的选择表达式：
$$R_t = \frac{C\beta_7 - \beta_1}{\beta_3} y_t + \frac{C\beta_6 - \beta_3 \beta_6}{\beta_3} \pi_t - \frac{\beta_4}{\beta_3} u_t - \frac{\beta_5}{\beta_3} e_t + \frac{C\beta_8}{\beta_3} SB_t \quad (6.12)$$
其中，$C = \dfrac{(\lambda - \gamma \beta_6^2 \lambda + \gamma \beta_7^2) - \sqrt{(\lambda - \gamma \beta_6^2 \lambda + \gamma \beta_7^2)^2 + 4(\gamma \beta_6 \beta_7)^2 \lambda}}{2 \gamma \beta_6 \beta_7 \lambda}$。

式（6.12）反映了中央银行在选择货币政策目标规则时，会受到产出、通货膨胀、汇率、失业率和影子银行发展五个方面的影响，即需要考虑通货

膨胀和产出的稳定、失业的消极影响、汇率的传导效应、影子银行体系所产生的风险溢出效应。

二、影子银行体系对货币政策目标规则选择影响的实证分析

（一）模型数据来源

实证分析用到的所有数据均为年度数据，数据来源于国家统计局网站、中国人民银行网站，数据区间为2005—2016年。其中：（1）通货膨胀率选取消费者价格指数（CPI）来代表，用 π_t 表示；（2）产出缺口选取 GDP 来代表，用 y_t 表示，首先将各年度的名义 GDP 转化为实际 GDP，再利用 H-P 滤波方法对实际 GDP 进行趋势分解，并将实际 GDP 与 GDP 趋势变量进行差分来求得产出缺口；（3）汇率选取人民币与美元间的名义汇率代表，用 e_t 表示；（4）失业率选取城镇登记失业率来替代，用 u_t 表示；（5）影子银行体系发展的相对规模，即影子银行绝对规模占 GDP 的比重，用 SB_t 表示。

（二）模型参数估计

改进的 IS 曲线表达式为

$$y_t = \beta_1 y_{t-1} + \beta_2 y_{t-2} + \beta_3 r_{t-1} + \beta_4 u_{t-1} + \beta_5 e_{t-1} + v_t \tag{6.13}$$

对式（6.13）中改进的 IS 曲线进行模型估计，具体的参数估计结果见式（6.14）：

$$\hat{y}_t = 0.597135\,\hat{y}_{t-1} - 0.460120\,\hat{y}_{t-2} + 0.012662\,\hat{r}_{t-1}$$
$$+ 0.038880\,\hat{u}_{t-1} + 0.020499\,\hat{e}_{t-1} \tag{6.14}$$

因此，可以得到 $\beta_1 = 0.597135$，$\beta_2 = -0.460120$，$\beta_3 = 0.012662$，$\beta_4 = 0.038880$，$\beta_5 = 0.020499$。

改进的 Philips 曲线表达式为

$$\pi_t = \beta_6 \pi_{t-1} + \beta_7 y_{t-1} + \beta_8 \Delta SB_{t-1} + \eta_t \tag{6.15}$$

对式（6.15）中改进的 Philips 曲线进行模型估计，具体的参数估计结果见式（6.16）：

$$\hat{\pi}_t = 0.099540\,\hat{\pi}_{t-1} - 5.189684\,\hat{y}_{t-1} + 42.336340\,\Delta \hat{SB}_{t-1} \tag{6.16}$$

可以得到 $\beta_6 = 0.099540$，$\beta_7 = -5.189684$，$\beta_8 = 42.336340$。

（三）我国货币政策目标规则的最优选择

不同的 γ 和 λ 不仅代表了货币政策不同的政策意图和政策偏好，也可以

通过设置不同的 γ 和 λ 对不同的货币政策目标规则进行选择。因此，在确定货币政策目标规则的最优选择之前，本书参考了国内外相关文献，将 λ 设定为 1，将 γ 设定为 0.95，代入式（6.12），得到货币政策目标规则选择的表达式：

$$R_t = -54.725338 y_t + 0.045573 \pi_t - 3.070605 u_t - 1.618939 e_t + 61.719587 SB_t \qquad (6.17)$$

从式（6.17）中可以发现，各变量系数的绝对值排序依次为影子银行体系相对规模增长率（SB_t）、产出缺口（y_t）、失业率（u_t）、汇率（e_t）和通货膨胀率（π_t）。这意味着在货币政策目标规则选择过程中，中央银行应首先考虑影子银行体系发展对宏观经济的影响，其次考虑产出稳定对宏观经济的影响，再次考虑失业率和汇率波动对宏观经济的影响，最后考虑通货膨胀对宏观经济的影响。

式（6.17）中，影子银行体系相对规模增长率（SB_t）的系数大于其他所有变量的系数，是所有变量中系数最大的，这反映出货币政策在制定目标规则时，除了要对产出和通货膨胀作出反应外，还需要考虑影子银行体系发展对宏观经济的影响，以防其过度、不良发展蔓延到实体经济领域，从而对实体经济发展带来负面影响。这是因为影子银行体系的发展变化会通过阈值效应对宏观经济增长产生倒"U"形的影响，会通过风险溢出效应导致金融稳定面临的风险明显增加。

探究影子银行体系的发展特点，及其与金融稳定、货币政策之间的关系可以发现，影子银行体系具有设计方式复杂的特点，可以在一定程度上规避金融监管，存在风险暴露问题，其产生的风险会扩散至经济增长和金融稳定等多个领域。同时，影子银行体系独特的运行机制也会在一定程度上削弱货币政策的有效性，对货币政策理论与实践造成影响，对货币政策工具规则的效果形成冲击，对货币政策目标规则的制定带来挑战。

式（6.17）中，产出缺口的系数为 -54.725338，在数值上仅小于影子银行体系相对规模，反映出在货币政策目标规则制定过程中，经济增长这一目标是不可或缺的考虑因素，货币政策的最终目标是促进经济增长。

式（6.17）中，失业率的系数为 -3.070605。从短期看，充分就业绝不是货币政策目标中的首要目标，但从长远来看，充分就业目标的实现，不仅有助于经济的增长，也有助于社会政治稳定。因此，在货币政策目标规则中，需要对充分就业问题给予足够的考虑。

式（6.17）中，汇率的系数为 -1.618939。随着我国经济发展水平和对外开放程度的不断提高，汇率波动导致的进出口贸易和资本流动的变化对实体经济产生的冲击不可忽视。因此，在货币政策目标规则制定过程中，同样需要对国际收支平衡问题给予一定的关注。

式（6.17）中，通货膨胀率的系数为 0.045573，是所有变量的系数中最小的，反映出通货膨胀并非目前我国货币政策目标规则制定过程中最重要的考虑因素，同时也反映出通货膨胀目标制并不是我国当前货币政策目标规则的最优选择。

（四）我国货币政策目标规则选择的敏感性分析

在对货币政策目标规则的最优选择进行分析之后，本书接下来将借助敏感性分析的方法，分析 γ 和 λ 的变化对货币政策目标规则选择的影响。具体来说，运用敏感性分析方法，需要分别设定贴现因子 γ 和产出稳定相对权重 λ，进而观察在 γ 和 λ 分别发生变化时，货币政策目标规则如何选择。

1. 利用敏感性分析对产出稳定相对权重 λ 的变化影响货币政策目标规则选择的过程进行分析。固定 γ，并将其取值设定为 0.95，然后考察 λ 分别取值 0、0.1、0.5、1、2、10、13、14、20、50 和 100 时，货币政策目标规则选择表达式中的各变量系数如何变化，进而确定货币政策目标规则的最优选择。其中，$\lambda=0$ 为严格的通货膨胀目标制，即只关注通货膨胀变化对宏观经济的影响，完全不关注产出变化；$\lambda=0.5$ 为灵活的通货膨胀目标制，即同时关注产出和通货膨胀变化对宏观经济的影响，但更关注通货膨胀变化；$\lambda=1$ 为混合名义目标制，对产出和通货膨胀变化同等看待；$\lambda=2$、$\lambda=10$、$\lambda=13$、$\lambda=14$、$\lambda=20$、$\lambda=50$、$\lambda=100$ 均代表中央银行同时关注产出和通货膨胀变化对宏观经济的影响，但更关注产出变化，只是关注程度不同，λ 越大，关注程度越高，$\lambda=100$ 可以近似看成实行名义收入目标制。

根据表 6.2 的敏感性分析结果可知，当产出稳定相对权重 λ 不断增加时，影子银行体系相对规模增长率（SB_t）和产出缺口（y_t）的系数绝对值不断减少，通货膨胀（π_t）的系数绝对值先减后增，失业率（u_t）和汇率（e_t）的系数保持不变。这样的变化反映出在产出稳定相对权重不断增加时，对影子银行体系发展和产出的关注度应不断减少，对通货膨胀的关注度会随着经济发展状况而发生先减后增的变化，对汇率和失业率应保持不变的关注度。

表 6.2　　产出稳定相对权重 λ 的敏感性分析（$\gamma = 0.95$）

	y_t	π_t	u_t	e_t	SB_t
$\lambda = 0$	-55.020898	0.051242	-3.070605	-1.618939	64.130707
$\lambda = 0.5$	-54.870276	0.048353	-3.070605	-1.618939	62.901962
$\lambda = 1$	-54.725338	0.045573	-3.070605	-1.618939	61.719587
$\lambda = 2$	-54.451343	0.040318	-3.070605	-1.618939	59.484399
$\lambda = 10$	-52.816032	0.008952	-3.070605	-1.618939	46.143880
$\lambda = 13$	-52.377950	0.000550	-3.070605	-1.618939	42.570099
$\lambda = 14$	-52.246681	-0.001968	-3.070605	-1.618939	41.499233
$\lambda = 20$	-51.579927	-0.014757	-3.070605	-1.618939	36.059999
$\lambda = 50$	-49.831677	-0.048289	-3.070605	-1.618939	21.798141
$\lambda = 100$	-48.770830	-0.068636	-3.070605	-1.618939	13.143983

当 $\lambda = 0$ 时，即实行严格的通货膨胀目标制，货币政策目标规则应首先考虑影子银行体系发展，其次是产出波动，然后是汇率和失业率波动，最后是通货膨胀率。当 $\lambda = 1$ 时，即实行混合名义目标制，货币政策目标规则应首先考虑影子银行体系发展，其次考虑产出波动，然后考虑汇率波动和失业率波动，最后考虑通货膨胀率。随着产出稳定权重（λ）的逐渐增大，汇率和失业率两个变量的系数固定不变，产出缺口、影子银行体系相对规模和通货膨胀率三个变量的系数不断减小，当 λ 的取值处于 13 和 14 之间时，通货膨胀率不降反升，说明当 λ 的取值处于 13 和 14 之间时，是通货膨胀率变化的关键节点。当 $\lambda = 100$ 时，即实行名义收入目标制，货币政策目标规则应首先考虑产出波动，其次考虑影子银行体系发展，再次考虑汇率波动和失业率波动，最后考虑通货膨胀率。

在实行严格的通货膨胀目标制时，影子银行体系发展的系数最大，反映出影子银行体系的发展会对金融稳定、实体经济造成显著影响，货币政策除了关注通货膨胀，还需要关注影子银行体系的发展，通货膨胀目标制不是当前我国货币政策目标规则的最优选择。

值得注意的一点是，在通货膨胀目标制下，影子银行体系相对规模增长率（SB_t）和产出缺口（y_t）的系数是所有变量系数绝对值中排名前两位的，这反映出在通货膨胀目标制下还需要考虑产出波动和影子银行体系的发展，货币政策不能仅仅盯住通货膨胀这个单一目标，而应盯住产出、通货膨胀、影子银行体系的发展等多个目标。反过来，在名义收入目标制下，产出缺口（y_t）的系数是所有变量中最大的，影子银行体系相对规模增长率（SB_t）的系数远小于产出缺口（y_t）的系数，其系数大小排在所有变量中的第二位，反映出货币政策只需要重点关注产出变化。因此，通货膨胀目标制并非我国当前货币政策目标规则的最佳选择。

2. 利用敏感性分析对货币政策偏好 γ 的变化影响货币政策目标规则选择进行分析（见表 6.3）。固定 λ，并将其取值设定为 1，然后考察 γ 分别取值 0.1、0.2、0.5、0.9、0.95 和 1 时，货币政策目标规则选择表达式中的各变量系数如何变化，进而确定货币政策目标规则的最优选择。其中，γ（$0 \leq \gamma \leq 1$）的取值越大，反映出在制定货币政策目标规则时，中央银行的政策着眼点越长远，政策持续的效力和周期也会越长。

表 6.3　　　　货币政策偏好 γ 的敏感性分析（$\lambda = 1$）

	y_t	π_t	u_t	e_t	SB_t
$\gamma = 0.1$	-52.892800	0.010425	-3.070605	-1.618939	46.770135
$\gamma = 0.2$	-53.790334	0.027640	-3.070605	-1.618939	54.092042
$\gamma = 0.5$	-54.477683	0.040823	-3.070605	-1.618939	59.699276
$\gamma = 0.9$	-54.709566	0.045271	-3.070605	-1.618939	61.590927
$\gamma = 0.95$	-54.725338	0.045573	-3.070605	-1.618939	61.719587
$\gamma = 1$	-54.739588	0.045847	-3.070605	-1.618939	61.835842

根据表 6.3 的敏感性分析结果可知，当货币政策偏好 γ 不断增加时，影子银行体系相对规模增长率（SB_t）、通货膨胀（π_t）和产出缺口（y_t）的系数均不断增加，失业率（u_t）和汇率（e_t）的系数固定不变。当中央银行执行短期的货币政策时，应首先关注产出波动，其次关注影子银行体系发展，再次关注失业率和汇率的波动，最后关注通货膨胀率。反过来，当中央银行执行长期的货币政策时，则应首先关注影子银行体系发展，其次关注产

出波动,再次关注失业率和汇率的波动,最后关注通货膨胀率。因此,无论中央银行执行短期政策还是长期政策、货币政策意图和着眼点如何,通货膨胀目标制都不是现阶段货币政策目标规则的最优选择。

综上所述,我国中央银行在制定货币政策目标规则时,应充分考虑我国的实际情况,重视影子银行体系对宏观经济所产生的重要影响。在确定货币政策目标规则时,不应盲目跟风,一味照搬别国实行通货膨胀目标制的经验,要理性地决定适合我国国情的货币政策目标规则。

第三节 通货膨胀目标制在我国未来实施的再讨论

目前,越来越多的国家开始实施通货膨胀目标制,并取得了成功,但并不意味着通货膨胀目标制在任何国家都可以获得成功。换句话说,在实施通货膨胀目标制之前,需要具备一定的前提条件。因此,接下来,本书在充分考虑我国的自身实际情况下,探讨通货膨胀目标制在我国未来实施的可能性。

国际货币基金组织曾将实施通货膨胀目标制所需要的条件概括为以下四个方面:第一,中央银行应具有足够的独立性;第二,中央银行应具有大量的通货膨胀数据,以及较强的通货膨胀预测能力;第三,本国应具有稳定的经济环境;第四,本国应具有健全的资本市场和健康的银行体系。

因此,本书结合国际货币基金组织所提出的前提条件,从制度环境、经济环境、市场环境和操作环境四个方面来进行讨论。

一、制度环境因素

制度环境因素主要是指中央银行的独立性、中央银行的信誉度、货币政策的透明度、货币政策的目标设定四个方面。

(一) 中央银行的独立性

中央银行的独立性是指中央银行独立于政府和政治之外,具有独立制定和执行货币政策的权力。从法律角度对中央银行的独立性进行法律保证,通过法律对货币政策目标作出规定,将制定和执行货币政策的权力全权委托给中央银行。大多数国家在实施之前,通常会通过立法或公开宣布的形式确定中央银行的独立性,赋予中央银行自由行使货币政策工具的权力,并要求其对货币政策操作结果负全部责任。

从我国的实际情况来看,从起初的辅助角色到现阶段拥有主导地位,我国中央银行的独立性已经得到了逐步的提高。20世纪80年代,中央银行的货币政策起到的多是辅助功能,保持物价稳定的任务更多地是依靠行政干预手段,此时货币政策调控物价的作用并不明显,对经济的影响也是微乎其微。到了20世纪90年代初期,中央银行缺乏独立性的弊端开始慢慢显现,货币政策从属于财政政策所出现的巨额财政赤字对经济的危害性越来越大,逐渐引起了政府的高度重视。因此,1995年,我国从法律的角度规定中国人民银行不得对财政透支。此后,在促进经济增长、稳定物价等方面,中国人民银行开始逐渐发挥作为中央银行的职能,多次通过利率、货币供应量等手段和措施对经济进行调控,充分体现了作为中央银行的独立性。可以说,现阶段中国人民银行的独立性已经得到了很大程度的提高,为未来实施通货膨胀目标制奠定了一定的基础。

我国中央银行的独立性不断提高,但在货币政策制定和执行上仍难以做到完全的独立,具体体现在:首先,货币政策委员会的成立标志着我国中央银行的独立性有了稳步的提高,但其只能对货币政策的决策提供参考,最终决策与批复权还是在国务院手中;其次,我国作为一个发展中国家,尚处于经济结构调整时期,货币政策的制定和执行在实现物价稳定的同时,还需要兼顾经济增长、充分就业、金融稳定等多重目标,难以真正实现货币政策制定和执行的完全独立性;最后,从所处的地位来看,中国人民银行是在国务院领导下制定和执行货币政策的,这意味着我国的中央银行是国务院下设的一个部门,在法律地位上不具有完全的独立性。以上事实表明,尽管我国中央银行的独立性不断增强,但距离真正实施通货膨胀目标制所需要的条件还存在一定的差距,在提高中央银行的独立性方面还有很长的一段路要走。

(二)中央银行的信誉度

从中央银行的信誉度角度来看,成功实施通货膨胀目标制的关键,便是公众对中央银行所设定的通货膨胀目标的信心程度,而这种信心程度与中央银行的信誉度密切相关。中央银行在制定货币政策的过程中,不仅要顾及眼前、短期利益,更应从本国经济发展的长远利益出发,不能因屈服于政治压力而随意改变既定的通货膨胀目标，不轻易改变现有的货币政策，这些都会使中央银行拥有较高的信誉度，可以为通货膨胀目标制的成功实施奠定基础。

我国未来若实施通货膨胀目标制，就必须进一步加强我国中央银行的信誉度。

（三）货币政策的透明度

在通货膨胀目标制实施过程中，需要对通货膨胀率进行预测，明确设定未来一段时间内的通货膨胀目标值以及通货膨胀目标区间，并及时向公众公布，这充分反映出货币政策需要具有较高的透明度。货币政策具备较高的透明度，一方面，可以提高货币政策的有效性，顺利实现最终目标；另一方面，可以在中央银行和公众之间形成良好的沟通和交流机制，提高中央银行的公信力。中央银行应定期、不定期地公布货币政策分析报告，公开对宏观经济走势和形势的分析，及时利用网络、电视等多种形式向公众公开、公布通货膨胀目标值或目标区间、期限等信息。

经过多年的努力，我国在货币政策透明度建设方面已经取得了一定的成功，信息披露制度不断完善，公众对货币政策的预期逐渐合理，货币政策具有了较高的透明度。尽管如此，在货币政策的透明度方面，我国仍存在不少需要改进的地方，如披露的报告依然是相对简单的、范围相对狭窄，存在指标口径不统一、统计时间过短、统计数据信息失真等问题，货币政策的分析框架、对未来经济金融形势的预测等方面的信息公布得少之又少。未来在提高货币政策的透明度方面，我国还可以做得更好。

（四）货币政策的目标设定

根据菲利普斯曲线可知，经济增长必然会伴随着较高的通货膨胀率，但实施通货膨胀目标制的国家需要将通货膨胀率稳定在相对较低的目标范围内，这必然与较高的经济增长率形成冲突。经济增长和通货膨胀之间的矛盾，会在一定程度上弱化中央银行实现通货膨胀目标的决心，实施效果大打折扣。因此，成功实施通货膨胀目标制的前提条件之一就是强调稳定通货膨胀的重要性，将价格稳定设为货币政策的首要目标，并对目标进行量化。通过法律等多种形式对货币政策的首要目标或最重要的目标是价格稳定这一点进行明确规定。当多重目标之间存在冲突时，也应将价格稳定作为优先目标。

从我国的目前情况来看，1993年11月通过的《中共中央关于建立社会主义市场经济体制若干问题的决定》中明确指出："中央银行以稳定币值为首要目标。"1995年《中国人民银行法》的出台，首次以法律的形式明确规定"货币政策目标是保持货币币值的稳定，并以此促进经济增长"，将保持币值稳定作为货币政策目标。这说明我国已经从法律制度角度上确保了货币政策以价格稳定作为主要目标。

由于中国人民银行的主体性尚未得到完全的发挥，经济增长目标冲击价格稳定目标的情况时有发生。同时，由于我国的货币政策目标实际上是多重目标，还需要平衡经济增长与稳定通货膨胀之间的关系，避免出现稳定通货膨胀目标从属于经济增长目标的情况，并突出稳定通货膨胀作为货币政策首要目标的地位。

从以上四个角度看，我国实施通货膨胀目标制已经具备了一定的制度环境条件，不过距离真正实施通货膨胀目标制，还需要对这些制度环境因素进行进一步的完善。

二、经济环境因素

实施通货膨胀目标制所需要的经济环境因素，主要是指宏观经济发展水平和国家财政状况两个方面。

（一）宏观经济发展水平

一国在宣布实施通货膨胀目标制之前，必须为降低物价水平、拉动经济增长作出努力，以便能有更大的把握去实现既定目标。一般来说，经济发展水平较低、经济波动剧烈、国内政治不稳定的国家，不适宜采用通货膨胀目标制。平稳的宏观经济发展水平是实施通货膨胀目标制的重要前提之一。

从我国实际情况来看，在经济增长方面，从20世纪90年代开始，我国经济一直保持持续、平稳、健康的发展态势。在通货膨胀率方面，我国除了在1993—1995年，通货膨胀率出现过两位数，其他年份的通货膨胀率一直被控制在个位数，并且基本上处于可控范围内。在汇率方面，2005年7月21日汇率制度改革将我国的固定汇率制度调整为以市场供求为基础、参考一篮子货币进行调节、有管理的浮动汇率制度，我国的汇率制度发生了明显的变化，汇率调节更具弹性，人民币汇率能在一定程度上反映出外汇市场的货币供求关系变化，更有利于通货膨胀目标制的实施。在商品价格方面，尽管国际市场上大宗商品的价格波动频繁，但我国商品价格并未受到太多的影响，并未对我国的通货膨胀率水平造成多大的影响。因此，我国的宏观经济发展水平已经基本符合所需要具备的经济环境条件。

（二）国家财政状况

良好的财政状况是一个国家能否成功实施通货膨胀目标制的关键。如果政府一味追求扩张型财政政策，存在货币政策受制于财政政策的情况，势必会产生巨额的财政赤字。政府为了弥补巨大的财政缺口，要么通过大量发行货币，要么通过货币的大幅贬值来减轻自身的债务负担和压力，但无论采用哪种方式，都会对中央银行控制通货膨胀的效果产生影响，导致通货膨胀目标制要么被放弃，要么被迫进行重新调整与修正，这都将会对中央银行的信誉度产生极大的影响，直接影响目标的实现。因此，政府拥有良好的财政状况，避免"财政占优"的制度安排是一国实施通货膨胀目标制的重要前提条件。

从我国实际情况来看，我国的财政状况一直处于一个相对良好的状况，特别是财政赤字率始终保持在较低水平，基本上满足了实施通货膨胀目标制所需要的前提条件。

通过上文对经济环境因素的分析可以发现，我国无论是从宏观经济发展水平还是财政状况，都基本具备了实施通货膨胀目标制的经济环境条件。

三、市场环境因素

（一）金融市场发展

实施通货膨胀目标制的重要前提条件之一就是健康的金融市场。健康的金融市场应是由一个健康、完整的银行市场和资本市场共同组成。一方面，当银行体系处于相对脆弱的环境中时，中央银行难以通过提高利率或提高存款准备金等方式来控制通货膨胀率，导致银行发生经营困难，甚至出现挤兑现象，最终导致银行体系的崩溃。另一方面，稳定而健全的资本市场是一国的通货膨胀目标制成功实施的关键。在健康的金融市场中，政府不必通过透支或借款的方式，可以更加从容地利用市场化、货币化的手段进行融资，从而顺利实现通货膨胀目标制。

从我国的实际情况来看，我国建立了银行间同业拆借市场、银行间债券回购市场和商业票据市场，形成了完整的货币市场体系，逐步推进利率市场化改革，推出了上海银行间同业拆借利率（Shibor）。资本市场的各项市场化改革也在有条不紊地推进，虽然在最后的实际效果上各方存在争议，但我国的金融市场体系仍旧朝着正确的方向前进，银行体系的稳健性也得到了进一步的加强，可以说我国的金融市场发展有了长足的进步。

尽管如此，我国在金融市场建设方面，与发达国家相比仍旧存在比较明显的差距，主要表现在金融市场发展落后、金融机制不健全、货币市场尚不发达、资本市场等问题时有发生。以利率市场化改革为例，尽管利率市场化改革已经开启，但尚未完全实现的利率市场化改革使市场上的微观主体在利率变动时缺乏敏感性，利率的变动无法真实反映市场对资金的需求。这些都成为我国实施通货膨胀目标制的障碍，需要在未来加以解决，为日后我国实施通货膨胀目标制做好铺垫。

（二）货币政策传导机制

所谓货币政策传导机制，是指中央银行运用货币政策工具影响金融工具的价格和数量，进而对宏观经济产生影响。货币政策传导机制大致可以包括两个渠道：一是以利率为代表的价格渠道，二是以货币供应量为代表的数量渠道。无论是采用何种货币政策工具，一个完善和畅通的货币政策传导机制，都是通货膨胀目标制取得成功的关键。

目前，我国的货币政策传导存在显著的时滞性，货币政策变量在传导过程中会出现体制"缝隙"渗漏消失，货币政策传导机制不够通畅。事实上，货币政策传导机制的制约，不仅会对通货膨胀目标制的实施产生影响，也会对其他货币政策目标规则的实施产生影响，加之货币政策传导机制的完善并非一蹴而就，是一项系统而复杂的工程。无论我国今后采取何种货币政策目标规则，货币政策传导机制的完善都是我国中央银行需要重点关注的问题。

从市场环境因素角度来看，我国在金融市场发展、货币政策传导机制等方面获得了巨大的发展与进步，但与真正实施通货膨胀目标制所需要的条件相比，我国在市场环境方面还有很多有待改进与完善的地方。

四、操作环境因素

（一）通货膨胀预测能力

在通货膨胀目标制下，货币政策操作大致可以被划分为以下几个步骤：第一步是对通货膨胀目标进行量化设定；第二步是收集各种可得的经济信息，构造合适的经济模型，利用模型对未来一段时间的通货膨胀率进行预判；第三步是将得到的通货膨胀预测值与事先设定的通货膨胀目标值进行比较，若前者大于后者，意味着中央银行将采取紧缩型货币政策，反之则采取扩张型货币政策。精准预测通货膨胀的能力，也是中央银行实施通货膨胀目标制的重要先决条件。

同时，精准预测通货膨胀的能力，可以帮助中央银行迅速从纷繁复杂的信息中获取足够的有用信息，对整体经济运行情况有充分的了解，对整体经济形势有一个全面且准确的判断与评价。若对未来通货膨胀的预测本身就是不准确的、错误的，则后面的货币政策决策也难以保证是准确的，也就无法实现通货膨胀目标制中的既定通货膨胀目标。

从我国的实际情况来看，尽管我国中央银行在获取金融数据方面的能力大大提高，但由于我国的统计制度仍存在诸多缺陷，如统计分类不够细化、统计口径不一致、统计数据不连续，宏观经济数据的可信性、可获得性和及时性不能得到有效的保证，基础数据所存在的缺陷又会进一步影响通货膨胀预测能力。同时，我国处于经济转型阶段，经济生活的各个方面都在不断发生变化，建立在过去经验数据基础上的货币政策行为方程的适用性较差，导致通货膨胀预测精度存在问题。同时，中国人民银行尚不具备对通货膨胀进行精准预测的能力和条件，还未实现充分运用周期性、系统性的程序来预测通货膨胀。因此，对于我国来说，应进一步完善中央银行的操作环境，为我国实行通货膨胀目标制提供强大的技术环境支持。

（二）货币政策的有效性

货币政策的有效性也是实施通货膨胀目标制的重要前提之一。所谓货币政策的有效性，是指货币政策能否立足于特定的宏观经济环境，运用合适的货币政策工具，利用货币政策传导机制，实现货币政策目标。对于采用通货膨胀目标制的国家来说，货币政策应是有效的，并且是和通货膨胀具有高度相关性的，无论采用何种调控工具，都可以有效地控制该国的通货膨胀水平，实现通货膨胀目标制所既定的通货膨胀目标。

从我国的实际情况来看，我国在货币政策有效性方面仍存在一些问题，如信贷政策仍摆脱不了行政的影子、货币供应量可控性变差、利率市场化尚未完成等。从货币政策的有效性方面看，我国实施通货膨胀目标制的可行性值得商榷。

综上所述，目前我国已具备通货膨胀目标制实施的基本条件，但仍旧存在很多的问题有待解决。实施通货膨胀目标制从理论和实践的角度来看，是未来我国货币政策目标规则的必然选择，但贸然实施必然会带来许多的问题，因此，在对待通货膨胀目标制的态度和做法上，应采取逐步推进、分步实施的策略，切不可急于求成。

第七章
第一篇主要研究结论与政策建议

第一节 主要研究结论

一、影子银行体系对金融体系稳定性的影响存在阈值效应

影子银行体系对金融体系稳定性的影响存在阈值效应，即呈现出一种倒"U"形关系，阈值是0.065。当影子银行体系相对规模小于6.5%时，金融体系稳定性会随着影子银行体系相对规模的上升而上升，在此范围内，影子银行的发展有助于金融稳定，应鼓励影子银行的不断发展，为企业、居民提供更加多样化的融资渠道，弥补传统金融机构资金供给不足的缺陷，实现资金的合理分配，提高整个金融体系的稳定性。反过来，当影子银行体系相对规模大于6.5%时，金融体系稳定性会随着其相对规模的上升而下降，在此范围内，应强化对影子银行体系的监管，抑制盲目、过度扩张，避免影子银行体系相对规模扩张对金融体系的整体稳定性产生负面影响。

二、影子银行体系对金融体系稳定性的影响存在风险溢出效应

影子银行体系对金融体系稳定性的影响存在风险溢出效应。首先，在整体风险程度比较方面，影子银行体系的风险价值水平均普遍高于金融体系的风险价值水平，反映出影子银行体系所面临的风险相对较高，影子银行体系内部相对脆弱。其次，在影子银行体系内部风险程度比较方面，券商类和互联网金融类影子银行的风险价值是影子银行体系内部相对较高的，是最易引发系统性风险的影子银行领域。再次，在金融体系内部风险程度比较方面，

与城市商业银行和股份制商业银行相比，大型商业银行的风险价值整体最小，反映在金融体系中大型商业银行依然是最为稳健的，是金融体系中抵御金融风险能力最强的。最后，在影子银行体系对金融体系的风险溢出效应方面，影子银行体系对金融体系存在风险溢出效应，且会导致商业银行的风险明显增大，与城市商业银行和股份制商业银行相比，影子银行体系对大型商业银行的风险溢出效应整体最大。

三、影子银行体系与传统信贷流动性之间存在明显的水床效应

影子银行体系与传统信贷流动性之间存在明显的水床效应。一是货币政策、传统信贷与影子银行体系之间存在一定的因果关系，且我国传统信贷规模与影子银行体系规模之间存在负相关关系。抑制传统信贷规模的同时，会促使影子银行体系规模的扩张，由货币政策引起二者之间的流动性水床效应。二是货币政策对传统信贷和影子银行体系的影响不容忽视。中央银行采取紧缩的货币政策，提高存款准备金率，传统商业银行的信贷受到限制，影子银行体系规模却趋于增长。存款准备金率对影子银行体系规模影响深远且持续时间较长。三是影子银行体系的发展具有一定的惯性。中央银行为了控制经济过热，会实施紧缩的货币政策以间接控制货币供应量，从而控制流动性，但由于经济发展的需要，流动性需求会大于流动性供给，导致供需失衡，无法得到满足的需求便会寻求影子银行体系进行融资补充。影子银行体系发展过快过热又会导致大量资金流入实体经济，进而使影子银行体系规模进一步变大。如此一来，中央银行又会进一步采取紧缩的货币政策，这样循环往复就会导致我国影子银行体系的发展具有显著的惯性。

四、利率规则是充分发展影子银行体系背景下的最优货币政策工具规则

（一）利率规则对产出波动和通货膨胀波动的影响程度最小

通过比较影子银行体系发展背景下三种货币政策工具规则的脉冲响应结果可以发现，在三种货币政策工具规则中，利率规则受到影子银行体系融资冲击后的产出波动程度和通货膨胀波动程度更小，在稳定产出和通货膨胀方面发挥的作用更大。在影子银行体系融资冲击下，利率规则对产出缺口和通

货膨胀的波动影响更有效。因此，利率规则是充分发展影子银行体系背景下的最优货币政策工具规则。

（二）利率规则的福利损失最小

通过比较三种货币政策工具规则的福利损失结果可以发现，不同货币政策工具规则的福利损失从大到小依次为货币供应量规则、混合规则和利率规则，利率规则的福利损失是三种货币政策工具规则中最小的。因此，利率规则是充分发展影子银行体系背景下的最优货币政策工具规则。

五、通货膨胀目标制并非我国货币政策目标规则的最优之选

第一，在货币政策目标规则选择过程中，应首先考虑影子银行体系的发展，其次考虑产出稳定，然后考虑失业率和汇率，最后考虑通货膨胀，说明影子银行体系的发展对宏观经济的影响不可忽视。在货币政策目标规则确定过程中，影子银行体系的发展是重要的考虑因素。

第二，无论产出稳定相对权重 λ 如何变化，影子银行体系相对规模增长率和产出缺口的系数都排在前两位，通货膨胀目标制均不是现阶段我国货币政策目标规则的最佳选择；无论货币政策偏好 γ 如何变化、中央银行制定的是短期政策还是长期政策，均应首先考虑产出波动和影子银行体系的发展，表明通货膨胀目标制并不适合我国目前的基本情况，并非我国货币政策目标规则的最优之选。

第二节　相关政策建议

一、影子银行体系与金融稳定的相关政策建议

（一）尽快建立影子银行体系统计制度

健全的影子银行体系统计制度是对影子银行体系发展进行充分研究的前提，但具体到我国而言，数据分散、统计口径不统一等问题导致了影子银行体系相关统计数据缺乏且失真，数据统计工作有待进一步完善，从而导致以其为基础进行的实证研究无法有效进行，对影子银行体系研究造成了不小的

影响。因此，对于我国来说，应尽快将影子银行体系统计纳入目前的统计制度，及时公布影子银行体系的相关统计信息，逐步建立影子银行体系分类统计数据，建设全面、高效、及时的影子银行体系统计数据汇总、共享平台，为政策制定提供及时、准确、可靠的信息支持。

（二）建立具有前瞻性的风险预警机制

充分利用影子银行体系对银行体系风险价值分析的结果，并结合巴塞尔协议Ⅲ的相关规定，建立具有前瞻性的风险预警机制，对影子银行体系的业务、产品、风险监管等多方面的情况进行实时评估，提高影子银行体系的风险评估能力，对风险进行预判及处置，完善影子银行体系内部控制机制，及时采取必要措施，事先防范风险。通过建立具有前瞻性的风险预警机制，对影子银行体系的相关指标实施动态化的审慎监测，可以实现对影子银行体系危机的预测，做好风险防控预案。

（三）尽快完善相关金融监管体系

健全的影子银行监管体系是影子银行体系稳定运行的重要外部条件。从目前情况来看，我国已经逐步完善影子银行体系监管工作，逐步规范影子银行体系的经营活动，对当前存在的政策漏洞、法律漏洞和现实监管漏洞进行完善，但步伐还应再快一点。在具体监管过程中，应明确各监管机构的职责分工，逐步从机构监管向职能监管转化，规范并监管商业银行与影子银行体系之间的业务往来，逐步扩大监管的宽度与深度。明确影子银行体系相关法律，将影子银行体系的运作和管理纳入法律的治理范围，以法规的形式明确影子银行体系的各类风险指标，完善影子银行监管体系。

二、影子银行体系与货币政策工具规则的相关政策建议

（一）提高货币政策的前瞻性和针对性

经济运行是有惯性的，这种惯性的存在会使货币政策产生时滞，也就是说货币政策的实施效应需要经过一段时间之后才能显露出来。货币政策这种时滞的存在充分说明了货币政策前瞻性的重要性，中央银行需要事先对未来经济形势的变化情况作出科学的判断，进而采取相应的手段与行动，构建符合我国实际情况的预测模型，提前估计出货币政策工具对货币政策最终目标

的时滞。通过对未来经济形势进行合理预测，充分考虑货币政策存在的效应滞后情况，确定货币政策的前瞻性区间，提高货币政策的前瞻性。密切关注国内外金融形势、经济变化，提高货币政策的针对性。继续深化金融机制改革，健全货币政策和宏观审慎双支柱调控框架，提高货币政策的执行效率。

（二）完善利率调控机制

根据模型分析结果可以知道，利率规则是充分发展影子银行体系背景下货币政策工具规则的最优选择。2015年10月，存款利率上限放开后，历时多年的利率市场化改革已经基本完成，为利率规则的实施做好了前期的准备。因此，为了更好、更快地实施利率规则，在完成利率市场化的基础上，下一步应继续完善利率调控机制。

一是充分发挥市场利率的调节作用，提高市场利率调控的有效性。通过完善利率调控体系，充分发挥市场利率的调节作用，建立市场化的利率定价体系，形成以市场为主体、中央银行为主导、各类金融机构为主线、辐射整个金融市场的利率形成、传导和调控机制，使利率调控体系在维持金融市场竞争秩序方面发挥重要作用，提高市场利率调控的有效性。

二是进一步理顺利率传导机制。在完善市场利率调节作用的基础上，进一步理顺中央银行的政策利率与各类市场基准利率之间的关系，引导和调控各类市场利率从货币市场到债券市场再到信贷市场，进而向其他市场利率乃至实体经济的传导渠道。摒弃原先以数量型工具为主体的货币政策工具规则，建立以市场利率为主体的新型货币政策传导机制。

（三）加强金融稳定监测

一是在影子银行与商业银行之间建立风险防火墙。正确处理影子银行体系与传统银行体系之间的关系，防止信贷资金变相流入影子银行体系，在影子银行与商业银行之间建立风险防火墙，减少影子银行与商业银行之间的风险传递。

二是将影子银行体系监测纳入金融稳定监测体系。由于影子银行体系的发展时间较短，其监管尚存在许多空白领域，需要将影子银行体系监测纳入金融稳定监测体系，规范影子银行体系的产品创新活动，降低影子银行体系的风险暴露水平。各金融监管部门共同组成影子银行体系监管机构，对影子银行体系进行联合监管。

三是建立包含影子银行体系在内的金融稳定预警机制。及时了解影子银行体系的发展趋势，客观评价影子银行体系自身风险及其对金融稳定的影响，加强信息联动、共享机制，建立具有前瞻性、有序、高效的预警监测机制。

四是将影子银行体系纳入货币供应量的统计指标。影子银行体系的发展将会使实际的货币供应量与理论的货币供应量出现偏差，即出现货币供应量"渗漏"的现象。因此，需要对货币供应量进行主动调控，将影子银行体系所创造出的货币量也纳入货币供应量的统计指标。

三、影子银行体系与货币政策目标规则的相关政策建议

（一）提高中央银行的独立性

随着改革开放以来我国经济的大踏步发展，中国人民银行的独立性已经得到了显著的提高，但事实上，其独立性水平依然相对较低，无论在货币政策目标制定还是在货币政策实际操作中的独立地位都有待进一步提高，在一定程度上限制了货币政策的制定和执行效果。要提高中央银行的独立性，一是要赋予中央银行独立性更广泛的意义，将中央银行的独立性分为目标独立性和工具独立性，在目标独立性上，赋予中央银行自由制定货币政策目标规则和最终目标的权力；在工具独立性上，赋予中央银行独立使用货币政策工具的权力，最大限度地减少政府对货币政策实施的短期政治干预，同时赋予其执行货币政策的权力，使其自主地选择各种货币政策工具进行宏观调控，并对调控结果负责，在享有独立权力的同时也承担了相应的责任，有助于中央银行提高执行货币政策的效率。二是提高中央银行的法律地位，从法律角度对中央银行的独立性进行确认，通过法律手段对我国所采用的货币政策工具规则与目标规则进行确定。

（二）提高货币政策的透明度

通货膨胀目标制是一种具有较高透明度的货币政策目标规则，它要求中央银行在实施通货膨胀目标制的过程中，既要实现货币政策目标的透明，又要实现货币政策决策程序和结果的透明，因此，通货膨胀目标制与中央银行的货币政策透明度之间存在密切的关系。货币政策的透明、公开可以降低公

众所面临的政策的不确定性，有效引导中央银行与公众之间建立畅通的沟通交流渠道，形成合理的通货膨胀预期，公众也可以从中央银行的货币政策中清晰了解货币当局的政策意图，并对中央银行货币政策的制定和执行进行监督。通过定期公布明确的通货膨胀相关数据，提高货币政策信息披露的深度和广度；建立定期发布的信息披露制度，增强中央银行与公众之间的沟通和交流，合理引导公众的预期。

第三节　未来研究展望

尽管本书第一篇关于经济新常态下我国影子银行体系的风险及其对货币政策选择影响的分析取得了一定的研究成果，但仍然存在不足，需要在未来的研究中改进。

一是对已有研究有待进一步扩展和深化。影子银行体系与货币政策选择之间的关系问题是一个复杂而又庞大的工程，涉及很多方面的内容。本书试图建立一个贴近实际的综合分析框架，但难免会由于篇幅所限，无法对每个方面都进行充分而系统的分析。例如，本书第一篇是基于封闭经济环境条件进行研究的，并未涉及开放经济条件，与真实经济环境存在一定的出入。这些都将是在今后的研究中需要进一步弥补的地方。

二是在实证数据选取上，由于我国影子银行体系的发展历史相对较短，缺乏关于影子银行体系发展的准确、官方的相关数据，所能获得的统计数据非常有限。有限的数据一方面会影响到分析的准确性，另一方面限制了复杂模型的使用，导致深入研究存在一定的困难。不过，随着我国影子银行体系的不断发展，以及统计制度的不断健全，未来将取得更能反映宏观经济现实的研究成果。

第二篇

房地产价格波动与货币政策规则选择关系

第八章
导 论

第一节 研究背景与研究意义、目的

一、研究背景

从 1998 年我国实行住房制度货币化改革以来，房地产市场经历了从无到有、从小到大的快速发展，至今已经走过了 20 多年的发展历程。我国商品房销售面积已经从 1998 年的 12185.3 万平方米增加到 2018 年的 171654.36 万平方米，增长了 13.09 倍。商品房销售额从 1998 年的 2513.3 亿元增加到 2018 年的 149972.74 亿元，增长了 49.67 倍，房地产市场获得了快速发展。

2003 年，《国务院关于促进房地产市场持续健康发展的通知》（简称 "18 号文"）明确提出房地产行业是拉动国家经济发展的支柱产业之一，并要保持房地产行业的持续健康发展。2018 年房地产开发投资额为 120263.51 亿元，占 GDP 的比重已经达到了 13.36%，即在 GDP 的增量中，房地产开发投资的贡献份额为 13.36%。从房地产开发投资占 GDP 比重的动态数据可以看出，房地产开发投资对经济增长的贡献从 1998 年的 4.35% 增长到 2018 年的 13.36%，呈现逐年上升态势。除此之外，房地产行业与其他行业的关联度高，使房地产行业的发展还可以直接或间接地带动建材、化工、建筑、冶金等众多产业的发展，在推动我国经济发展的过程中功不可没。我国现阶段的经济发展一直被内需不足困扰，而房地产行业不仅可以直接增加投资需求，还可以直接或间接地增加消费需求，是拉动经济增长、避免经济衰退的重要力量。

但从2008年下半年开始，由于受到国际金融危机的影响，全球经济环境急剧恶化，为应对这一问题，我国实施了宽松的货币政策，同时房地产价格也一路上涨，房地产市场过度繁荣的负面效应开始不断显现。

高房价问题不仅是一个经济问题，也是一个社会问题，需要社会各界更多的关注，采取更多的手段措施来抑制房价的过快上涨。尽管理论界对于货币政策是否应对房地产价格波动作出反应并没有得出一致的结论，但20世纪80年代日本的泡沫经济和2007年美国次贷危机用鲜活的事实诠释了货币政策对房地产价格的异常波动不能熟视无睹，而且在实践中，我国已经多次运用货币政策工具来对房地产市场和房地产价格进行调控，具体措施包括调整住房贷款首付比例、调整基准利率、调整商业银行存款准备金率等。2008—2018年，中国人民银行调整利率17次，其中12次降息、5次加息；调整存款准备金率30次。可见，在调控房地产市场的过程中，货币政策扮演着越来越重要的角色。

二、研究意义

房地产价格波动与货币政策选择的关系问题已经成为我国近年来的一个热点问题，受到了社会各界的广泛关注。深入研究该问题，不仅从学术的角度来看具有重要的理论意义，从解决社会问题的视角来看更是具有重要的现实意义。

（一）理论意义

房地产本身具有二重属性，兼具一般商品的使用属性和金融资产的投资属性。当房地产价格相对合理时，房地产更多地体现一般商品的属性；相反，若房地产价格居高不下，出现了房地产泡沫，房地产则更多地体现类似于股票的金融资产属性。

房地产的双重属性还决定了房地产市场的双重角色。一方面，房地产市场与宏观经济的关系密切，对宏观经济中的消费、投资、产出、通货膨胀等方面具有显著的影响。房地产作为居民财富中占比最高的资产，对经济增长和投资的拉动作用十分显著，会直接影响到宏观经济的稳定。另一方面，房地产市场与包含银行体系在内的金融体系关系十分紧密，房地产价格波动会直接影响到金融体系的稳定。

除此之外，房地产价格波动还会影响货币政策的选择。若房地产价格波动对宏观经济中的主要经济变量将会产生显著影响，针对这种显著影响，货币政策是否应将房地产价格波动纳入其中？若考虑房地产价格波动，则现阶段的货币政策规则（工具规则和目标规则）是否也需要进行相应的调整？上述问题均是学术界研究的热点问题，但大量文献都是对这些热点问题进行单独分析，并未对该问题进行整体、系统的分析。因此，利用经济学原理解决上述疑问，对房地产价格波动与货币政策选择问题进行系统的分析，应该说具有重要的理论意义和研究价值。

（二）现实意义

随着房地产市场的迅速发展，房地产价格也出现了过快上涨的趋势。房地产价格的过快上涨所带来的危害是巨大的，不仅会影响金融体系的稳定，还会对宏观经济产生重要的影响。鉴于房地产市场过快发展的负面效应，政府对房地产市场的关注程度越来越高，对房地产市场的调控力度和决心也是空前的。货币政策作为促进经济发展、稳定价格的重要手段，成为房地产调控的重要手段。在这种情况下，研究房地产价格波动对宏观经济稳定的影响，进而分析房地产价格波动对货币政策选择的影响就具有十分重要的指导意义和现实意义。

1. 房地产价格高涨成为实体经济运行的隐患

近年来，房地产市场快速发展开始引起人们的担忧与思考，过度繁荣的房地产市场的弊端开始慢慢显现，2009年以来房地产价格飞涨更是引发了人们对于房地产泡沫的担忧，房地产价格脱离实体经济，房地产泡沫成分越来越大，居高不下的房价成为经济运行中的一颗定时炸弹。正是由于意识到了房地产市场发展中所出现的这些负面问题，我国相继出台了多项手段与措施，如《国务院关于促进房地产市场持续健康发展的通知》《中国人民银行关于进一步加强房地产信贷业务管理的通知》等，这些手段和措施在短期内对遏制房地产价格上涨的确起到了一定的效果，但从长远来看，这些宏观调控手段对房地产价格过快上涨的成效并不明显，房地产价格进入"越调越高"的怪圈，经济增长对房地产出现了过度依赖，不利于经济增长模式的转变和持续，对宏观经济产生了诸多不良影响。

2. 房地产价格暴涨对金融稳定造成威胁

房地产行业是典型的资金密集型行业，从房地产开发商购买土地、开工建设到消费者购房，所有环节无一不需要银行信贷的支持。我国金融是典型的银行主导型，房地产是商业银行贷款的主要抵押物，房地产价格的变动会对商业银行的资产负债情况产生影响，进而对整个银行体系造成影响。因此，房地产行业的稳定发展直接关系到我国金融体系的稳定。

2008 年爆发了缘起于房地产市场的国际金融危机，导致全球经济迅速陷入令人绝望的低迷。我国面对严峻的国内外宏观经济形势，实施了宽松的货币政策，银行信贷规模急速扩张，大量资金流入房地产行业，房地产价格飞涨，房地产开发投资急剧增加，房地产泡沫开始显现。一旦房地产价格泡沫破灭，势必会影响借款人的还款能力，进而对银行体系稳定、金融稳定、宏观经济稳定造成影响。

3. 房地产价格飞涨对货币政策选择提出挑战

房地产价格的飞涨对中央银行货币政策的选择与实施也提出了新的挑战。在公众眼中，货币政策是控制房价的一剂良药，货币政策作为调控经济、稳定价格的重要手段，不仅应在物价稳定和产出稳定方面发挥作用，还应关注资产价格的稳定，特别是房地产价格的稳定。但是，尽管采取了一系列的货币政策措施来解决高企的房价，但事实上效果却并不明显，房地产价格整体上涨的趋势并未受到遏制，房价超过居民收入承受能力的现象依然存在，由高房价引起的社会问题依然突出。种种迹象表明，现阶段所采用的货币政策无法有效解决高房价的问题，必须在现有货币政策体系中充分考虑房地产价格的波动，进而对货币政策规则中的工具规则、目标规则作出相应的改变，以便尽快解决高房价这一社会问题。

综上所述，以房地产价格波动与货币政策选择作为研究对象，既符合当前国内外学术界对房地产价格波动与货币政策关系极为关注的理论探讨，也符合解决我国现阶段房地产行业过度发展对宏观经济产生不良影响的现实诉求。

三、研究目的

本书在全面梳理房地产价格波动与货币政策选择问题的基础上，对房地产价格波动与货币政策选择进行定性与定量分析，以期达到对房地产市场运行规律及货币政策操作范畴的全面了解，为完善利用货币政策调控房地产市场的发展提供决策参考依据。具体而言，本书第二篇的研究目的主要包括以下几个方面：一是清醒认识房地产价格波动对宏观经济中各领域产生的影响，以便为我国宏观经济调控提供决策的依据；二是判断货币政策是否需要对房地产价格波动作出反应，为货币政策是否应考虑房地产价格波动作出理论判断；三是通过分析房地产价格波动与不同货币政策工具规则、货币政策目标规则之间的关系，明确最适合我国目前国情的货币政策工具规则和货币政策目标规则，为中央银行货币政策选择提出建议。

第二节　研究思路与内容结构

一、研究思路

本书第二篇主要研究的是我国房地产价格波动与货币政策选择问题，其研究大致可以分为三个层次：第一个层次是房地产价格波动对宏观经济的影响，即房地产价格对宏观经济中的消费、投资、经济增长是否产生影响，产生何种程度的影响。第二个层次是当房地产价格波动能够对消费、投资、经济增长产生显著影响时，其与货币政策之间是否存在更紧密的联系，即货币政策是否应关注房地产价格波动、其关注程度如何、是直接干预还是间接关注。第三个层次是当货币政策应关注房地产价格波动时，我国现阶段所实施的货币政策规则还是否合适、关注房地产价格波动的货币政策工具规则和目标规则是否需要作出修改与完善、何种货币政策工具规则和目标规则才是适合我国目前阶段具体国情的。

本书第二篇核心问题的研究框架如图 8.1 所示。

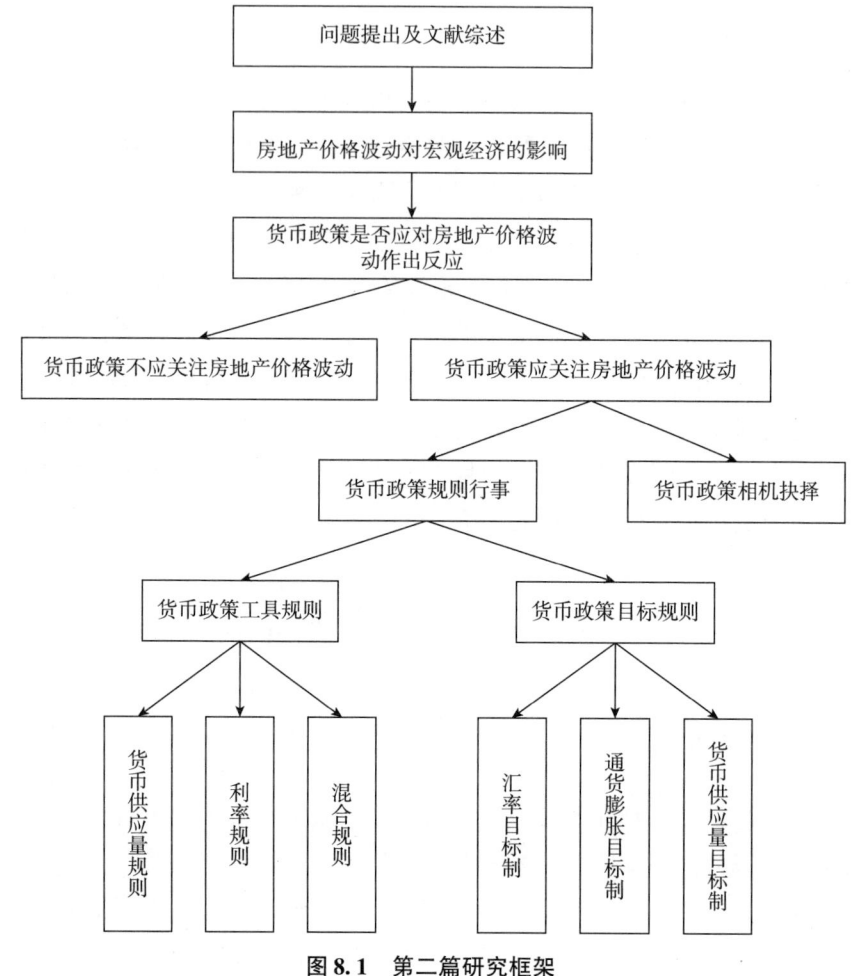

图 8.1 第二篇研究框架

二、内容结构

本书第二篇共七章,具体章节的研究内容及结构如下。

第八章是导论,主要介绍研究背景与研究意义、研究方法、内容结构、创新与不足之处。

第九章是文献综述,将房地产价格波动与货币政策选择的关系划分为三个部分:第一部分为房地产价格波动与宏观经济关系方面的国内外文献综述;第二部分为房地产价格波动与货币政策关系方面的国内外文献综述,对货币政策是否应对房地产价格波动作出反应进行全面的总结与梳理；第三部分为货币政策的规则行事、相机抉择之争的国内外文献综述，对货币政策的规则行事与相机抉择之争的起源、争论的核心问题进行述评。

第十章为房地产价格波动与宏观经济稳定。首先，对我国房地产市场的发展历程及现状进行分析，指出我国房地产价格偏高，存在异常波动；其次，对我国房地产价格偏高的原因从供给、需求两个方面进行分析；最后，就我国房地产价格波动对宏观经济消费、投资、经济增长领域产生的影响进行分析。

第十一章为房地产价格波动与货币政策反应。首先，对房地产价格在货币政策传导机制中的作用进行分析；其次，就房地产价格波动对货币政策的影响进行理论与实证分析；再次，对货币政策是否应对房地产价格波动作出反应给予判断；最后，就货币政策对房地产价格波动的反应程度作出判断。

第十二章为房地产价格波动与货币政策工具规则选择。首先，基于新凯恩斯主义分析框架，构造动态随机一般均衡模型，并进行参数的校准；其次，利用最小二乘法（OLS）对不同货币政策工具规则的反应系数进行估计，并基于房地产价格波动对不同货币政策工具规则进行脉冲响应分析及福利损失比较。

第十三章为房地产价格波动与货币政策目标规则选择。首先，对房地产价格波动与货币政策最终目标以及金融稳定之间的关系进行分析，判断最终目标是否需要增加第五个目标——金融稳定；其次，对最优货币政策目标规则选择进行理论与实证分析，指出什么样的货币政策目标规则才是适合我国现阶段的最优目标规则。

第十四章为结论与政策建议。首先，对主要的研究结论进行总结；其次，提出相关有针对性的政策建议；最后，对未来研究进行展望。

第三节 研究方法

本书第二篇在对房地产价格波动与货币政策选择问题进行分析时，主要运用了以下研究方法。

（一）数理建模分析方法

本书在国内外学者已有研究基础上，对现有的数理模型进行修正与创新，构建动态随机一般均衡（DSGE）模型，运用 DSGE 模型分析房地产价格波动对宏观经济产生哪些重要影响、货币政策是否需要对房地产价格波动作出反应，以及当货币政策需要对房地产价格波动作出反应时，货币政策工具规则需要作出何种调整。

（二）计量经济学分析方法

本书运用了大量的计量经济学分析方法对房地产价格波动与货币政策关系问题进行研究，如单位根检验、格兰杰因果检验、向量自回归模型、最小二乘法、HP 滤波等，结合我国的实际情况，采用 EViews 软件对房地产价格波动与货币政策选择问题进行深入的实证分析，力图使研究更全面与真实、更符合具体情况。

（三）宏观经济模型的扩展运用与均衡分析方法

本书对传统的 IS—LM 宏观经济模型、菲利普斯（Philips）曲线进行扩展运用和均衡分析，对关注房地产价格波动的货币政策目标规则选择进行分析。

（四）归纳与演绎相结合的研究方法

本书对货币政策规则中的不同货币政策工具规则和目标规则进行比较，并以此为基础探讨货币政策规则的本质，扩展货币政策规则的内涵。

第四节 研究创新之处与不足

一、研究创新之处

与国内外的同类研究相比，本书第二篇的创新之处主要体现在如下几个方面。

在第十一章，本书除了对货币政策是否应对房地产价格波动作出反应进行分析，还对具体的反应程度进行了深入的分析。一方面，运用 DSGE 模型分析货币政策是否应对房地产价格波动进行反应，得出的分析结论是货币政策应对房地产价格波动作出反应。另一方面，在此结论的基础上，运用 VAR—MGARCH—BEKK 模型对货币政策关注房地产价格波动的具体程度进行分析，得出的结论是货币政策应对房地产价格波动进行间接关注。

在第十二章，本书将货币政策工具规则划分为货币供应量规则、利率规则和混合规则，将每种货币政策工具规则按照反应类型不同，又分别划分为前瞻型、当期型和后顾型，并结合我国具体情况，借助 OLS 分析方法估计不同工具规则的反应系数，运用 DSGE 模型对基于房地产价格波动的不同工具规则进行脉冲响应分析和福利损失分析，认为前瞻型混合规则是关注房地产价格波动下的货币政策工具规则的最优选择。

在第十三章，本书通过建立改进的 IS—Philips 模型，在理论模型中加入房地产价格波动，基于我国的具体情况对房地产价格波动与最终目标的关系进行实证分析，得出的结论是应加入金融稳定作为第五个目标；利用敏感性分析方法对基于房地产价格波动的货币政策目标规则的最优选择进行分析，得出的结论为关注房地产价格波动后的我国货币政策目标规则的最优选择并非通货膨胀目标制。

二、研究不足

尽管本书第二篇在对房地产价格波动与货币政策选择问题的分析中取得了一定的研究成果，但仍然存在着不足，以期在未来的研究中改进。

一是对已有研究还有待进一步扩展和深化。房地产价格波动与货币政策选择之间的关系问题是一个复杂而又庞大的工程，涉及很多方面的内容。本书试图建立一个贴近实际的综合分析框架，但难免会由于篇幅所限，无法对每个方面都进行充分而系统的分析，例如本书是基于封闭经济环境条件运行的，并未涉及开放经济条件，与真实经济环境存在一定的出入，这些都将是在今后的研究中需要进一步弥补的地方。

二是在实证数据选取上，我国房地产市场的发展历史较短，影响了统计数据的完整性、真实性和及时性，导致本书所能获得的统计数据非常有限。有限的数据一方面会影响到分析的准确性，另一方面限制了复杂模型的使用。不过，随着我国房地产市场的不断发展，以及统计制度的不断健全，未来将可以得出更能反映宏观经济现实的研究成果。

第九章
文献综述

本章将以房地产价格波动与货币政策选择的关系问题作为线索，全面、系统梳理国内外的相关文献，指出相关文献的不足，把握国内外研究现状，探究未来研究方向，为接下来的研究奠定良好的基础。

第一节 房地产价格波动与宏观经济的关系

国内外学者早期进行了大量的研究，大多采用计量经济学等局部均衡分析方法进行实证分析。随着研究的不断深入，研究方法也不再局限于实证模型，开始利用理论模型等均衡分析方法来对二者之间的关系进行更为深入的分析。

Aoki 等（2004）是较早地将理论模型应用于房地产价格波动与宏观经济关系研究的学者，在房地产部门经济中加入 BGG 模型，对房地产价格波动在货币政策中的传导作用进行研究，将住房既作为消费品，也作为家庭借贷的抵押品，认为金融加速器效应的存在，在一定程度上放大了货币政策冲击对投资、消费和房地产价格的影响。Frederic S. Mishkin（2007）认为货币政策通过六种直接或间接渠道影响宏观经济，分别是资本成本渠道、住房供给、未来房地产价格预期、房地产价格波动的财富效应、消费者的资产负债表和信贷渠道、住房需求的资产负债表和信贷渠道。Goodhart 等（2007）将既可以作为消费品也可以作为抵押品的住房、违约和个体异质性引入模型，深入分析美国次贷危机致使房地产价格下降所引起的反向冲击对宏观经济产生的影响。

王擎、韩鑫韬（2009）基于 BEKK 模型和 GARCH 模型，对房地产价格、货币供应量与经济增长的波动相关性,各种经济波动对经济增长率的影响进行研究。研究表明,房地产价格的波动以及房地产价格与货币供应量的联动对 GDP 增长速度有显著影响,会导致 GDP 增长率的下降;但房地产价格的波动对经济增长的波动没有显著影响,而且货币供应量与房地产价格的联动变化非常剧烈,房地产价格与经济增长的联动对经济增长的波动影响也并不十分显著。谭政勋、王聪(2011)利用多元 ARCH 模型和 DSGE 模型分析了我国信贷扩张、房地产价格波动对金融稳定的影响。梁斌、李庆云(2011)通过贝叶斯估计构造了一个包含房地产部门在内的 DSGE 模型,分析了各种宏观经济冲击对房地产价格的动态影响机制,认为房地产成本冲击是造成我国房地产价格波动的主要因素。李巍、张志超(2011)基于动态随机一般均衡模型进行分析,认为关注房地产价格波动的货币政策对实体经济的影响反而变小,房地产价格的适度回落将有利于实体经济的健康与稳定。骆永民、伍文中(2012)探讨了房产税改革和房地产价格变化的宏观经济效应,认为对住房环节征收房产税在长期可以抑制房价,但与此同时会对宏观经济造成一定的消极影响;房地产价格的适度上涨会对宏观经济产生短期的负面效应,这种负面效应会逐渐转化为正面促进效应,但超过一定程度的房地产价格将会对宏观经济产生更严重的消极影响。郑忠华、邱俊鹏(2012)发现房地产需求可以导致房地产价格的进一步提高,但也会产生消费低迷、产出下降等对经济的不良影响,不利于经济的稳定发展。沈悦、徐妍(2014)建立 SET-VAR 模型,认为房地产价格高涨时会引起实体经济波动更大、持续时间更长,二者存在一种非线性的动态关系。

第二节 房地产价格波动与货币政策的关系

多年来,"货币政策是否应对房地产价格波动作出反应"的问题一直是理论界和实务界的焦点,其中最为著名的当属 Bernanke、Gertler 和 Cecchetti 之间的争论。但遗憾的是,尽管这一问题成为货币政策研究领域的热点问题,但仍存在着巨大的分歧,并未达成广泛的共识,主要有以下两种观点:一种观点认为,货币政策不应对房地产价格波动作出反应,货币政策制定和执行时无须特别关注房地产价格波动对宏观经济带来的影响。另一种观点则认为,货币政策应对房地产价格波动作出反应,应关注房地产价格波动对宏观经济所产生的影响,并且按照关注反应程度的不同还可以划分为两种手段:一是货币政策对房地产价格波动采取直接干预的手段,二是货币政策对房地产价格波动采取间接关注的手段。

一、货币政策不应对房地产价格波动作出反应

持有这种观点的学者认为,若将房地产价格波动纳入货币政策的调控范围,不仅会增加货币政策的调控目标,还会在一定程度上增加货币政策的调控成本,但事实是货币政策目标之间往往会存在冲突,特别是当宏观经济处于开放经济条件下时,宏观经济选择常常会面临"三元悖论"的困扰,此种做法极易出现道德风险,影响到其他货币政策目标的实施(王宏涛,2011)。除此之外,货币政策不应对房地产价格波动作出反应,还存在以下两个原因:一是货币政策具有滞后性,当出现房地产价格泡沫时,贸然采取提高利率的措施短期内可以平抑房地产价格波动,但长期内反而可能会加速经济的衰退,得不偿失;二是货币政策的干预存在一定的负面作用,即货币政策在干预房地产价格波动的过程中容易出现为了抑制房地产价格波动而使其他经济领域出现混乱的情况。

Bernanke 和 Gertler(1999)指出,只有当资产价格波动对中央银行的通货膨胀预期造成冲击时,货币政策才应对资产价格波动作出反应。Mishkin(2001)虽然对资产价格在货币政策传导过程中的作用给予了充分的肯定,但中央银行对资产价格预测偏差的存在,往往会导致货币政策出现失误,经济状况进一步恶化,因此货币政策不应关注资产价格波动。Savioz 和 Bengui(2006)指出,货币政策的滞后性容易导致其无法对房地产价格实现有效的调控,即当房价高涨时,提高利率等从紧的货币政策无法发挥作用,反而可能会加速经济的衰退。

二、货币政策应对房地产价格波动作出反应

持有这种观点的学者认为,从 2007 年爆发的次贷危机及后来的国际金融危机来看,中央银行在危机发生后,都积极借助货币政策等措施对房地产市场进行不同程度的干预或调控,其行动已经充分证明了货币政策对房地产价

格波动作出反应的合理性。因此，货币政策应对房地产价格波动作出反应的原因主要有以下三点：一是房地产不同于其他商品，具有消费品和投资品的双重特征，是人们一生中最大的一笔消费，房地产价格波动会对整个宏观经济造成严重的负面影响，货币政策作为维持宏观经济稳定的重要手段，应关注房地产价格波动；二是当房地产价格波动对金融体系的稳定产生影响时，中央银行作为金融体系秩序的维护者，有义务通过货币政策等手段关注房地产价格波动；三是货币政策作为调控经济的手段，应以维持宏观经济稳定作为最终任务，即维持包括房地产价格稳定在内的广义价格稳定。

在货币政策对房地产价格波动的具体反应程度分析上，不同学者的观点存在着巨大差异。一些学者的观点是货币政策应对房地产价格波动进行积极的直接干预，直接干预是指在货币政策反应函数中加入房地产价格，使其成为货币政策反应函数的状态变量之一。另一些学者的观点是货币政策不应对房地产价格波动进行直接干预，而应采取更加温和、保守的间接关注，间接关注是指房地产价格通过总需求间接影响货币政策反应函数，只有当房地产价格波动影响到中央银行对未来产出和通货膨胀的预期信息时，中央银行才应作出反应（段忠东、朱孟楠，2011）。

以 Cecchetti 和 Bordo 为代表的一些学者支持货币政策应对房地产价格波动进行直接干预的观点。支持的理由包括以下几点：一是房地产价格泡沫会误导整个社会的资源配置；二是房地产价格泡沫破灭会严重威胁到金融体系的安全；三是房地产价格泡沫破灭会对整个实体经济产生严重的负面影响，货币政策有义务消除这种负面效应，直接干预房地产价格泡沫。Kent 和 Lowe (1997) 构建了一个理论框架，证明当资产泡沫出现时，中央银行应采取从紧的货币政策，避免资产价格泡沫放大，甚至出现泡沫破灭导致的长期影响。Cecchetti 等 (2000) 认为，货币政策最终目标决定了金融稳定与资产价格波动必然存在紧密的关系，加之资产价格波动往往会对宏观经济产生重要影响，因此，货币政策可以运用直接干预的手段调节资产价格波动。Bordo 和 Jeanne (2002) 将直接干预视为应对未来资产泡沫破灭后信用紧缩的保险，这种保险的成本就是可能导致的低产出和低通货膨胀问题的出现，在确定货币政策是否考虑资产价格波动时应综合考虑成本和收益，因此其结论是将资产价格直接纳入中央银行的目标函数，对资产价格采取积极的、适当的直接干预。Bordo 和 Wheelock（2004）认为，在中央银行所设定的价格稳定目标中，应将房地产价格等资产价格纳入其中。

大多数学者虽然赞同货币政策对房地产价格进行必要的干预，但不同意上述观点中所涉及的直接地、过度地干预房地产价格，即货币政策应对房地产价格进行间接关注，在一定程度上保持货币政策操作的灵活性。这些学者之所以不支持直接干预，主要是由于货币政策在干预房地产价格波动的过程中还存在着很多操作性难题尚未解决：一是房地产价格泡沫的识别问题，即如何快速、准确地识别房地产价格泡沫；二是干预房地产价格泡沫的有效性问题，即采取货币政策手段来有效抑制房地产价格的剧烈波动，是否会对宏观经济以及金融体系产生影响；三是如何消除直接干预的货币政策对宏观经济的其他方面所产生的负面影响。

Bernanke 和 Gertler（2000）构造了一个金融加速器模型，其模拟结果显示，直接盯住资产价格泡沫的货币政策规则可能会导致更大的经济波动；相反，关注通货膨胀目标、当资产价格波动对通货膨胀预期产生影响时才作出反应的货币政策规则，反而可以更好地实现产出与通货膨胀的稳定。Martha（2005）构建了一个一般均衡模型，其模型结果表明，仅仅对通货膨胀预期背离目标进行反应的货币政策比直接干预房地产价格的货币政策效果更明显。Kohn（2009）认为，货币政策对房地产价格波动进行直接干预存在以下两个问题：一是采取紧缩型货币政策的行动时机难以把握；二是货币政策在抑制房地产价格泡沫方面存在一定的不确定性，其抑制的程度及有效性难以确定，货币政策对房地产价格泡沫不应采取直接干预的手段。

与国外学者相比，国内学者对于"货币政策如何关注房地产价格波动"的研究尚处于起步阶段，大多是通过借鉴国外已有的实证方法，结合我国具体情况进行实证分析并得出实证结果。对该问题的关注也更多地局限在对"货币政策是否应对房地产价格波动作出反应"作出一个是与否的性质判断上，缺乏对具体应对措施的深入分析。在具体观点上，多数文献均认为货币政策应该关注而非盯住房地产价格波动。如朱孟楠、刘林（2011）认为，在最优货币政策反应函数中应首先关注资产价格，随后依次关注通货膨胀、汇率、货币供给的增速和产出缺口。黄昌利、尚友芳（2013）将股票价格和房地产价格加入前瞻型的泰勒规则，认为中央银行除了关注通货膨胀和产出缺口，还要更多地关注股票价格和房地产价格。楚尔鸣、许先普（2012）在考虑了 Erceg 的工资刚性和 Calvo 的价格交错定价机制之后，认为货币政策操作应该考虑资产价格波动，来维持宏观经济稳定。王胜、田涛（2013）建立 IS—Philips 模型，并将资产价格波动纳入其中，引入损失函数，求解最优利率反应函数，认为我国货币政策关注的顺序依次为资产价格波动、产出波动和通货膨胀波动。冯涛、杨达等（2014）通过构造包含房地产生产部门的 DSGE 模型，运用我国实际经济数据进行贝叶斯估计，认为我国中央银行在 2003—2012 年已将房地产价格加入货币政策调控的反应规则。

也有少数国内学者支持货币政策不应对房地产价格波动作出反应。如王擎、韩鑫韬（2009）认为，货币政策调控房地产价格波动，可以实现宏观经济增长的持续性，但无法实现宏观经济增长的稳定性，因此货币政策对房地产价格波动不应采取直接干预的手段。孟彩云、王聪（2012）通过比较标准泰勒规则与包含房地产价格的泰勒规则，发现依据标准泰勒规则的利率政策可以降低中央银行的损失函数，中央银行不应对房地产价格波动进行调控。

在研究对象选择上，以往文献多数以资产价格整体作为研究对象，单独对房地产价格波动与货币政策的关系进行研究的文献相对缺乏，因此有待于出现更多聚焦房地产价格波动和货币政策关系的理论与实证研究。

在研究方法选择上，国内文献大多侧重于实证研究，缺乏基于微观层面的理论研究，理论研究基础的薄弱直接导致实证分析结果的误差，甚至影响实证分析的顺利进行。加入微观层面的理论分析，并结合我国具体情况进行实证分析，将是未来的研究方向。

在研究思路选择上，过往文献往往局限于采用单一的方式应对房地产价格波动，但事实是可以运用直接干预和间接反应相结合的方式来应对房地产市场的价格波动。当政策环境的信息充分且可知时，中央银行应采取较为积极主动的货币政策，即采取直接干预的方式；相反，中央银行应该采取更为稳健的货币政策，即综合采取直接干预与间接反应的方式。

本书第十一章将以货币政策与房地产价格波动的关系为切入点，运用基于新凯恩斯主义框架建立的动态随机一般均衡模型进行理论分析，并结合我国实际情况进行实证分析，对货币政策是否应对房地产价格波动作出反应，以及作出何种程度的反应进行分析与研究。

第三节 货币政策的规则行事、相机抉择之争

一、规则行事与相机抉择之争的历史发展

规则行事是指在货币政策实施之前，事前确定并以此来确定货币政策规则的程序或原则，体现了货币政策的前瞻性和连贯性。相机抉择是指在货币政策制定和执行过程中，不被任何固定原则或程序约束，根据宏观经济运行状况灵活进行取舍，以实现货币政策目标。

规则行事与相机抉择之间的争论，最早可以追溯到19世纪中期，缘起于一场出现在英格兰的通货膨胀。通货学派（Currency School）与银行学派（Banking School）对于当时的通货膨胀原因各执一词，争执不下。通货学派认为，导致英格兰发生通货膨胀的主要原因是发行了过量的银行券，他们认为银行券的发行和流通必须有足够的货币作为保证，否则就会出现通货膨胀，即货币供给是外生的（exogenous），应严格受到规则行事的约束。银行学派则对规则行事的效果表示怀疑，他们的观点是原则上不存在超额的货币供给，因为银行会自动将贷款控制在实际发行的货币水平的范围内，来控制通货膨胀。在这场关于英格兰通货膨胀问题的争论中，通货学派最终占了上风，这是规则行事与相机抉择的首次交锋。在随后的漫长的岁月中，规则行事与相机抉择成为各国政府频繁交替使用的货币政策手段。

相机抉择是在1929—1933年的经济危机期间被提出来的，当时许多国家对如何才能摆脱当前的经济危机显得束手无策，为了解决经济危机中出现的问题，只能被动接受凯恩斯主义提出的相机抉择理论，利用扩张型的货币政策来实现经济增长，避免出现经济衰退的局面。相机抉择在摆脱经济危机过程中的出色表现，使其成为随后各国货币政策采用的主要手段。凯恩斯主义是相机抉择的拥护者，认为市场不具备自动实现出清的条件，需要借助政府的力量，即政府通过运用货币政策来避免产出与通货膨胀的波动，进而实现宏观经济的稳定。

尽管相机抉择在摆脱经济危机中发挥了重要的作用，被大多数经济学家接受，但反对相机抉择、拥护规则行事的呼声仍然不绝于耳。以 Friedman

（1968）为代表的货币主义是支持规则行事的代表，他们认为相机抉择不仅会对经济产生不稳定的影响，其本身也是导致经济不稳定的一个重要原因，只有规则行事才可以真正实现经济的稳定。从货币政策的持续性与稳定性的角度考虑，规则行事意味着在货币政策实施过程中建立一种预先承诺机制，这种机制可以极大地避免政策的频繁变动，提高政策的连贯性、稳定性、透明性、有效性和可信性。尽管中央银行在实际操作过程中未必严格按照规则行事，规则行事也存在政策制定者制定政策时会受到信息有限的约束，以及政策制定中的不确定性因素和时间滞后性等缺点，但规则行事仍然可以为货币政策的决策提供重要的参考依据及客观的评价尺度。

二、规则行事与相机抉择之争的核心问题

1977年之前，在规则行事与相机抉择的交锋中，基本上都是相机抉择占上风。但在1977年之后，由于货币政策理论与实践的发展，各国政府开始使用规则行事，规则行事获得了绝大多数的支持。从货币政策实践发展来看，长期实行相机抉择导致了20世纪70年代滞胀的出现，而通过相机抉择又无力解决滞胀问题，只能通过实施规则行事来解决当时出现的滞胀问题。从货币政策理论发展来看，Kydland和Prescott（1977）提出了动态不一致（Dynamic Inconsistency）理论，证明了相机抉择存在着通货膨胀倾向，消除这种倾向的唯一的办法就是实行规则行事。

动态不一致理论是将博弈论应用于政策分析，其理论含义是：考虑到社会公众预期的存在，即使在没有新信息出现的情况下，一项经济政策在t时期是最优的，也许此项经济政策到了$t+s$时期就不再是最优的了，即货币政策在当期是最优的，但未必在未来各期都是最优的。

由于动态不一致理论的提出，规则行事与相机抉择之争的核心问题演变成了可信性与灵活性之间的权衡比较问题。支持规则行事的学者认为，规则行事可以提高政策的连贯性和可信性，在一定程度上稳定社会公众预期；但支持相机抉择的学者却认为，规则行事在具体执行过程中会由于违约成本的下降出现动态不一致性，与相机抉择相比，规则行事在灵活性方面相对较差。

Rogoff（1985）最早指出规则行事与相机抉择之争的本质是灵活性与可信性取舍问题，其观点随后得到了Barro和Gordon（1983）、Canzoneri（1985）、

Lohmann（1992）等人的支持。规则行事的支持者认为规则行事具有连贯性、可信性等优势，相机抉择支持者则认为相机抉择具有灵活性的优势。相机抉择的支持者认为，对于宏观经济中出现的未预期到的经济扰动，实施相机抉择可以实现对经济扰动的微调，并以此增加社会福利，因此，从福利损失的方面来说，相机抉择要优于规则行事。规则行事的支持者却认为，与规则行事相比，相机抉择存在着明显的缺陷：一是相机抉择存在动态不一致的明显问题，即货币政策选择在当期是最优的，但不能保证在未来各期都是最优的（Kydland 和 Prescott，1977）；二是当中央银行设置的目标与社会福利的目标函数不一致时，相机抉择很可能会出现通货膨胀偏差，但产出水平并未得到提高，这不仅会对提高社会福利水平产生负面影响，还会影响到货币政策的可信性和有效性（Barro 和 Gordon，1983）；三是从福利损失的角度进行考虑，即使中央银行所设置的目标函数本身就与社会福利的目标函数一致，实行相机抉择也可能会出现通货膨胀偏差和稳定性偏差，其中通货膨胀偏差在性质上属于静态偏差，稳定性偏差在性质上属于动态偏差（Svensson，1999；Woodford，2005），这些偏差最终会导致社会福利水平的下降。

梳理上述文献可以发现，相机抉择与规则行事的争论由来已久，但引入动态一致性问题后，争论开始慢慢平息。目前大多数学者从社会福利的角度考虑，认为规则行事能够有效改进货币政策的实施效果，规则行事优于相机抉择。其实，从二者的本质来看，在调控经济的过程中，规则行事固然可以反映出货币政策的前瞻性和连贯性，但当出现短暂市场失灵等特殊情况时，中央银行可以选择暂时放弃使用规则行事，转而使用相对灵活的相机抉择。规则行事与相机抉择的争论实质上是可信性与灵活性之间的均衡取舍问题，二者是中央银行在使用货币政策过程中不可或缺的两种手段，互为补充。在实践过程中，应建立一个状态依存的货币政策制定规则，运用规则行事在制度上保证货币政策的动态一致性，但同时需要保留一定的灵活性，及时对经济扰动作出必要的反应。

第十章
房地产价格波动与宏观经济稳定

第一节 我国房地产市场的发展历程及现状分析

一、我国房地产市场发展历程

1978年改革开放后，我国房地产市场从无到有、从小到大，其发展大致经历了以下七个阶段：一是初步发展阶段（1978—1991年），二是探索推进阶段（1992—1997年），三是平稳发展阶段（1998—2002年），四是快速发展阶段（2003—2007年），五是深度调整阶段（2008—2009年），六是遏制发展阶段（2010—2013年），七是再度发展阶段（2014—2018年）。

（一）初步发展阶段（1978—1991年）

在改革开放初期的十几年里，我国尚不存在真正意义上的房地产市场，在此阶段只有建筑业，没有房地产业。随着经济的发展以及思想的不断解放，房地产作为一种经济要素开始逐渐得到人们的认识和重视。1980年4月，邓小平首次提出"出售公房，调整租金，提倡个人建房买房"的设想，并指出住房体制的基本思路，描绘了培育房地产市场的基本蓝图。1987年，党的十三大报告第一次提出了建立并发展房地产市场的设想，进一步明确了房地产市场的作用和地位。同年，武汉市成立了全国第一家市级房地产经营场所——武汉市房地产交易市场。随后，全国先后成立了近200个房地产交易所、交易市场或交易中心，真正实现了房地产可交易化。1998年，我国第一个商品房小区——东晓花园在深圳市竣工。1978—1991年房地产市场调控手段及内容详见表10.1。

表10.1　　　　　1978—1991年房地产市场调控手段及内容

时间＼项目	调控手段	内容
1980年6月	《全国基本建设工作会议汇报提纲》	正式提出了实行住房商品化政策，准许私人建房、买房、拥有自己的住房，不仅新建住宅可以出售，现有住宅也可以出售
1988年2月	《关于在全国城镇分批推行住房制度改革的实施方案》	开始分批推行公有住房制度改革

资料来源：作者整理。

然而，到了1989年下半年，房地产市场的发展速度开始放缓，陷入了发展的低潮。在经历了两年左右的低潮期后，随着全国社会稳定、经济形势好转，房地产市场开始复苏回暖。在这一阶段，我国房地产市场仅仅在改革开放前沿地区获得了发展，并未对我国整体经济发展产生巨大的影响。

（二）探索推进阶段（1992—1997年）

1992—1997年，我国房地产市场的发展经历了大起大落，在繁荣期和萧条期之间迅速更替。我国在房地产市场发展的起伏中，探索出一条适合自身国情的房地产发展道路。

1992年初，邓小平同志发表南方谈话。随后，中央提出加快住房制度改革步伐，掀起了一股房地产开发的高潮。在这一年，我国第一次详细界定了房地产市场体系的构成及功能，将房地产市场体系分为房地产一级市场、二级市场和三级市场，一级市场进行土地使用权的出让，二级市场进行土地使用权出让后的房地产开发经营，三级市场进行投入使用后的房地产交易。

在房地产市场价格逐渐放开、金融机构对房地产市场的支持力度不断加大、土地开发和出让日益活跃的背景下，房地产开发企业如雨后春笋般增加，房地产开发投资快速增长，房地产价格大幅上涨，掀起了一股房地产热潮。房地产热潮使许多地区的房地产价格出现猛涨，导致国民经济发展失衡。

房地产市场过度繁荣的景象只是短暂现象，随着各项宏观调控措施的落实，各地相继制定了各自的改革方案，住房公积金制度开始全面推行，房地产市场的热度也慢慢降温。1993年6月，国务院提出了16项整顿措施来加强房地产市场宏观调控,旨在引导过热的房地产市场实现软着陆。

海南省、深圳市等地出现了房地产开发热潮,出现房地产泡沫。1994年7月,《中华人民共和国城市房地产管理法》从法律的角度对房地产开发、交易和权属登记管理等方面作出了详细的规定,标志着我国的房地产市场开始步入法制管理的轨道。

(三) 平稳发展阶段(1998—2002年)

1998年是我国房地产市场改革取得关键突破的一年,房地产市场逐步回暖,获得了平稳较快的发展,进入了新一轮发展时期。1998—2002年房地产市场调控手段及内容详见表10.2。

表10.2　　　　　1998—2002年房地产市场调控手段及内容

时间 \ 项目	调控手段	内容
1998年7月	《国务院关于进一步深化城镇住房制度改革　加快住房建设的通知》(简称"23号文")	从1998年下半年开始取消住房实物分配,逐步实行住房分配货币化
1999年5月	《国务院办公厅关于加强土地转让管理　严禁炒卖土地的通知》	要求进一步加强土地转让管理,防止出现新的"炒地热",保障经济和社会可持续发展
2002年5月	《招标拍卖挂牌出让国有土地使用权规定》(简称"11号文")	对土地资源的稀缺性予以承认,土地价值逐步走向市场化

资料来源:作者整理。

从表10.3可以看出,全国商品房竣工面积从1998年的17566.60万平方米增加到2002年的34975.75万平方米,年平均增长率为24.78%;全国商品房销售面积从1998年的12185.30万平方米增加到2002年的26808.29万平方米,年平均增长率为30%,房地产市场进入了发展的新阶段。

表10.3　　　　　1998—2002年全国房地产市场建设情况

年份 \ 项目	商品房竣工面积		商品房销售面积	
	总量(万平方米)	增长率(%)	总量(万平方米)	增长率(%)
1998	17566.60	11.04	12185.30	35.24
1999	21410.83	21.88	14556.53	19.46

续表

年份 \ 项目	商品房竣工面积		商品房销售面积	
	总量（万平方米）	增长率（%）	总量（万平方米）	增长率（%）
2000	25104.86	17.25	18637.13	28.03
2001	29867.36	18.97	22411.90	20.25
2002	34975.75	17.10	26808.29	19.62

资料来源：国家统计局网站。

从表10.4可以看出，房地产投资从1998年的3614.2亿元增加到2002年的7790.9亿元，年均增长率为28.89%；固定资产投资从1998年的28406.2亿元增加到2002年的43499.9亿元，年均增长率为13.28%；商品房平均销售价格从1998年的2063元/平方米增加到2002年的2250元/平方米，年均增长率为2.27%。

表10.4　　　　　1998—2002年房地产市场发展状况

年份 \ 项目	固定资产投资		房地产投资		商品房平均销售价格	
	总额（亿元）	增长率（%）	完成额（亿元）	增长率（%）	均价（元/平方米）	增长率（%）
1998	28406.2	13.89	3614.2	13.71	2063	3.30
1999	29854.7	5.10	4103.2	13.53	2053	-0.48
2000	32917.7	10.26	4984.1	21.47	2112	2.87
2001	37213.5	13.05	6344.1	27.29	2170	2.75
2002	43499.9	16.89	7790.9	22.81	2250	3.69

资料来源：国家统计局网站。

（四）快速发展阶段（2003—2007年）

自2003年开始，我国房地产市场进入了快速发展时期。在此期间，我国第一次对房地产行业的重要性进行了明确，提出"房地产业关联度高，带动力强，已经成为国民经济的支柱产业"。同时，为了调控过热的房地产市场，我国采取了多项措施与手段，但房价依然居高不下，房屋空置率不断提高，房地产企业资金链濒临断裂，烂尾楼等房地产发展的负面问题不断涌现。

面对日趋升高的房价和层出不穷的负面问题，房地产热潮开始从北京、上海等一线城市向内陆城市转移。对于房地产市场出现的过度繁荣景象，我国也从2004年开始综合使用多种手段和措施（见表10.5）来调控房地产市场，不断优化房地产供应结构、控制投资需求、抑制投机需求，以此维护房地产市场的持续健康发展。

表10.5　　　　　　2003—2007年房地产市场调控手段及内容

时间＼项目	调控手段	内容
2003年8月	《国务院关于促进房地产市场持续健康发展的通知》（简称"18号文"）	首次指出"房地产业关联度高，带动力强，已经成为国民经济的支柱产业"，也明确指出当前我国房地产市场存在住房供求矛盾突出、房地产交易行为不规范、房地产价格增长过快、服务体系不健全等问题
2005年5月	《关于做好稳定住房价格工作的意见》（简称"国八条"）	提出要加大对投机性和投资性购房等房地产交易行为的调控力度
2006年5月	《关于调整住房供应结构稳定住房价格的意见》（简称"国六条"）	提出90/70比例，通过调整住房转让环节营业税，进一步抑制投机和投资性购房需求，有区别地适度调整住房消费信贷政策
2007年9月	《中国人民银行、中国银行业监督管理委员会关于加强商业性房地产信贷管理的通知》	提出严格控制和管理房地产开发、住房消费和商业用房购房贷款，加强房地产信贷征信管理等。已利用贷款购买住房、又申请购买第二套（含）以上住房的，贷款首付款比例不得低于40%，贷款利率不得低于中国人民银行公布的同期同档次基准利率的1.1倍

资料来源：作者整理。

随着对房地产市场调控力度的不断加大，我国房地产市场发生了许多深刻且明显的变化。从表10.6可以看出，全国商品房竣工面积从2003年的41464.1万平方米增加到2007年的60606.7万平方米，年平均增长率为11.54%；全国商品房销售面积从2003年的33717.63万平方米增加到2007年的77354.72万平方米，年平均增长率为32.35%。

表 10.6　　　　　　2003—2007 年全国房地产市场建设情况

项目 年份	商品房竣工面积		商品房销售面积	
	总量（万平方米）	增长率（%）	总量（万平方米）	增长率（%）
2003	41464.1	18.55	33717.63	25.77
2004	42464.9	2.41	38231.64	13.39
2005	53417.0	25.79	55486.22	45.13
2006	55830.9	4.52	61857.07	11.48
2007	60606.7	8.55	77354.72	25.05

资料来源：国家统计局网站。

从表 10.7 可以看出，房地产投资从 2003 年的 10153.8 亿元增加到 2007 年的 25288.8 亿元，年均增长率为 37.26%；固定资产投资从 2003 年的 55566.6 亿元增加到 2007 年的 137323.9 亿元，年均增长率为 36.78%；商品房平均销售价格从 2003 年的 2359 元/平方米上涨到 2007 年 3864 元/平方米，年均增长率为 15.95%。

表 10.7　　　　　　2003—2007 年房地产市场发展状况

项目 年份	固定资产投资		房地产投资		商品房平均销售价格	
	总额 （亿元）	增长率 （%）	完成额 （亿元）	增长率 （%）	均价（元/ 平方米）	增长率 （%）
2003	55566.6	27.74	10153.8	30.33	2359	4.84
2004	70477.4	26.83	13158.3	29.59	2778	17.76
2005	88773.6	25.96	15909.2	20.91	3168	14.04
2006	109998.2	23.91	19422.9	22.09	3367	6.28
2007	137323.9	24.84	25288.8	30.20	3864	14.76

资料来源：国家统计局网站。

（五）深度调整阶段（2008—2009 年）

2008 年，受美国次贷危机的影响，我国房地产市场出现了一定程度的不景气，房地产投资增长速度放缓，商品房销售价格多年来首次出现下降，导致房地产市场陷入发展的低潮。

为尽快消除国际金融危机对我国造成的消极影响，我国提出了增加供给、抑制投机、加强监管、推进保障房建设等四大举措来促进房地产市场健康发展,并采取了宽松的货币政策。在这些政策措施的作用下,房地产行业在经历短暂萧条后,开始出现一定程度的回暖,房地产价格开始出现过快上涨的迹象。

从表 10.8 可以看出,全国商品房竣工面积从 2008 年的 66544.8 万平方米增加到 2009 年的 72677.4 万平方米,年均增长率为 9.22%;全国商品房销售面积从 2008 年的 65969.83 万平方米增加到 2009 年的 94755.00 万平方米,年均增长率为 43.63%。

表 10.8 2008—2009 年全国房地产市场建设情况

年份 项目	商品房竣工面积		商品房销售面积	
	总量（万平方米）	增长率（%）	总量（万平方米）	增长率（%）
2008	66544.8	9.80	65969.83	-14.72
2009	72677.4	9.22	94755.00	43.63

资料来源：国家统计局网站。

从表 10.9 可以看出,房地产投资从 2008 年的 31203.2 亿元增加到 2009 年的 36241.8 亿元,年均增长率为 16.15%;固定资产投资从 2008 年的 172828.4 亿元增加到 2009 年的 224598.8 亿元,年均增长率为 29.95%;商品房平均销售价格从 2008 年的 3800 元/平方米上涨到 2009 年的 4681 元/平方米,年均增长率为 23.18%。

表 10.9 2008—2009 年房地产市场发展状况

年份 项目	固定资产投资		房地产投资		商品房平均销售价格	
	总额（亿元）	增长率（%）	完成额（亿元）	增长率（%）	均价（元/平方米）	增长率（%）
2008	172828.4	25.85	31203.2	23.39	3800	-1.66
2009	224598.8	29.95	36241.8	16.15	4681	23.18

资料来源：国家统计局网站。

（六）遏制发展阶段（2010—2013 年）

2010 年,房地产市场又进入了一个发展的快车道,房地产投资投机需求明显增加,房价上行的通道再次被打开。针对这一变化,政府出台了一系列的宏观调控手段（见表 10.10）,从"调结构、抑投机、控风险、明确责任"

四个方面来抑制房价上涨,表明了政府遏制房价过快增长的决心和强硬态度。

表 10.10　　　　　2010—2013 年房地产市场调控手段及内容

时间\项目	调控手段	内容
2010 年 1 月	《国务院办公厅关于促进房地产市场平稳健康发展的通知》(简称"国十一条")	强调合理引导住房消费需求,抑制投资投机性购房需求,提出家庭二套房贷首付比例不低于 40%
2010 年 4 月	《国务院关于坚决遏制部分城市房价过快上涨通知》	将家庭二套房贷首付比例增加至 50%,并对外埠居民购房进行限制
2011 年 1 月	八项政策措施(简称"新国八条")	家庭二套房贷首付款比例不低于 60%,贷款利率不低于基准利率的 1.1 倍
2013 年 2 月	五项加强房地产市场调控的政策措施(简称"国五条")	坚决抑制投资投机性购房,加快保障性安居工程规划建设,对限购进行升级,要求房价上涨过快城市提高二套房首付比例和利率,出售住房按规定征收 20% 的个人所得税

资料来源:作者整理。

从表 10.11 可以看出,全国商品房竣工面积从 2010 年的 78743.9 万平方米增加到 2013 年的 101434.99 万平方米,年均增长率为 9.61%;全国商品房销售面积从 2010 年的 104764.65 万平方米增加到 2013 年的 130550.59 万平方米,年均增长率为 8.20%。

表 10.11　　　　　2010—2013 年全国房地产市场建设情况

年份\项目	商品房竣工面积		商品房销售面积	
	总量(万平方米)	增长率(%)	总量(万平方米)	增长率(%)
2010	78743.9	8.35	104764.65	10.56
2011	92619.94	17.62	109366.75	4.39
2012	99424.96	7.35	111303.65	1.77
2013	101434.99	2.02	130550.59	17.29

资料来源:国家统计局网站。

从表 10.12 可以看出,房地产投资从 2010 年的 48259.4 亿元增加到 2013 年的 86013.4 亿元,年均增长率为 26.08%;固定资产投资从 2010 年的

251683.8亿元增加到2013年的446294.1亿元，年均增长率为25.77%；商品房平均销售价格从2010年的5032元/平方米上涨到2013年的6237元/平方米，年均增长率为7.98%。

表10.12　　　　　　2010—2013年房地产市场发展状况

项目\年份	固定资产投资 总额（亿元）	增长率（%）	房地产投资 完成额（亿元）	增长率（%）	商品房平均销售价格 均价（元/平方米）	增长率（%）
2010	251683.8	12.06	48259.4	33.16	5032	7.50
2011	311485.1	23.76	61796.9	28.05	5357	6.46
2012	374694.7	20.29	71803.8	16.19	5791	8.10
2013	446294.1	19.32	86013.4	19.79	6237	7.70

资料来源：国家统计局网站。

（七）再度发展阶段（2014—2018年）

2014年我国经济再度面临下行压力，开始进入新常态。新常态不仅意味着我国经济增速开始发生变化，更预示着我国经济发展方式、结构、体制都在发生变化。我国出台了多项刺激政策，主要是放松限购限贷、加强信贷支持、实行税收减免等（见表10.13）。房地产市场出现一二线城市房价暴涨、三四线城市房价平稳的区域分化特点。

表10.13　　　　　　2014—2016年房地产市场调控手段及内容

项目\时间	调控手段	内容
2014年9月	《关于进一步做好住房金融服务工作的通知》（简称"930新政"）	调整房贷政策，二套房认定标准由"认房又认贷"改为"认贷不认房"，将首套房贷首付比例降低为30%，贷款利率下限为贷款基准利率的0.7倍；对于拥有一套住房并已结清相应购房贷款的家庭，为改善居住条件再次申请贷款购房的，执行首套房贷政策
2015年3月	《关于个人住房贷款政策有关问题的通知》（简称"330新政"）	二套房商业贷款最低首付比例降至四成，公积金贷款首套房首付比例调整为20%

续表

时间 项目	调控手段	内容
2016年2月	《关于调整房地产交易环节契税、营业税优惠政策的通知》	首套房契税由3%降至1%（90平方米以下），由3%降至1.5%（90平方米以上）；二套房契税由3%降至1%（90平方米以下），由3%降至2%（90平方米以上）；2年以上房屋交易全部免征营业税，不再征收2年以上非普通住宅的营业税

资料来源：作者整理。

从表10.14可以看出，全国商品房竣工面积从2014年的107459.05万平方米减少到2018年的93550.11万平方米，全国商品房销售面积从2014年的120648.54万平方米增加到2018年的171654.36万平方米。

表10.14　　　　2014—2018年全国房地产市场建设情况

年份 项目	商品房竣工面积		商品房销售面积	
	总量（万平方米）	增长率（%）	总量（万平方米）	增长率（%）
2014	107459.05	5.94	120648.54	-7.58
2015	100039.10	-6.91	128494.97	6.50
2016	106127.71	6.09	157348.53	22.46
2017	101486.41	-4.37	169407.82	7.66
2018	93550.11	-7.82	171654.36	1.33

资料来源：国家统计局网站。

从表10.15可以看出，房地产投资从2014年的95035.6亿元增加到2018年的120263.51亿元，年均增长率为6.64%；固定资产投资从2014年的512020.7亿元增加到2018年的645675.0亿元，年均增长率为6.53%；商品房平均销售价格从2014年的6324元/平方米上涨到2018年的8736.9元/平方米，年均增长率为9.54%。

表 10.15   2014—2018 年房地产市场发展状况

项目 年份	固定资产投资		房地产投资		商品房平均销售价格	
	总额 （亿元）	增长率 （％）	完成额 （亿元）	增长率 （％）	均价（元/ 平方米）	增长率 （％）
2014	512020.7	14.73	95035.6	10.49	6324	1.39
2015	561999.8	9.76	95978.9	0.99	6793	7.42
2016	606465.7	7.91	102580.6	6.88	7476	10.05
2017	641238.4	5.73	109798.5	7.04	7892	5.56
2018	645675.0	0.69	120263.5	9.53	8736.9	10.71

资料来源：国家统计局网站。

二、我国房地产市场现状分析

（一）房地产市场蓬勃发展，房地产价格不断上涨

伴随着国民经济的快速发展，房地产市场经历了快速发展。由表 10.16 可知，商品房销售面积已经从 1999 年的 14556.53 万平方米增加到 2018 年的 171654.36 万平方米，增长了 10.79 倍，年平均增长率为 56.80%；商品房销售额从 1999 年的 2987.87 亿元增加到 2018 年的 149972.74 亿元，增长了 49.19 倍，年平均增长率为 258.92%。

表 10.16   1999—2018 年我国商品房销售额和销售面积

项目 年份	商品房销售额 （亿元）	商品房销售面积 （万平方米）	商品房销售面积 增长率（％）	商品房销售额 增长率（％）
1999	2987.87	14556.53	19.46	18.88
2000	3935.44	18637.13	28.03	31.71
2001	4862.75	22411.90	20.25	23.56
2002	6032.34	26808.29	19.62	24.05
2003	7955.66	33717.63	25.77	31.88
2004	10375.71	38231.64	13.39	30.42
2005	17576.13	55486.22	45.13	69.40
2006	20825.96	61857.07	11.48	18.49
2007	29889.12	77354.72	25.05	43.52
2008	25068.18	65969.83	-14.72	-16.13
2009	44355.17	94755.00	43.63	76.94

续表

项目 年份	商品房销售额 （亿元）	商品房销售面积 （万平方米）	商品房销售面积 增长率（%）	商品房销售额 增长率（%）
2010	52721.24	104764.65	10.56	18.86
2011	58588.86	109366.75	4.39	11.13
2012	64455.79	111303.65	1.77	10.01
2013	81428.28	130550.59	12.17	26.33
2014	76292.41	120648.54	-7.58	-6.31
2015	87280.84	128494.97	6.50	14.40
2016	117627.05	157348.53	22.46	34.77
2017	133701.31	169407.82	7.66	13.67
2018	149972.74	171654.36	1.33	12.17

资料来源：国家统计局网站。

但与此同时，房价的飞涨成为房地产市场运行的一大隐患，对社会发展带来了严重的负面影响。由图10.1可知，以1998年住房货币化改革为起点，房地产价格从1998年的2063元/平方米上涨到2017年的7892元/平方米，增长了2.83倍，除了1999年和2008年增长率出现负值外，其余年份增长率均为正值，年平均增长率为7.56%，并在2004年土地供给实行土地出让招拍挂制度后出现大幅度增加，其间经历了2008年的短暂调整后又迅速开始攀升，房地产价格随着房地产市场的快速发展出现了迅速上涨。

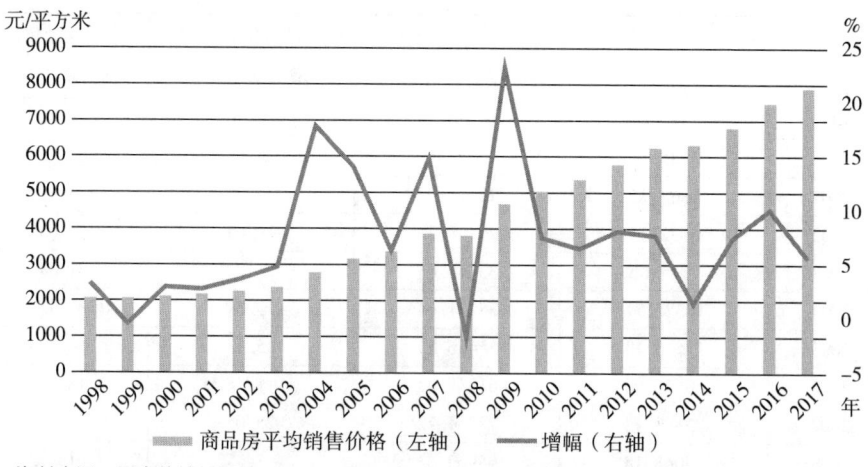

图10.1　1998—2017年商品房平均销售价格及增幅

资料来源：国家统计局网站。

(二) 房地产开发投资不断增加

由表 10.16 可知,我国的房地产开发投资额从 1999 年的 4103.2 亿元增加到 2018 年的 120263.51 亿元,增长了 28.31 倍,年平均增长率为 149%。房地产开发投资在实现持续快速发展的基础上,也呈现出周期性涨跌的特点。除个别年份外,房地产开发投资额的增速基本上均高于全社会固定资产投资额增速。从占比上来看,房地产开发投资额占全社会固定资产投资额的比重在 2009 年之前呈增加态势,2009 年出现短暂回落后,从 2010 年开始继续增加,并且时有波动。

表 10.17 1999—2018 年我国房地产开发投资基本情况

项目 年份	房地产开发投资额(亿元)	房地产开发投资增速(%)	全社会固定资产投资额(亿元)	全社会固定资产投资额增速(%)	房地产开发投资额占全社会固定资产投资额的比例(%)
1999	4103.202	13.53	29854.7	5.10	13.74
2000	4984.05	21.47	32917.7	10.26	15.14
2001	6344.11	27.29	37213.5	13.05	17.05
2002	7790.92	22.81	43499.9	16.89	17.91
2003	10153.8	30.33	55566.61	27.74	18.27
2004	13158.25	29.59	70477.43	26.83	18.67
2005	15909.25	20.91	88773.61	25.96	17.92
2006	19422.92	22.09	109998.2	23.91	17.66
2007	25288.84	30.20	137323.9	24.84	18.42
2008	31203.19	23.39	172828.4	25.85	18.05
2009	36241.81	16.15	224598.8	29.95	16.14
2010	48259.4	33.16	251683.8	12.06	19.17
2011	61796.89	28.05	311485.1	23.76	19.84
2012	71803.79	16.19	374694.7	20.29	19.16
2013	86013.38	19.79	446294.09	19.32	19.24
2014	95035.61	10.49	512020.65	14.73	18.56
2015	95978.85	0.99	561999.83	9.76	17.08
2016	102580.61	6.88	606465.66	7.91	16.91

续表

项目 年份	房地产开发投资额（亿元）	房地产开发投资增速（%）	全社会固定资产投资额（亿元）	全社会固定资产投资额增速（%）	房地产开发投资额占全社会固定资产投资额的比例（%）
2017	109798.53	7.04	641238.39	5.73	17.12
2018	120263.51	9.53	645675.00	0.69	18.63

资料来源：国家统计局网站。

（三）房地产行业综合实力逐年提升

由表10.17可知，在企业数量方面，我国房地产企业数从1998年的24378家增加到2017年的95897家，平均每年有3764家房地产企业成立，房地产企业在数量方面已经达到了一定的规模。房地产企业数量增加，一方面可以反映出我国房地产市场运行状况相对稳定，整体发展水平有了明显提高。另一方面可以侧面体现出我国房地产市场需求相对旺盛，形成了需求倒逼供给的机制，间接促进了房地产企业的发展。

在资产方面，我国房地产企业的资产总额从1998年的19526.18亿元增加到2017年的722236亿元，年均增长率为189.41%；平均资产额从1998年的0.8亿元增加到2017年的7.53亿元，年均增长率为44.28%。房地产企业资产规模的增加，体现出房地产企业自身实力得到了明显的提高，抵抗风险的能力得到了进一步的提高。

在资产负债率方面，我国房地产企业的资产负债率从1998年的76.10%上升到2017年的79.10%，反映出房地产企业在迅速发展扩张的同时，其自身的财务状况依然相对稳定。

表10.18　1998—2017年房地产企业资产、实收资本、资产负债率

项目 年份	企业个数（家）	资产总额（亿元）	平均资产额（亿元）	实收资本（亿元）	平均实收资本（亿元）	资产负债率（%）
1998	24378	19526.18	0.80	5778.731	0.24	76.10
1999	25762	18744.8	0.73	4520.88	0.18	76.10
2000	27303	25185.99	0.92	5302.907	0.19	75.60

续表

项目 年份	企业个数 （家）	资产总额 （亿元）	平均资产额 （亿元）	实收资本 （亿元）	平均实收资本（亿元）	资产负债率（%）
2001	29552	28566.81	0.97	6019.858	0.20	75.00
2002	32618	33043.13	1.01	6750.915	0.21	74.90
2003	37123	40486.49	1.09	8471.023	0.23	75.80
2004	59242	61789.19	1.04	12545.8	0.21	74.10
2005	56290	72193.64	1.28	13926.98	0.25	72.75
2006	58710	88397.99	1.51	16172.37	0.28	74.07
2007	62518	111078.2	1.78	19438	0.31	74.43
2008	87562	144833.5	1.65	27561.9	0.31	72.30
2009	80407	170184.2	2.12	28966.02	0.36	73.50
2010	85218	224467.1	2.63	36767.41	0.43	74.50
2011	88419	284359.4	3.22	46430.63	0.53	75.42
2012	89859	351858.7	3.92	54735.36	0.61	75.20
2013	91444	425243.9	4.65	59987.59	0.66	76.0
2014	94197	498749.9	5.29	76566.04	0.81	77.0
2015	93426	551986.1	5.91	78329.42	0.84	77.7
2016	94948	625733.7	6.59	79278.30	0.83	78.3
2017	95897	722236.0	7.53	85649.75	0.89	79.1

资料来源：国家统计局网站。

三、我国房地产市场发展存在的问题

（一）房地产价格上涨幅度远远超过居民收入上涨幅度

统计数据显示，许多大中城市的房地产价格出现了过快上涨，以北京、上海、广州为例，2014年10月北京的房地产均价为32504元/平方米，上海的房地产均价为31766元/平方米，广州的房地产均价为17506元/平方米，其上涨的幅度已经远远超过了居民收入的上涨幅度。以房价收入弹性指标来看，18个OECD国家的房价收入弹性平均值为0.98，大致为1，意味着这些国家的房地产价格上涨速度与人均收入的增长速度大致同步。我国房价收入弹性已经高达1.38，存在明显的房价过快上涨的问题。

陈肯界、王学武（2010）利用家庭还款额的支付性指数（HAI）对居民住房购买力进行分析，以 HAI 作为衡量收入处于平均水平的典型家庭对平均房价水平住房的购买能力的指标。当 HAI 值等于 100 时，意味着收入处于平均水平的家庭正好可以购买到房价处于平均水平的住房；当 HAI 值大于 100 时，意味着收入处于平均水平的家庭可以购买到房价高于平均水平的住房；当 HAI 值小于 100 时，意味着收入处于平均水平的家庭无法购买房价处于平均水平的住房，只能购买房价低于平均水平的住房。利用1998—2009 年的数据进行分析可以发现，我国房地产市场 HAI 值总体呈现出增加的趋势，但都低于 60（见表 10.19），说明我国居民可支配收入的增长速度赶不上房价的增长速度，房地产价格的上涨速度已经远远超过了居民收入的承受程度，居民的住房购买力严重不足。

表 10.19　　　　　1998—2009 年中国房地产市场的 HAI 值

年份 项目	1998	1999	2000	2001	2002	2003
HAI	28.96	39.60	44.57	47.38	54.27	57.22
年份 项目	2004	2005	2006	2007	2008	2009
HAI	53.38	50.25	50.26	45.66	52.51	56.88

资料来源：陈肯界，王学武. 中国房地产价格与货币政策：一个实证研究［J］. 上海金融学院学报，2010（3）：40-46.

（二）房地产供给结构不合理，房屋空置率高

房地产供给结构不合理，主要表现为中小户型和中低价位普通商品住房及经济适用房在市场上的供给不足以满足中低收入者的购房需求。许多房地产开发商追求高回报的高档公寓和别墅开发，导致房屋空置率居高不下。1998—2018 年房地产开发企业投资额及其占比详见表 10.20 和表 10.21。

第十章 房地产价格波动与宏观经济稳定

表 10.20   1998—2018 年房地产开发企业投资额

单位：亿元

项目 年份	普通商品住宅	别墅、高档公寓	办公楼	商业营业用房	其他	合计
1998	2081.56	181.85	433.80	475.83	623.04	3614.23
1999	2638.48	178.62	338.60	484.33	641.79	4103.20
2000	3311.98	270.01	297.85	579.99	794.23	4984.05
2001	4216.68	369.92	307.95	755.30	1064.19	6344.11
2002	5227.76	516.96	381.00	933.61	1248.55	7790.92
2003	6776.69	632.99	508.34	1302.35	1566.43	10153.80
2004	8836.95	1073.65	652.20	1723.72	1945.38	13158.25
2005	10860.93	1049.41	763.07	2039.53	2245.72	15909.25
2006	13638.41	1445.00	928.06	2353.88	2502.57	19422.92
2007	18005.42	1807.12	1035.04	2785.65	3462.73	25288.84
2008	22440.87	2032.31	1167.17	3354.48	4240.67	31203.19
2009	25613.69	2073.34	1377.21	4180.66	5070.25	36241.81
2010	34026.23	2829.81	1807.38	5648.40	6777.39	48259.40
2011	44319.50	3424.16	2558.79	7424.05	7494.55	61796.89
2012	49374.21	3448.37	3366.61	9312.00	9750.96	71803.79
2013	58950.76	3637.90	4652.45	11944.83	10465.34	86013.38
2014	64352.15	3844.72	5641.19	14346.25	10696.02	98880.33
2015	64595.24	3481.37	6209.74	14607.49	10566.37	99460.21
2016	68703.87	3478.74	6532.60	15837.53	11506.61	106059.35
2017	75147.88	4015.44	6761.36	15639.90	12249.39	113813.97
2018	85192.25	—	5996.33	14177.09	14897.84	120263.51

资料来源：国家统计局网站。

表 10.21   1998—2018 年房地产开发企业投资占比

单位：%

项目 年份	普通商品住宅	别墅、高档公寓	办公楼	商业营业用房	其他	合计
1998	57.59	5.03	12.00	13.17	17.24	100.00
1999	64.30	4.35	8.25	11.80	15.64	100.00

续表

项目 年份	普通商品住宅	别墅、高档公寓	办公楼	商业营业用房	其他	合计
2000	66.45	5.42	5.98	11.64	15.94	100.00
2001	66.47	5.83	4.85	11.91	16.77	100.00
2002	67.10	6.64	4.89	11.98	16.03	100.00
2003	66.74	6.23	5.01	12.83	15.43	100.00
2004	67.16	8.16	4.96	13.10	14.78	100.00
2005	68.27	6.60	4.80	12.82	14.12	100.00
2006	70.22	7.44	4.78	12.12	12.88	100.00
2007	71.20	7.15	4.09	11.02	13.69	100.00
2008	71.92	6.51	3.74	10.75	13.59	100.00
2009	70.67	5.72	3.80	11.54	13.99	100.00
2010	70.51	5.86	3.75	11.70	14.04	100.00
2011	71.72	5.54	4.14	12.01	12.13	100.00
2012	68.76	4.80	4.69	12.97	13.58	100.00
2013	68.54	4.23	5.41	13.89	12.17	100.00
2014	65.08	3.89	5.71	14.51	10.82	100.00
2015	64.95	3.50	6.24	14.69	10.62	100.00
2016	64.78	3.28	6.16	14.93	10.85	100.00
2017	66.03	3.53	5.94	13.74	10.76	100.00
2018	70.84	—	4.99	11.79	12.39	100.00

资料来源：国家统计局网站。

参照国际房屋空置率的标准，房屋空置率的合理区间为5%~10%，房屋空置率危险区间为10%~20%，房屋空置率严重积压区间为20%以上。根据国家统计局相关数据，经过测算，我国的房屋空置率已经高达26%，处于商品房严重积压区间内，远远超过了国际公认的警戒线。

（三）房地产市场融资结构不合理，银行依赖度高

一般情况下，房地产资金渠道主要包括国内贷款、利用外资、自筹资金和其他资金来源（见表10.22），其他资金来源包括国家预算内资金、债券、社会集资、个人资金、无偿捐赠的资金及用征地迁移补偿费、移民费、房地

产预售款等进行房地产开发的资金。从 2017 年我国房地产企业资金来源看,在这些资金来源中,所占比例大小依次为其他资金来源占 51.12%、自筹资金占 32.60%、国内贷款占 16.18%、利用外资占 0.11%（见表 10.23）。其中,其他资金来源中房地产预售款部分有超过一半为银行按揭贷款,自筹资金中很大一部分为通过银行贷款得到的施工企业垫款。房地产企业对银行贷款的高度依赖性,极易导致房地产企业的融资结构不合理,不仅会影响到房地产企业自身的持续健康发展,还会增大银行经营过程中所面临的金融风险,诱发金融危机。

表 10.22 　　2000—2017 年我国房地产企业资金主要来源

年份 \ 项目	国内贷款（亿元）	利用外资（亿元）	自筹资金（亿元）	其他资金来源（亿元）	资金来源小计（亿元）
2000	1385.08	168.70	1614.21	2819.29	5997.63
2001	1692.20	135.70	2183.96	3670.56	7696.39
2002	2220.34	157.23	2738.45	4619.90	9749.95
2003	3138.27	170.00	3770.69	6106.05	13196.92
2004	3158.41	228.20	5207.56	8562.59	17168.77
2005	3918.08	257.81	7000.39	10221.56	21397.84
2006	5356.98	400.15	8597.09	12781.33	27135.55
2007	7015.64	641.04	11772.53	18048.75	37477.96
2008	7605.69	728.22	15312.10	15973.35	39619.36
2009	11364.51	479.39	17949.12	28006.01	57799.04
2010	12563.70	790.68	26637.21	32952.45	72944.04
2011	13056.80	785.15	35004.57	36842.22	85688.73
2012	14778.39	402.09	39081.96	42274.38	96536.81
2013	19672.66	534.17	47424.95	54490.70	122122.47
2014	21242.61	639.26	50419.80	49689.81	121991.48
2015	20214.38	296.53	49037.56	55654.60	125203.06
2016	21512.40	140.44	49132.85	73428.37	144214.05
2017	25241.76	168.19	50872.22	79770.45	156052.62

资料来源：国家统计局网站。

表 10.23　2000—2017 年我国房地产企业资金主要来源占比

项目 年份	国内贷款（%）	利用外资（%）	自筹资金（%）	其他资金来源（%）
2000	23.09	2.81	26.91	47.01
2001	21.99	1.76	28.38	47.69
2002	22.77	1.61	28.09	47.38
2003	23.78	1.29	28.57	46.27
2004	18.40	1.33	30.33	49.87
2005	18.31	1.20	32.72	47.77
2006	19.74	1.47	31.68	47.10
2007	18.72	1.71	31.41	48.16
2008	19.20	1.84	38.65	40.32
2009	19.66	0.83	31.05	48.45
2010	17.22	1.08	36.52	45.17
2011	15.24	0.92	40.85	43.00
2012	15.31	0.42	40.48	43.79
2013	16.11	0.44	38.83	44.62
2014	17.41	0.52	41.33	40.73
2015	16.15	0.24	39.17	44.45
2016	14.92	0.10	34.07	50.92
2017	16.18	0.11	32.60	51.12

资料来源：国家统计局网站。

第二节　我国房地产市场价格上涨的原因分析

1998 年以来，除 2008 年受到国际金融危机的影响外，我国房地产市场基本呈现出需求相对于供给不断增强的趋势，需求与供给的比值不断上升，即需求不断上升，供给存在垄断，房地产市场的供求关系矛盾日益加剧。从表 10.24 可知，1998—2003 年，商品房市场基本处于供过于求的状况，2004 年首次出现需求超过供给，需求与供给之比为 1.10。此后，2008 年受到国际金融危机的影响，房地产市场供不应求的状况得到暂时的缓解，但自 2009 年以来，房地产市场供求状况出现猛然上涨的态势，2018年需求与供给的比例达到了1.83，供求缺口最大。总体而言，我国的房地产市场始终处于供不应求的状况，导致房地产市场价格不断攀升，故本书接下来将从供给与需求两个方面对房地产价格上涨原因进行分析。

表10.24　　　　　　1998—2018年我国商品房供求状况

年份 项目	商品房竣工面积（万平方米）	商品房销售面积（万平方米）	需求与供给之比
1998	17566.60	12185.00	0.86
1999	21410.83	14556.00	0.86
2000	25104.86	18637.13	0.90
2001	29867.36	22411.9	0.91
2002	34975.75	26808.29	0.94
2003	41464.06	33717.63	1.00
2004	42464.87	38231.64	1.10
2005	53417.04	55486.22	1.27
2006	55830.92	61857.07	1.36
2007	60606.68	77354.72	1.55
2008	66544.80	65969.83	1.21
2009	72677.40	94755.00	1.59
2010	78743.90	104764.70	1.65
2011	92619.94	109366.80	1.47
2012	99424.96	111303.70	1.41
2013	101434.99	130550.59	1.29
2014	107459.05	120648.54	1.12
2015	100039.10	128494.97	1.28
2016	106127.71	157348.53	1.48
2017	101486.41	169407.82	1.67
2018	93550.11	171654.36	1.83

资料来源：国家统计局网站。

一、供给方面原因

造成房地产市场价格上涨的原因有很多，但其中最重要的原因就是我国房地产市场中保障性住房严重短缺，进而出现房地产供给垄断。一方面，商品房的数量在房地产供给体系中占绝大多数,房地产开发商还拥有对商品房的垄断经营权,在高额利润的驱使下,直接导致了房地产价格的居高不下;另一方面,土地供给控制在地方政府手中,地方政府通过土地出让,获得巨额的土地出让金收入,在推高地价的同时也将房地产的成本转嫁到了消费者身上,虽然并没有形成对房地产供给的直接垄断,但地方政府通过控制土地供给间接实现了对房地产供给的垄断。

(一)保障性住房供给严重不足

一般来说,一国住房供给体系应包含以下三类:第一类是政府供给,主要是指由政府出面,为满足中低收入群体的住房需求而提供的保障性住房;第二类是市场供给,主要是指房地产市场为满足高收入群体的住房需求所提供的商品住房;第三类是居民自建,主要是指农村居民通过自建住房的方式来满足自身住房要求。在三种住房供给方式中,由政府供给的保障性住房应在整个住房供给体系中占有较高比重。从国际对比来看,新加坡政府供给的住房占比高达97%,美国政府供给的住房占整个住房供给体系的80%。我国保障性住房在整个住房供给体系中占比非常低。由图10.2可知,我国经济适用房销售面积占普通住宅销售面积的比重从2000年的23%下降到了2009年的4%,反映出我国保障性住房建设明显滞后于商品房建设,保障性住房发展缓慢,我国出现房地产市场过度商业化、市场化,保障性住房供给不足的局面。

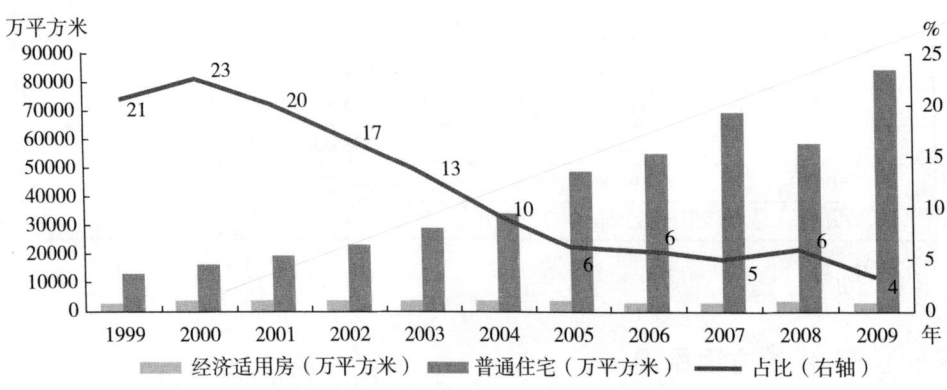

资料来源:CREIS中指数据。

图10.2 1999—2009年我国经济适用房发展情况

（二）房地产开发企业对住房供给形成垄断

保障性住房供给严重不足，在整个住房供应体系中商品房占比始终居高不下，出现了房地产开发企业垄断住房供给的局面，最主要的原因就是房地产市场所具有的高门槛，政府将房地产开发建设的权利排他性地赋予房地产开发企业，严禁非房地产开发企业参与房地产开发建设，形成了对住房供给的独家垄断。其结果就是房地产开发企业垄断了房地产供给，拥有了绝对定价权，直接推动了房地产市场的价格上涨。

（三）地方政府对土地供给形成垄断

房地产供给的垄断还体现在地方政府垄断土地供给上。从 2002 年开始，土地供给必须以招标、拍卖、挂牌（以下简称"招拍挂"）方式进行，开启了土地供应公开交易的新时代，较好地解决了土地资源配置的问题，但"招拍挂"也造成了政府对土地供给的垄断，使地方政府与房地产开发企业之间形成了错综复杂、千丝万缕的联系，形成了地方政府与房地产开发企业的利益共同体，衍生出了房地产市场政商一体化的现象。

"招拍挂"制度将土地转让的收益支配权交由地方政府，为地方政府带来了巨额的土地财政收入。一方面，由于土地的稀缺性，房地产开发企业纷纷通过各种途径争抢有限的土地资源，导致土地价格不断攀升；另一方面，地方政府垄断土地、抬高地价，导致土地成交价格屡创新高，地王不断涌现。高额的土地成交价格最后都会转嫁到普通消费者身上，进一步推高了房地产价格。

二、需求方面原因

（一）城市化快速发展形成强大的住房需求

伴随着工业化进程的逐步推进，我国的城市化进程也快速发展。城镇人口占总人口的比重从 1998 年的 33.35% 上升到 2018 年的 59.58%（见表 10.25），我国城市化发展进程以每年 1.32% 的速度不断推进。城市化率的不断提高必然会导致城镇人口的激增，形成强大的住房需求。因此，城市化进程的不断深入会在一定程度上刺激房地产需求，最终导致房地产市场价格的不断攀升。

表 10.25　　　　　　　　1998—2018 年我国城市化率

项目 年份	总人口（万人）	城镇人口（万人）	城市化率（%）
1998	124761	41608	33.35
1999	125786	43748	34.78
2000	126743	45906	36.22
2001	127627	48064	37.66
2002	128453	50212	39.09
2003	129227	52376	40.53
2004	129988	54283	41.76
2005	130756	56212	42.99
2006	131448	58288	44.34
2007	132129	60633	45.89
2008	132802	62403	46.99
2009	133450	64512	48.34
2010	134091	66978	49.95
2011	134735	69079	51.27
2012	135404	71182	52.57
2013	136072	73111	53.73
2014	135782	74916	55.17
2015	137462	77116	56.10
2016	138271	79298	57.35
2017	139008	81347	58.52
2018	139538	83137	59.58

资料来源：国家统计局网站。

（二）收入水平的不断提高推高改善型需求

随着经济发展水平的不断提高，我国居民整体收入水平不断上涨。以全国城镇居民家庭人均可支配收入数据为例，1998 年城镇居民人均支配收入仅为 5160.3 元，2018 年增长到 39251 元，居民生活水平得到了显著的提高。居民收入水平的不断提高，无形中推高了改善型住房的需求水平，使改善型住房需求成为房地产市场中一股不可忽视的力量，在一定程度上助推了房地产价格的不断上涨。

（三）房地产价格上涨预期激发投资投机型需求

投资投机型需求的产生来源于对房地产价格上升的未来预期。房地产需求的不断增加，激起了公众对房价上涨的未来预期，刺激了房地产投资热情，使大量闲置资金出于投资投机目的从其他市场涌向房地产市场，进一步推高了房地产市场价格。因此，旺盛的投资投机型需求也成为房地产价格上涨的一大推手。

以房屋空置率为例，对房地产市场投资投机型需求的高低进行分析可以发现，原则上，空置率处于5%~10%是空置合理区间，处于10%~20%是空置危险区间，处于20%以上是空置严重积压区间。相关统计数据表明，上海、北京、深圳三地的空置率已经达到50%以上，远远超过了空置率的警戒区间。中国社会科学院城调队对城市房屋空置率所做的调查表明，在被调查的660个城市中，闲置房共计6540万套，在建房共计1250万套。按一套住房可以解决三个人的居住问题来估算，这些空置的房屋可以解决我国2.3亿人的住房问题。居高不下的空置率反映出在我国房地产市场中存在严重的投资投机现象，对住房的需求很大一部分来源于对房地产的投资投机型需求。

第三节 我国房地产价格波动对宏观经济的影响

一、房地产价格波动对消费的影响过程分析

房地产价格波动对消费的影响是指房地产价格变动对居民消费支出的影响过程，主要是通过财富效应和挤占效应来实现的。一方面，房地产是家庭最重要的资产，其价格波动会直接或间接对居民的财富水平造成影响，进而对居民的消费行为或习惯产生影响，形成财富效应。另一方面，房地产价格的高涨，使购房支出成为居民消费中所占比重较大的支出，需要居民通过长期储蓄来实现，因此极易导致对居民其他方面的消费形成挤占，对当期消费产生挤占效应。

(一) 理论分析

1. 财富效应

财富效应（Modigliani，1958）是指房地产价格出现上涨，导致房地产所有者的财富水平增加，进而刺激消费支出水平增加的效应，主要包括当期的财富效应和潜在的财富效应。其中，前者是指房地产价值会随着房价上升而上升，当对房地产进行出售或再融资时，会直接增加房地产所有者的名义财富水平，扩大当期的消费支出水平。后者是指房地产价值会随着房价上升而上升，尽管现阶段没有选择出售或再融资，但是房价上升改变了居民对未来收入的预期，提高了未来出售房地产可以获得的收益，增加了未来的财富水平，进而刺激了消费支出水平。因此，房地产价格的上涨将会在一定程度上刺激消费支出。

2. 挤占效应

挤占效应是指房地产价格的持续上涨，非但不会导致居民消费支出的增加，反而会降低居民的即期消费支出水平。一方面，对于购房者而言，由于房地产价格持续上涨，购房者为了满足购房需求，需要支付更高的房地产首付款，未来需要偿还更多的贷款，只有减少当期消费以增加储蓄，才能应付未来可能会出现的还款增加；另一方面，对于租房者来说，房地产价格的上涨无形中会增加租房的成本，在收入一定的情况下，只能通过挤占消费来满足租房资金需求。因此，房价上涨会影响到租房者和购房者的消费、储蓄行为，出现挤占消费的情况。

因此，当房价上升时，财富效应会导致增加消费，形成正的消费效应；挤占效应会导致减少消费，形成负的消费效应。但总体来说，房地产价格波动将会形成正的消费效应。

（二）实证分析

1. 指标选取与数据说明

本书的被解释变量为消费，选择的指标为城镇居民人均消费支出的增长率（SC_t）；解释变量为收入和房地产价格波动，选择的指标是城镇居民人均可支配收入的增长率（SI_t）和商品房销售价格的增长率（HP_t）。数据选择的区间为1999—2017年，就房地产价格波动对消费的影响进行实证分析。

2. 单位根检验（ADF）

表10.26 对 SC_t、SI_t 和 HP_t 的平稳性进行检验后发现，各个变量都是不平稳的，其变量一阶差分后的序列拒绝单位根检验，说明一阶差分后的数据是平稳的，存在一阶单整。

表 10.26　　　　　　　　　平稳性检验结果

变量	ADF 检验值	临界值（置信水平）			平稳性结果
		1%	5%	10%	
SC_t	-0.428792	-2.708094	-1.962813	-1.606129	不平稳
ΔSC_t	-7.477391	-2.708094	-1.962813	-1.606129	平稳
SI_t	-0.262581	-2.717511	-1.964418	-1.605603	不平稳
ΔSI_t	-5.338121	-2.717511	-1.964418	-1.605603	平稳
HP_t	-0.819562	-2.708094	-1.962813	-1.606129	不平稳
ΔHP_t	-8.834615	-2.708094	-1.962813	-1.606129	平稳

3. 协整检验

通过表10.27可以发现，迹检验和最大特征根检验的统计量小于5%的临界值，即接受原假设。因此，房地产价格、消费和收入之间存在一种长期均衡关系，并且可以得到如下协整关系：

$$SC_t = 0.669671 + 0.807507 \times SI_t + 0.048175 \times HP_t \quad (10.1)$$
$$(0.523077)\ (6.910390)\ \qquad (0.975764)$$

表 10.27　　　　　　　　　协整检验结果

协整关系检验	特征值	迹统计量	5%临界值	概率
不存在协整关系	0.945057	63.49117	29.79707	0.0000
至多存在一个协整关系	0.636738	17.06796	15.49471	0.0288
至多存在两个协整关系	0.052679	0.865869	3.841466	0.3521
协整关系检验	特征值	最大特征根统计量	5%临界值	概率
不存在协整关系	0.945057	46.42322	21.13162	0.0000
至多存在一个协整关系	0.636738	16.20209	14.26460	0.0244
至多存在两个协整关系	0.052679	0.865869	3.841466	0.3521

从式（10.1）可以看出，收入和房地产价格对消费存在正向的影响。当房地产价格的增长率上升1个百分点时，消费的增长率随之增加0.05个百分点；当收入的增长率上升1个百分点时，消费的增长率随之增加0.81个百分点。这反映出消费主要是受到收入的影响，房地产价格上涨所带来的财富效应大于房地产价格上涨所产生的挤占效应。

4. VAR 分析

（1）收入和房地产价格对消费的脉冲响应分析。从图10.3和图10.4可以看出，消费在受到1个单位的正向冲击后，由于消费习惯的改变需要时间，消费行为存在惯性，消费受到自身收入因素的影响相对较大，且衰减的速度比较缓慢。收入冲击对消费产生正向的影响，在第三年影响幅度最大，随后影响开始逐渐衰减，但衰减的速度相对较慢。房地产价格冲击对消费同样产生正向的影响，在第二年影响幅度最大，之后开始增加，但房地产价格的脉冲响应不如收入的脉冲响应大。

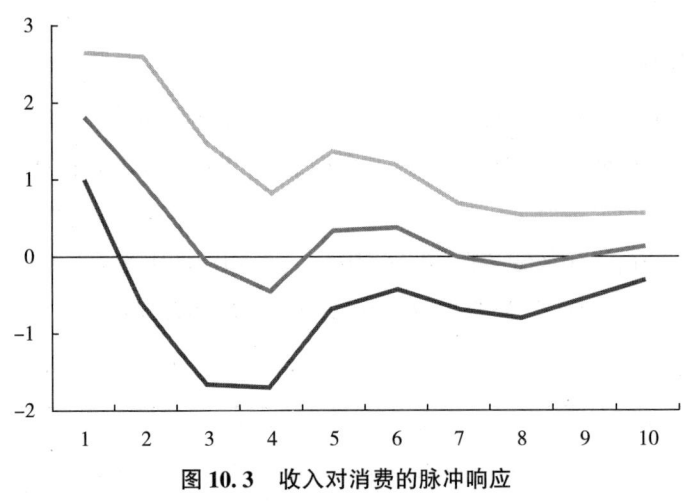

图10.3 收入对消费的脉冲响应

（2）方差分解

通过表10.28中各种冲击对消费影响大小的结果可以看出，在10期的方差分解中，首先，消费自身的滞后影响最大，反映出消费具有较强的惯性，并且衰减的速度相对较慢。其次，房地产价格对消费的方差贡献一直稳定在11%左右，而收入对消费的方差贡献则一直处于36%左右，收入对消费的影响远大于房地产价格波动对消费的影响。

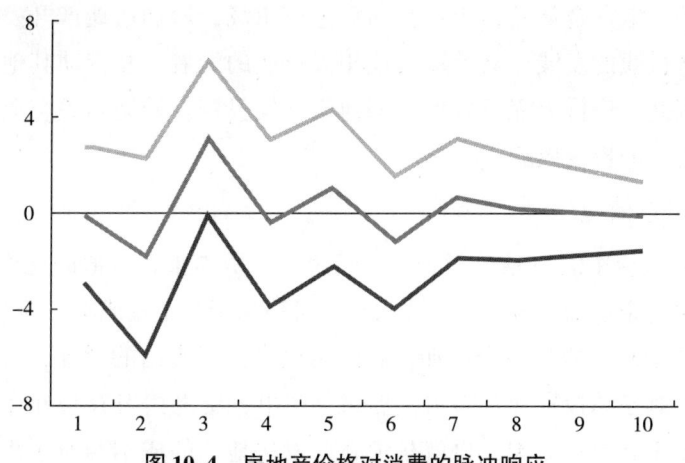

图 10.4 房地产价格对消费的脉冲响应

表 10.28 消费的方差分解

预测期	消费（SC）	收入（SI）	房地产价格（HP）
1	100.0000	0.000000	0.000000
2	54.88664	38.70891	6.404443
3	51.86164	38.99494	9.14342
4	51.88579	36.94111	11.17310
5	51.93971	36.33417	11.72613
6	51.82520	36.53010	11.64470
7	51.67551	36.43486	11.88962
8	51.57618	36.47389	11.94993
9	51.56527	36.45423	11.98050
10	51.63823	36.39680	11.96497

二、房地产价格波动对投资的影响过程分析

房地产价格波动对投资的影响是指房地产价格变动对投资的影响过程，主要是通过直接投资效应、托宾 Q 效应、资产负债表效应来实现的。

（一）理论分析

1. 直接投资效应

房价上涨意味着房地产市场的发展前景向好，行业整体收益率上升，会吸引更多的闲散资金从其他市场流向房地产市场，增加房地产开发投资。同时，房地产行业的发展还会带动其他相关行业的发展，并带动其他相关产业的投资。因此，房价上涨可以增加房地产开发投资，带动相关企业投资的增加，产生直接的投资效应。

2. 托宾 Q 效应

托宾 Q 效应中的 Q 值是指企业市场价值与资本重置价值的比值，Q 值的高低将会决定企业的投资决策。当房地产价格高于其重置成本，即 Q 值大于 1 时，房地产新开发的收益会增加，刺激房地产投资支出的增加，带动投资需求，进一步刺激总投资和总需求，提高总产出；反之，当 Q 值小于 1 时，房地产价格低于其重置成本，也就是说新开发房地产的成本相对于房地产的市场价格较高，在这种情况下，企业不会选择投资新的房地产项目。同时，房价上涨，可以提高房地产投资价值，推高其股票价格，使托宾 Q 理论发挥作用，使投资增加。

3. 资产负债表效应

资产负债表效应是指房地产价格的变动会通过对企业的资产负债表产生影响，进而影响投资的影响过程。资产负债表效应假设存在信息不对称，并假设存在于不完全竞争的金融市场之中，即在信贷市场中，借款人和贷款人双方在贷款的具体应用方面所掌握的信息存在不对称的现象。由于双方在信息获得程度上存在明显差异，无形中就增加了出现逆向选择和道德风险的概率。为了降低贷款风险，贷款人在确定贷款合同的贷款金额时，会本能地将贷款金额建立在借款企业净值之上来规避风险。当房价上涨时，企业净值随之提高，逆向选择和道德风险的发生概率就会下降，资产负债表效应开始发挥作用，企业可以从信贷市场中获得更多的贷款，增加投资。

因此，当房价上升时，三种投资效应均会增加社会投资，形成正的投资效应。

(二) 实证分析

1. 指标选取与数据说明

本书的被解释变量为投资，选择的指标为全社会固定资产投资的增长率（I_t）；解释变量为房地产价格波动，选择的指标是商品房销售价格的增长率

（HP_t）。数据选择的区间为1999—2017年，就房地产价格波动对投资的影响进行实证分析。

2. 单位根检验（ADF）

表10.29对I_t和HP_t的平稳性进行检验后发现，各个变量都是不平稳的，其变量一阶差分后的序列拒绝单位根检验，说明一阶差分后的数据是平稳的，存在一阶单整。

表10.29   平稳性检验结果

变量	ADF检验值	临界值（置信水平）			平稳性结果
		1%	5%	10%	
I_t	-0.643305	-2.699769	-1.961409	-1.606610	不平稳
ΔI_t	-5.577103	-2.708094	-1.962813	-1.606129	平稳
HP_t	-0.819562	-2.708094	-1.962813	-1.606129	不平稳
ΔHP_t	-8.834615	-2.708094	-1.962813	-1.606129	平稳

3. 协整检验

通过表10.30可以发现，迹检验和最大特征根检验的统计量小于5%的临界值，即接受原假设。因此，房地产价格和投资之间存在一种长期均衡关系，并且可以得到如下协整关系：

$$I_t = 13.31214 + 0.639044 \times HP_t \tag{10.2}$$
$$(5.086718) \quad (2.361466)$$

表10.30   协整检验结果

协整关系检验	特征值	迹统计量	5%临界值	概率
不存在协整关系	0.714803	24.02369	15.49471	0.0021
至多存在一个协整关系	0.293198	5.205071	3.841466	0.0225
协整关系检验	特征值	最大特征根统计量	5%临界值	概率
不存在协整关系	0.714803	18.81862	14.26460	0.0089
至多存在一个协整关系	0.293198	5.205071	3.841466	0.0225

从上述协整关系可以看出，当房地产价格的增长率上升1个百分点时，投资的增长率随之增加0.64个百分点。这反映出房价上涨对投资的增长具有

促进作用。

4. VAR 分析

（1）房地产价格对投资的脉冲响应分析。从图 10.5 可以看出，房地产价格冲击对投资存在正向的影响，并在第二年达到最大，之后开始快速衰减，第十年几乎衰减为零，说明房地产价格的上涨对投资具有显著的促进作用，但这种促进作用持续的时间不长。

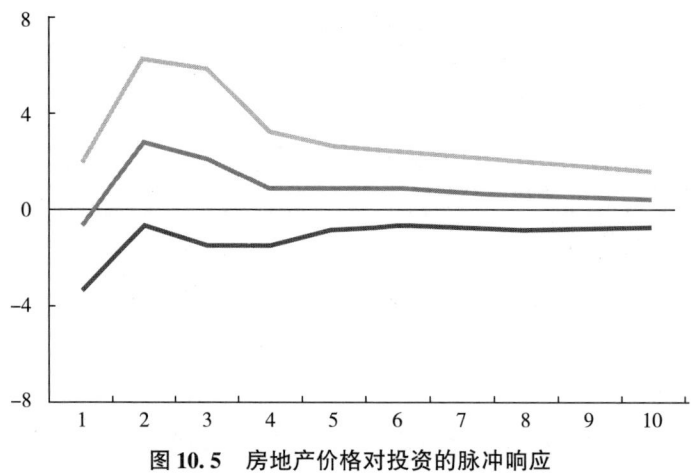

图 10.5　房地产价格对投资的脉冲响应

（2）方差分解。通过表 10.31 中房地产价格冲击对投资影响大小的结果可以看出，在 10 期的方差分解中，首先，投资自身的滞后影响最大，反映出投资具有较强的惯性，并且从第二期开始就稳定在 89% 左右。其次，房地产价格波动对投资的方差贡献一直稳定在 10% 左右，说明房地产价格的上涨对于拉动投资具有显著的影响。

表 10.31　　　　　　　　投资的方差分解

预测期	投资（I）	房地产价格（HP）
1	100.0000	0.000000
2	89.61586	10.38414
3	87.86565	12.13435
4	88.41795	11.58205
5	89.01896	10.98104
6	89.30555	10.69445

续表

预测期	投资（I）	房地产价格（HP）
7	89.47852	10.52148
8	89.59260	10.40740
9	89.67188	10.32812
10	89.72059	10.27941

三、房地产价格波动对经济增长的影响过程分析

（一）理论分析

房地产价格波动对经济增长的影响是指房地产价格变动对经济增长的影响过程。房地产行业与其他行业关联度高，可以直接或间接地带动建材、化工、建筑、冶金等众多产业的发展，形成正向的拉动效应，在推动我国经济发展的过程中功不可没。我国现阶段的经济发展被内需不足困扰，而房地产行业不仅可以直接增加投资需求，还可以直接或间接地增加消费需求，是拉动经济增长、避免经济衰退的重要力量。

（二）实证分析

1. 指标选取与数据说明

在本书中，被解释变量为经济增长，选择的指标为 GDP 的增长率（GDP_t）；解释变量为房地产价格波动，选择的指标是商品房销售价格的增长率（HP_t）。数据选择的区间为 1999—2017 年，就房地产价格波动对经济增长的影响进行实证分析。

2. 单位根检验（ADF）

表 10.32 对 GDP_t 和 HP_t 的平稳性进行检验发现，各个变量都是不平稳的，其变量一阶差分后的序列拒绝单位根检验，说明一阶差分后的数据是平稳的，存在一阶单整。

表 10.32　　　　　　　　　平稳性检验结果

变量	ADF 检验值	临界值（置信水平）			平稳性结果
		1%	5%	10%	
GDP_t	-0.449851	-2.728252	-1.966270	-1.605026	不平稳
ΔGDP_t	-5.469282	-2.717511	-1.964418	-1.605603	平稳
HP_t	-0.819562	-2.708094	-1.962813	-1.606129	不平稳
ΔHP_t	-8.834615	-2.708094	-1.962813	-1.606129	平稳

3. 协整检验

通过表 10.33 可以发现，迹检验和最大特征根检验的统计量小于 5% 的临界值，即接受原假设。因此，房地产价格波动和经济增长之间存在一种长期均衡关系，并且可以得到如下协整关系：

$$GDP_t = 11.40003 + 0.181642 \times HP_t \qquad (10.3)$$
$$(6.534594)\ (1.006911)$$

表 10.33　　　　　　　　　协整检验结果

协整关系检验	特征值	迹统计量	5%临界值	概率
不存在协整关系	0.587091	18.25180	15.49471	0.0187
至多存在一个协整关系	0.172301	3.214807	3.841466	0.0730
协整关系检验	特征值	最大特征根统计量	5%临界值	概率
不存在协整关系	0.587091	15.03700	14.26460	0.0377
至多存在一个协整关系	0.172301	3.214807	3.841466	0.0730

从上述协整关系可以看出，当房地产价格的增长率上升 1 个百分点时，经济的增长率随之增加 0.18 个百分点。这反映出房价上涨对整个宏观经济的增长具有一定的促进作用，对经济增长产生拉动效应。房地产市场的不断发展，可以在一定程度上拉动经济的增长。

4. VAR 分析

（1）房地产价格对经济增长的脉冲响应分析。从图 10.6 可以看出，房地产价格波动冲击对 GDP 增长率存在正向的影响，在第三年时达到最大，之后开始衰减，在第八年时几乎衰减为零，说明房地产价格的上涨对经济增长具有显著的促进作用。

第十章
房地产价格波动与宏观经济稳定

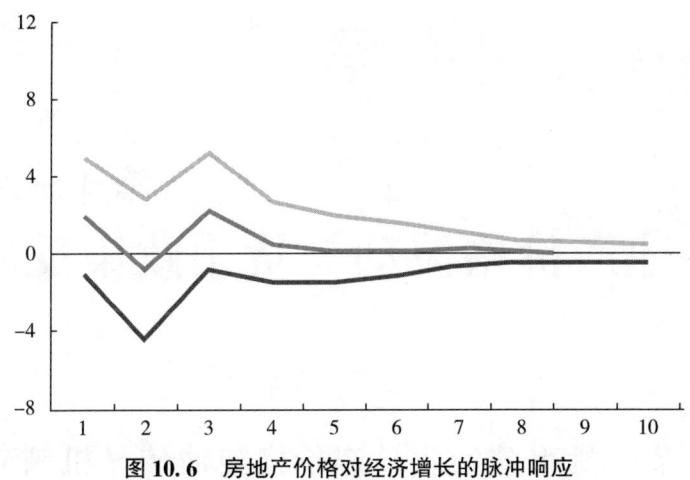

图 10.6　房地产价格对经济增长的脉冲响应

（2）方差分解。通过表 10.34 中房地产价格冲击对经济增长影响大小的结果可以看出，在 10 期的方差分解中，首先，经济增长自身的滞后影响最大，反映出经济增长具有较强的惯性，并且衰减的速度相对较慢。其次，房地产价格波动对经济增长的方差贡献一直稳定在 22% 左右，说明房地产价格的上涨对于拉动经济增长具有显著的影响，且影响的时间相对较长。

表 10.34　　　　　　　　　经济增长的方差分解

预测期	经济增长（GDP）	房地产价格（HP）
1	100.0000	0.000000
2	81.17332	18.82668
3	77.77350	22.22650
4	77.84340	22.15660
5	77.95558	22.04442
6	77.75427	22.24573
7	77.69781	22.30219
8	77.69560	22.30440
9	77.69161	22.30839
10	77.68646	22.31354

第十一章
房地产价格波动与货币政策反应

第一节 货币政策房地产价格波动传导机制分析

货币政策房地产价格波动传导机制是指通过利用货币政策工具影响房地产价格，进而实现货币政策目标的传导过程。

一、货币政策房地产价格波动传导机制的理论分析

（一）利率传导渠道

利率传导渠道需要从房地产需求和房地产供给两个角度进行分析。从房地产需求角度来说，房地产是一种兼具一般商品和金融投资属性的特殊商品。大多数消费者无法实现一次性付款购房，只能通过抵押所购房产从银行获得住房贷款，并按照贷款合同约定的时间来偿还贷款。利率提高将会增加消费者的还款额，加大购房压力，导致部分无法承担还款额的消费者选择退出房地产市场，抑制房地产需求，使房地产价格下降；相反，利率降低将会减少消费者的还款额，减少购房压力，吸引部分潜在消费者选择进入房地产市场，激发房地产需求，使房地产价格上涨。

从房地产供给角度来说，房地产开发商在建房过程中也需要借助银行信贷解决资金短缺问题。利率成为房地产开发商资金使用成本的反映，利率的高低决定了其财务成本的高低，进而对房地产开发商的建筑成本和利润产生影响，导致房地产供给发生变化，对房地产价格产生影响。因此，若利率提高，则意味着房地产成本提高，房地产供给将会相应减少，房地产价格上升；

相反，若利率降低，则房地产成本下降，房地产供给将会相应增加，房地产价格下降。

（二）信贷传导渠道

在信贷传导渠道中，中央银行通过调节货币供应量，实施紧缩型或扩张型货币政策，改变商业银行的贷款供给能力，调控房地产贷款，导致房地产需求发生变化，影响房地产价格。因此，当货币当局实施扩张型货币政策时，如降低存款准备金率和再贴现率、增加再贷款、买入有价证券等，将会增加商业银行的信贷供给，激发有效需求，导致房地产价格上涨。反过来，当货币当局实施紧缩型货币政策时，如提高存款准备金率和再贴现率、减少再贷款、卖出有价证券等，将会减少商业银行的信贷供给，抑制有效需求，使房地产价格下降。

（三）资产组合选择传导渠道

根据投资分散化原则，理性的投资者通常不会只投资一种资产，一般会构建一个包含货币资产和以房地产为代表的非货币资产的资产组合，并根据货币资产和非货币资产的收益、风险和流动性，随时对组合中资产的占比情况进行调整，以达到分散投资风险、增大投资收益的目的。因此，当货币当局采取降低利率或增加货币供应量等扩张型货币政策时，货币资产的投资收益将会下降，以房地产为代表的非货币资产的投资收益将会上升，原有的资产组合均衡状态将会被打破。理性的投资者会相应增加以房地产为代表的非货币资产的比例，减少货币资产的比例，形成新的资产组合均衡状态。以房地产为代表的非货币资产的比例上升，将会增加以房地产为代表的非货币资产的需求，房地产价格上涨。反过来，当货币当局采取提高利率或减少货币供应量等紧缩型的货币政策时，货币资产的投资收益将会上升。理性的投资者会相应增加货币资产的比例，减少以房地产为代表的非货币资产的比例，形成新的资产组合均衡状态。以房地产为代表的非货币资产的比例下降，将会降低以房地产为代表的非货币资产的需求，房地产价格下降。

二、货币政策房地产价格波动传导机制的实证分析

（一）利率对房地产价格的影响

图 11.1 显示了 2002—2018 年房地产价格与利率之间的变化趋势。其中，

全国银行间同业拆借市场（7天）加权平均利率作为利率的代表指标，国房景气指数作为房地产价格的代表指标。总体上看，2002—2018年，房地产价格与利率之间的相关性系数为－0.3113，反映出房地产价格与利率之间呈现负相关关系。

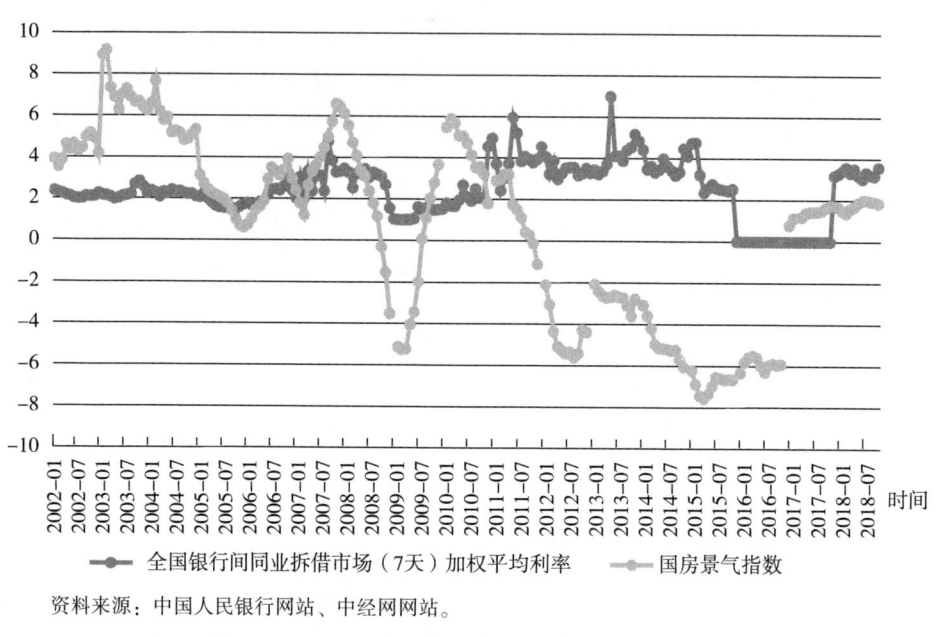

资料来源：中国人民银行网站、中经网网站。

图11.1　2002—2018年利率与房地产价格变化趋势

（二）货币供应量对房地产价格的影响

目前，我国根据流动性不同，将货币供应量分成三个层次，分别是M_0、M_1、M_2。其中，M_2是涉及范围较广的货币供应量指标，是最常用的货币政策工具之一。因此，本书以广义货币供应量M_2作为货币供应量的代表指标，以国房景气指数作为房地产价格的代表指标。图11.2反映出2002—2018年房地产价格与货币供应量之间的变化趋势。总体上看，2002—2018年房地产价格与货币供应量M_2之间的相关性系数为0.0753，反映出房地产价格与货币供应量之间呈现微弱的正相关关系，货币供应量并不是影响房地产价格变化的主要因素。

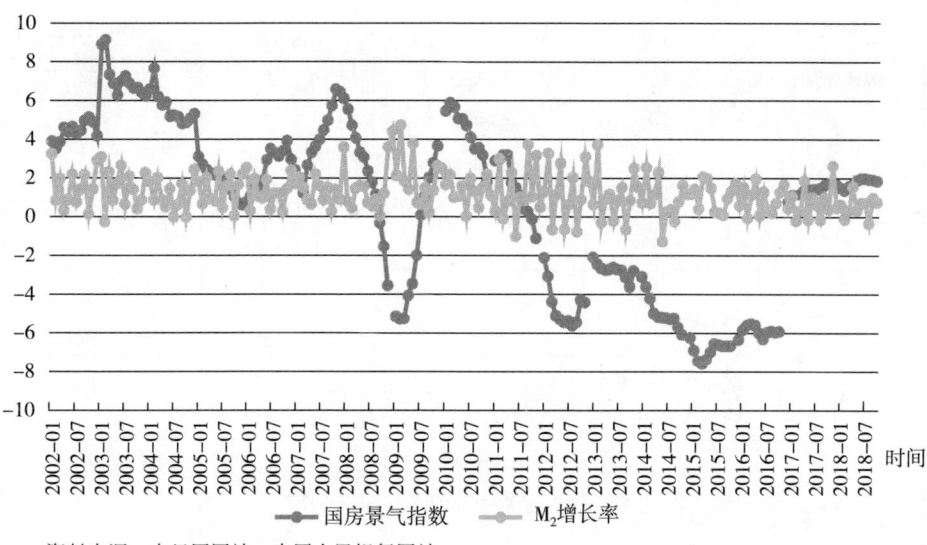

资料来源：中经网网站、中国人民银行网站。

图 11.2　2002—2018 年 M_2 与房地产价格变化趋势

（三）计量分析

为了检验货币政策对房地产价格波动的影响，进行计量分析，我们得出以下模型：

$$HP = c + X_1 R + X_2 M + v \quad (11.1)$$

其中，HP 代表房地产价格波动，R 代表利率，M 代表货币供应量增长率，v 代表模型的随机误差项。

本书运用 EViews 6.0 软件检验货币政策对房地产价格波动的影响，进行多元线性回归分析（见表 11.1），样本区间为 2002 年 1 月至 2018 年 12 月的月度统计数据，所采用的数据来自国家统计局网站、中经网网站、中国人民银行网站。

表 11.1　货币政策对房地产价格波动影响的多元回归分析结果

解释变量	模型1	模型2	模型3	模型4
C	3.851492 *** (3.497970)	3.969246 *** (3.531270)	4.551756 *** (4.237081)	5.538339 *** (5.110356)
R	-1.172226 *** (-3.547464)			

续表

解释变量	模型1	模型2	模型3	模型4
R(-1)		-1.235926*** (-3.716713)		
R(-2)			-1.386002*** (-4.371062)	
R(-3)				-1.641023*** (-5.251585)
M	-0.112320 (-0.362291)			
M(-1)		-0.0144638 (0.459726)		
M(-2)			0.013764 (0.046589)	
M(-3)				-0.214023 (-0.688787)
R^2	0.6675	0.6781	0.6967	0.7298

注：***表示在1%的置信概率下显著。

通过表11.1中各模型的比较可以发现，模型4样本的可决系数R^2相对较大，样本拟合程度相对较好，是四个模型中最符合现实状况的。模型3中滞后三期的全国银行间同业拆借市场（7天）利率和广义货币供应量（M_2）对当期的房地产价格波动能起到较好的解释作用。其模型结果如下：

$$HP_t = 5.538339 - 1.641023 R_{t-3} - 0.214023 M_{t-3} \quad (11.2)$$

利率与房地产价格波动之间是负相关关系，货币供应量与房地产价格波动之间是正相关关系，均与上文关于货币政策对房地产价格波动的理论分析相一致。在式（11.2）中，利率变动1个单位，将会使房地产价格波动反向变动1.641023个单位；货币供应量增长率变动1个单位，将会使房地产价格波动反向变动0.214023个单位。对比之下可以发现，利率对房地产价格波动的影响力比货币供应量对房地产价格波动的影响力更强，这也符合上文关于货币政策对房地产价格波动影响的结论。

第二节 房地产价格波动对货币政策影响的实证分析

从1998年开始,我国房地产市场获得了飞速发展,市场化程度不断提高,在我国国民经济的发展过程中发挥了重要的作用。但是,伴随着我国房地产市场的快速发展,房地产市场中也出现了隐患,那就是房地产价格上涨程度已经远远超过了居民的承受程度。为此,国家出台了一系列的房地产市场调控手段,其中货币政策调控手段最为突出,为我国房地产市场的稳定发展发挥了重要的作用。因此,深入研究房地产价格波动对货币政策的影响,有助于引导房地产市场的良性发展,促进经济的持续健康发展。

一、数据选择与处理

货币政策一般包括价格型工具和数量型工具两大类。其中,价格型工具以利率为主,数量型工具以货币供应量为主。因此,本书选择广义货币供应量的增长率来代表数量型工具,用 M_2 表示;选择全国银行间同业拆借市场(7天)加权平均利率来代表价格型工具,用 R 表示;选择国房景气指数来代表房地产价格波动,并将国房景气指数进行取对数处理,用 $\ln HP$ 表示。样本数据的区间是2002—2018年的月度数据,数据来源于中经网、国家统计局网站、中国人民银行网站。

二、数据的平稳性检验

本书利用ADF检验方法,对 M_2、R、$\ln HP$ 的原时间序列数据和一阶差分后的时间序列数据进行单位根检验,发现一阶差分后的数据是平稳的,均服从一阶单整(见表11.2)。

表11.2　　　　　　　　　　平稳性检验结果

变量	ADF检验值	临界值(置信水平)			平稳性结果
		1%	5%	10%	
$\ln HP$	-1.437668	-3.469214	-2.878515	-2.575899	不平稳
$\Delta\ln HP$	-8.625450	-3.469214	-2.878515	-2.575899	平稳

续表

变量	ADF 检验值	临界值（置信水平）			平稳性结果
		1%	5%	10%	
M_2	-1.680640	-3.464460	-2.876435	-2.574788	不平稳
ΔM_2	-12.17060	-3.464460	-2.876435	-2.574788	平稳
R	-0.392038	-2.576634	-1.942431	-1.615638	不平稳
ΔR	-10.78525	-2.576634	-1.942431	-1.615638	平稳

三、协整关系检验

当证明时间序列数据 M_2、R、$\ln HP$ 存在一阶单整关系后，通过表 11.3 的检验结果可以知道，时间序列数据至少存在一个协整关系，时间序列数据 M_2、R、$\ln HP$ 存在长期稳定的均衡关系，可以据此建立 VAR 模型。

表 11.3 　　　　　　　　　协整关系检验结果

协整关系检验	特征值	迹统计量	5%临界值	概率
不存在协整关系	0.465763	123.3778	29.79707	0.0000
至多存在一个协整关系	0.086498	17.42922	15.49471	0.0253
至多存在两个协整关系	0.012582	2.139892	3.841466	0.1435
协整关系检验	特征值	最大特征根统计量	5%临界值	概率
不存在协整关系	0.465763	105.9486	21.13162	0.0001
至多存在一个协整关系	0.086498	15.28933	14.26460	0.0343
至多存在两个协整关系	0.012582	2.139892	3.841466	0.1435

四、构建 VAR 模型

根据平稳性检验结果，本书以平稳时间序列数据 M_2、R、$\ln HP$ 作为变量建立 VAR 模型，对房地产价格波动与货币政策的关系进行实证分析。

（一）滞后阶数的选择

表 11.4 中给出了 VAR 模型 0~8 阶的 LR、FPE、AIC、SC 和 HQ 值，LR 准则选择的滞后阶数为 8 阶，FPE 准则选择的滞后阶数为 3 阶，AIC 信息准则选择的滞后阶数为 3 阶，SC 准则选择的滞后阶数为 1 阶，HQ 准则选择的滞

后阶数为1阶，因此我们将VAR模型的滞后阶数选择为3阶。

表11.4　　　　　　　　VAR模型滞后阶数的选择

Lag	lgL	LR	FPE	AIC	SC	HQ
0	-68.86883	NA	0.000810	1.395511	1.472251	1.426593
1	146.5465	414.0994	1.47e-05	-2.612554	-2.305595*	-2.488225*
2	158.7478	22.74405*	1.38e-05	-2.674714	-2.137536	-2.457138
3	168.0280	16.75853	1.38e-05*	-2.680156*	-1.912759	-2.369334
4	173.8368	10.15131	1.47e-05	-2.618191	-1.620575	-2.214122
5	183.3375	16.04969	1.46e-05	-2.627913	-1.400078	-2.130598
6	191.0773	12.62414	1.50e-05	-2.603443	-1.145389	-2.012881
7	192.6878	2.532953	1.75e-05	-2.459957	-0.771684	-1.776148
8	199.8745	10.88472	1.83e-05	-2.424747	-0.506255	-1.647692

注：*为依据相应准则选择的滞后阶数。

（二）VAR模型的平稳性检验

根据AR特征根图可以知道，若被估计的VAR模型所有根的模的倒数均小于1，即均位于单位圆内，则证明其是稳定的；相反，则证明被估计的VAR模型是不稳定的。通过图11.3可知，本书所建立的VAR模型的所有特征根的模的倒数均小于1，都在单位圆内，没有特征根在单位圆外，表明模型是平稳的，符合建立VAR模型的平稳性要求。

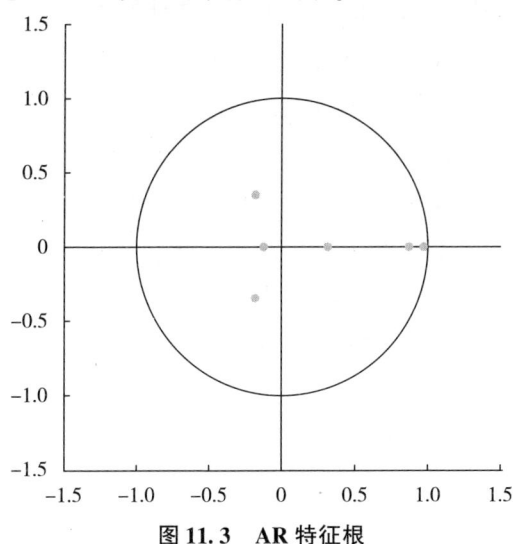

图11.3　AR特征根

(三) VAR 模型的参数估计

根据上述检验结果，我们构建以 M_2、R、$\ln HP$ 为变量的 VAR (3) 模型，对 VAR (3) 模型的参数进行估计，具体参数如下：

$$\begin{pmatrix} \ln HP_t \\ M_{2t} \\ R_t \end{pmatrix} = \begin{pmatrix} 0.167958 \\ -10.85077 \\ 1.310942 \end{pmatrix} + \begin{pmatrix} 1.246777 & 0.001140 & 0.000165 \\ -13.59904 & -0.143145 & -0.409591 \\ -2.543577 & 0.003494 & 0.625365 \end{pmatrix} \begin{pmatrix} \ln HP_{t-1} \\ M_{2t-1} \\ R_{t-1} \end{pmatrix} + \begin{pmatrix} -0.262122 & 0.000339 & -5.18E-06 \\ 15.92215 & -0.057140 & 0.047666 \\ 8.046028 & -0.067820 & 0.118751 \end{pmatrix} \begin{pmatrix} \ln HP_{t-2} \\ M_{2t-2} \\ R_{t-2} \end{pmatrix} + \begin{pmatrix} -0.020435 & -0.000447 & -0.001711 \\ 0.337472 & 0.288564 & 0.221132 \\ -5.732436 & 0.117661 & 0.152072 \end{pmatrix} \begin{pmatrix} \ln HP_{t-3} \\ M_{2t-3} \\ R_{t-3} \end{pmatrix} \quad (11.3)$$

三个 VAR 模型方程的可决系数分别为 0.9787、0.2162 和 0.6608，说明方程的拟合程度较高。从 VAR 模型的系数综合来看，与货币供应量相比，利率对房地产价格的总体影响更显著。

五、格兰杰因果关系检验

下文利用格兰杰因果关系检验方法，通过对序列 M_2、R、$\ln HP$ 进行格兰杰因果关系检验，来对房地产价格波动与货币政策之间的因果关系进行检验。表 11.5 的检验结果表明，在 10% 的置信概率下，只有四个格兰杰关系存在：M_2 是 $\ln HP$ 的格兰杰原因，R 是 $\ln HP$ 的格兰杰原因，R 是 M_2 的格兰杰原因，M_2 是 R 的格兰杰原因，即利率与房地产价格、货币供应量与房地产价格之间存在单向的因果关系，利率与货币供应量之间存在双向因果关系，其余变量之间不存在任何因果关系。这反映出货币供应量的变化会导致房地产价格波动的出现，利率的变化也会导致房地产价格出现波动。

表 11.5　格兰杰因果检验

经济变量 因果关系	F 统计量	概率
M_2 不是 $\ln HP$ 的格兰杰原因	2.32406	0.0772*
$\ln HP$ 不是 M_2 的格兰杰原因	1.52554	0.2102
R 不是 $\ln HP$ 的格兰杰原因	2.90612	0.00367**
$\ln HP$ 不是 R 的格兰杰原因	0.34279	0.7944
R 不是 M_2 的格兰杰原因	3.75744	0.0118**
M_2 不是 R 的格兰杰原因	3.05224	0.0297**

注：**、*分别表示在5%、10%的置信概率下显著。

六、脉冲响应函数分析

本书通过分析 M_2 和 R 的变动对 $\ln HP$ 的冲击，以及 $\ln HP$ 的变动对 M_2 和 R 的冲击，利用脉冲响应函数进一步分析房地产价格波动与货币政策之间的联动关系。

首先，通过分析 M_2 和 R 的变动对 $\ln HP$ 的脉冲响应函数可以看出，给予 M_2 一个正向的冲击后，会导致 $\ln HP$ 出现正向的波动，这种波动会一直持续到 10 期以后，说明正向的货币供应量冲击会对房地产价格产生正向影响。给予 R 一个正向的冲击后，会导致 $\ln HP$ 首先出现正向的波动，随后出现负向波动，说明正向的利率冲击会使房地产价格出现先上涨后下降的状态。

其次，通过分析 $\ln HP$ 的变动对 M_2 和 R 的脉冲响应函数，来分析房地产价格波动对货币政策工具的影响。由表 11.6 可知，给予 $\ln HP$ 一个正向的冲击后，会使 M_2 出现负向的波动，并一直持续到 10 期，说明正向的房地产价格波动会导致货币供应量出现负向变化。给予 $\ln HP$ 一个正向的冲击后，会使 R 出现正向的波动，说明正向的房地产价格波动同样会导致利率出现正向变化。

表 11.6　　　　　　　　　　脉冲响应函数

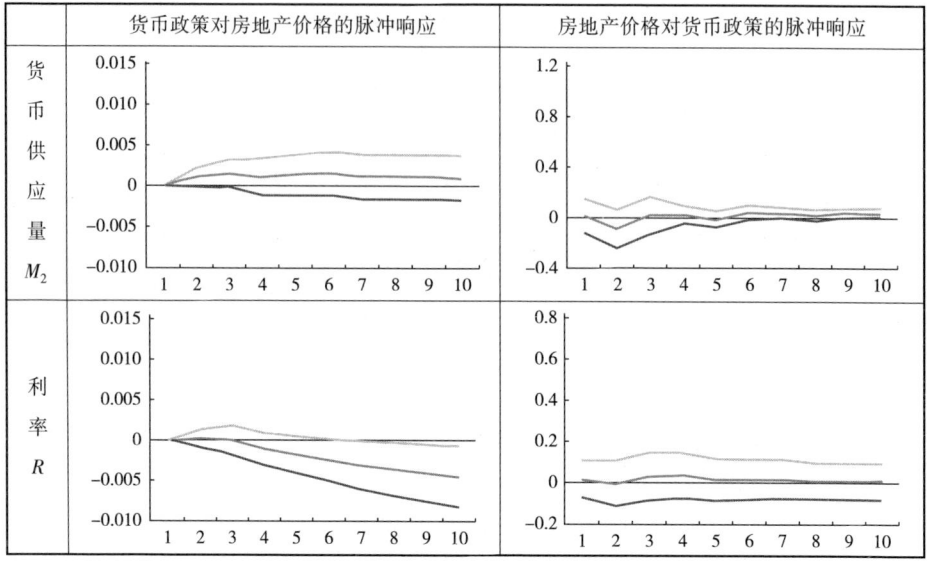

七、方差分解

由表 11.7、表 11.8 和表 11.9 中 lnHP、M_2 和 R 三个变量的方差分解结果可以看出,在 M_2 和 R 对 lnHP 的贡献中,R 相比 M_2 对 lnHP 的贡献率更大一些,即利率的变动比货币供应量的变动对房地产价格波动的影响更大,这与脉冲响应函数的分析结果是一致的;在 lnHP 对 M_2 和 R 的贡献中,lnHP 对 M_2 和 R 的贡献也是逐步增加的。

表 11.7　　　　　　　　　lnHP 的方差分解

预测期	lnHP	M_2	R
1	100.0000	0.000000	0.000000
2	99.12336	0.868817	0.007824
3	98.41999	1.570698	0.009309
4	97.84293	1.546588	0.610479
5	96.62773	1.718595	1.653676
6	94.93028	1.947350	3.122372
7	92.90365	1.941418	5.154935

续表

预测期	lnHP	M_2	R
8	90.68111	1.940510	7.378382
9	88.32555	1.938131	9.736322
10	85.87406	1.874566	12.25137

表11.8　　　　　　　　　M_2 的方差分解

预测期	lnHP	M_2	R
1	0.008958	99.99104	0.000000
2	1.139439	92.38893	6.471635
3	1.138906	91.57992	7.281178
4	1.064979	92.01551	6.919514
5	1.082808	91.17776	7.739434
6	1.197427	90.93059	7.871980
7	1.277720	90.93306	7.789216
8	1.282879	90.69793	8.019194
9	1.380844	90.52723	8.091929
10	1.455743	90.47869	8.065572

表11.9　　　　　　　　　R 的方差分解

预测期	lnHP	M_2	R
1	0.070422	0.085773	99.84381
2	0.062670	0.073748	99.86358
3	0.203182	0.935808	98.86101
4	0.344739	1.495823	98.15944
5	0.326372	1.438798	98.23483
6	0.323959	1.360584	98.31546
7	0.329583	1.514572	98.15585
8	0.316293	1.504549	98.17916
9	0.308011	1.449147	98.24284
10	0.302177	1.484391	98.21343

第三节 货币政策是否应对房地产价格波动作出反应——基于 DSGE 模型的分析

一、模型的设定

模型中包括五类部门主体,分别是家庭部门、房地产部门(房地产要素供应商和房地产开发商)、金融机构(商业银行)、中央银行(货币当局)、政府部门,分别构建货币政策不关注房地产价格波动的 DSGE 模型和货币政策关注房地产价格波动的 DSGE 模型,利用脉冲响应函数和社会福利损失,确定我国的货币政策是否应关注房地产价格波动。

(一)家庭部门

家庭部门是房地产市场中最重要的需求方。家庭部门可以选择在获得收入后用于消费、购房、休闲等形式来增加当期的效用,也可以选择储蓄,增加手中持有的货币数量以增加未来的效用,进而实现终生效用最大化。其效用最大化条件如下:

$$\max: E_0 \sum \beta^t U(C_t, h_t, L_t, \frac{M_t}{P_t}) \tag{11.4}$$

其中,U 表示当期效用函数;E_0 表示理性预期算子;β 表示家庭部门的跨期贴现因子,$0 < \beta < 1$。

$$U(C_t, h_t, L_t, M_t) = \ln C_t + \theta_h \cdot \ln h_t - \frac{L_t^{\eta+1}}{\eta+1} + \ln(\frac{M_t}{P_t}) \tag{11.5}$$

式中,C_t 表示 t 时期家庭部门的非住宅消费水平;θ_h 表示家庭部门的住宅偏好与非住宅消费偏好的相对值,体现了家庭收入如何在住宅消费与非住宅消费之间进行分配;h_t 表示 t 时期家庭部门所拥有的住宅总量,体现了目前的住宅条件;η 表示劳动力供给的跨期替代弹性;L_t 表示 t 时期家庭部门的劳动力供给状况;$\frac{M_t}{P_t}$ 表示 t 时期家庭部门所持有的货币数量。

$$b_t + w_t L_t + \ln(\frac{M_t}{P_t}) = C_t + q_t(h_t - h_{t-1}) + \frac{R_{t-1}}{\pi_t} b_{t-1} \tag{11.6}$$

式（11.6）表示的是家庭部门的现金流预算约束等式，左边为家庭部门现金流预算约束的净流入，右边为家庭部门现金流预算约束的净流出。其中，w_t 表示 t 时期家庭部门的收入水平，q_t 表示 t 时期的房地产价格，R_t 表示 t 时期的利率，b_t 表示 t 时期的银行用于房地产行业的信贷数量，π_t 表示 t 时期的通货膨胀率。

由于房地产价格不断高涨，家庭部门无法通过一次性付款方式来实现购房愿望，只能利用银行信贷来解决购房资金不足的问题，而家庭部门在申请房地产信贷 b_t 的过程中也会受到一定的约束，即

$$b_t \leqslant sE_t(\frac{q_{t+1}\pi_{t+1}h_t}{R_t}) \tag{11.7}$$

其中，s 表示 t 时期家庭部门房地产信贷约束比例，其一阶条件为

$$\frac{q_t}{C_t} = \frac{\theta_h}{h_t} + E_t[\beta(1-s)\frac{q_{t+1}}{C_{t+1}} + s\frac{q_{t+1}\pi_{t+1}}{C_t R_t}] \tag{11.8}$$

$$\frac{w_t}{C_t} = L_t^{\eta} \tag{11.9}$$

$$\frac{1}{P_t} = \frac{1}{P_t C_t} - E_t(\frac{\beta}{P_{t+1}C_{t+1}}) \tag{11.10}$$

（二）房地产部门

房地产部门作为房地产市场的供给者，按其在房地产市场中所扮演的角色不同，可以分为房地产市场的中间厂商和最终厂商，即将房地产部门分为房地产要素供应商和房地产开发商，房地产要素供应商生产的是房地产市场中的中间产品，房地产开发商生产的是房地产市场中的最终产品。在对房地产要素供应市场和开发市场的特点进行分析时，以往相关文献均将最终产品市场设定为完全竞争的，将中间产品市场设定为垄断竞争的，但这样的设定显然并不符合房地产市场的特点。

具体来说，在中间要素产品市场中，房地产要素供应商制造各种中间要素产品，这些中间要素产品市场在性质上几乎都属于完全竞争市场，中间要素产品的生产厂商只能被动接受市场价格。与之相对应的是，在房地产开发市场中，房地产开发过程具有资金、技术高度密集的特点，有十分严格的准入门槛，具有垄断竞争的特点。

鉴于以上分析，本书将房地产要素供应市场设定为完全竞争的，将房地

产开发市场设定为垄断竞争的。

1. 房地产要素供应商

在生产过程中,房地产要素供应商首先购买中间产品,随后生产出各种最终产品,出售给房地产开发商用于房地产建设。

本书假设 i 种中间要素产品数量为 $Y_t(i)$,最终要素产品数量为 Y_t。房地产开发市场中所需要的最终要素产品,其具体生产函数如下:

$$Y_t = \left[\int_0^1 Y_t(i)^{\frac{\varepsilon-1}{\varepsilon}} di\right]^{\frac{\varepsilon}{\varepsilon-1}} \quad \varepsilon > 1 \quad (11.11)$$

其中,ε 表示各种中间要素产品之间的替代弹性。

假设 i 种中间要素产品的价格为 $P_t(i)$,中间要素产品的数量为 $Y_t(i)$,制造出的各种最终要素产品的销售价格为 P_t,各种最终要素产品的数量为 Y_t。因此,房地产要素供应商利润最大化条件如下:

$$\max: P_t Y_t - \int_0^1 P_t(i) Y_t(i) di \quad (11.12)$$

其一阶条件为

$$P_t \left[\int_0^1 Y_t(i)^{\frac{\varepsilon-1}{\varepsilon}} di\right]^{\frac{\varepsilon}{\varepsilon-1}} Y_t(i)^{-\frac{1}{\varepsilon}} - P_t(i) = 0 \quad (11.13)$$

整理后得到

$$Y_t(i) = \left[\frac{P_t(i)}{P_t}\right]^{-\varepsilon} Y_t \quad (11.14)$$

式(11.14)表示的是 i 种中间要素产品的生产函数。

房地产要素市场在性质上是完全竞争市场,只能被动接受市场定价,可以获得的利润将为零,因此将式(11.14)代入后得到

$$P_t \left[\int_0^1 \frac{P_t(i)^{-\varepsilon}}{P_t} di\right]^{\frac{\varepsilon}{\varepsilon-1}} - \int_0^1 P_t(i) \left[\frac{P_t(i)}{P_t}\right]^{-\varepsilon} di = 0 \quad (11.15)$$

化简后得到

$$P_t = \left[\int_0^1 P_t(i)^{1-\varepsilon} di\right]^{\frac{1}{1-\varepsilon}} \quad (11.16)$$

2. 房地产开发商

假设房地产开发商在房地产开发建设过程中,只需要运用土地、资本和劳动力三种生产要素,并假设采用下列生产函数:

$$Y_t = A_t K_t^\mu h_t^\nu L_t^{1-\mu-\nu} \tag{11.17}$$

其中，A_t 表示技术水平，h_t 表示土地要素，K_t 表示资本要素，L_t 表示劳动力要素，μ、ν、$1-\mu-\nu$ 分别表示资本、土地和劳动力的占比情况。

本书假设在房地产开发建设过程中，房地产开发商只能利用银行信贷这一种融资方式，且房地产开发商的银行信贷存在一定的约束，s 为房地产开发商信贷约束比例，其信贷约束资金总量为 b_t，即存在

$$b_t \cdot R_t \leqslant s E_t(q_{t+1} \pi_{t+1} h_t) \tag{11.18}$$

对于房地产开发商来说，其目标即利润最大化，即

$$E_0 \sum_{t=0}^{\infty} \gamma^t \ln C_t \tag{11.19}$$

其中，γ 表示房地产部门的贴现率，$0 < \gamma < 1$。

此外，对于房地产开发商来说，也存在预算现金流约束，具体如下：

$$\frac{Y_t}{X} + b_t = C_t + q_t(h_t - h_{t-1}) + \frac{R_{t-1}}{\pi_t} b_{t-1} + w_t L_t + I_t \tag{11.20}$$

其中，等式左边表示房地产开发商的预算现金流入，等式右边表示房地产开发商的预算现金流出，X 表示房地产部门的加成率。

房地产开发商的投资（I_t）与其所投入的资本存量（K_t）之间还存在下列关系：

$$I_t = K_t - (1-\sigma) K_{t-1} \tag{11.21}$$

式（11.21）表示的是房地产开发投资的资本积累情况，σ 表示资本存量的折旧率。

其一阶条件为

$$\frac{1}{C_t} = \frac{\mu Y_t}{X C_t K_t} + E_t \left[\frac{\gamma(1-\sigma)}{C_{t+1}} \right] \tag{11.22}$$

$$w_t = \frac{(1-\mu-\nu) Y_t}{X L_t} \tag{11.23}$$

$$\frac{q_t}{C_t} = \frac{\nu Y_t}{X C_t h_t} + E_t \left[\gamma(1-s) \frac{q_{t+1}}{C_{t+1}} + s \frac{q_{t+1} \pi_{t+1}}{C_t R_t} \right] \tag{11.24}$$

根据 Calvo（1983）的定价机制，假设房地产价格具有黏性。在每一期中都会有一部分房地产开发商选择保持原先的价格，还有一部分房地产开发商选择重新确定价格，都会选择同样的新价格 P_t^*，保持不变价格的房地产开发

商比例为 θ，重新确定价格的房地产开发商比例为 $1-\theta$。

因此，t 期的房地产价格可以表示为

$$P_t = [\theta(P_{t-1})^{1-\varepsilon} + (1-\theta)(P_t^*)^{1-\varepsilon}]^{\frac{1}{1-\varepsilon}} \tag{11.25}$$

在零通胀假定下，对式（11.25）进行对数线性化：

$$\pi_t = (1-\theta)(P_t^* - P_t) \tag{11.26}$$

推导得出前瞻型的菲利普斯曲线：

$$\pi_t = \beta E_t(\pi_{t+1}) + \frac{(1-\theta)(1-\beta\theta)}{\theta} mc_t \tag{11.27}$$

其中，mc_t 表示偏离稳态值的百分比的实际边际成本。

（三）金融机构（商业银行）

在房地产购买和开发建设过程中，商业银行对家庭部门和房地产部门的信贷支持也存在一定的约束。

$$b_t \leq s E_t \left[\frac{q_{t+1} \pi_{t+1} h_t}{R_t} \right] \tag{11.28}$$

其中，s 表示商业银行对家庭部门和房地产部门整体的信贷约束比例。

（四）中央银行（货币当局）

鉴于我国的货币政策目标以及实际情况，本书采用利率规则作为中央银行实施的货币政策工具规则，即

$$\hat{r}_t = \rho_r \hat{r}_{t-1} + (1-\rho_r)(\varphi_\pi \hat{\pi}_t + \varphi_y \hat{y}_t) \tag{11.29}$$

由于本书研究货币政策是否应对房地产价格波动作出反应，故式（11.29）表示的是不关注房地产价格波动的货币政策。在式（11.29）的基础上，将房地产价格波动加入其中，得到式（11.30），式（11.30）表示的是关注房地产价格波动的货币政策，即

$$\hat{r}_t = \rho_r \hat{r}_{t-1} + (1-\rho_r)(\varphi_\pi \hat{\pi}_t + \varphi_y \hat{y}_t + \varphi_q \hat{q}_t) \tag{11.30}$$

其中，$\hat{r}_t$ 和 $\hat{r}_{t-1}$ 分别表示 t 期和 $t-1$ 期利率水平对均衡利率水平的偏离情况；ρ_r 为利率平滑系数；$\hat{y}_t$ 为 t 时期产出水平对均衡产出水平的偏离情况，即产出缺口；$\hat{\pi}_t$ 表示 t 时期通货膨胀水平对均衡通货膨胀水平的偏离情况；$\hat{q}_t$ 表示 t 时期房地产价格水平对均衡房地产价格水平的偏离情况；φ_y 为产出缺口的系数；φ_π 为通货膨胀率的系数；φ_q 为房地产价格波动的系数。

(五) 政府部门 (财政政策)

政府部门的财政政策工具一般包括支出政策工具和收入政策工具，本书假设财政收入全部来自税收收入，财政支出全部被用作政府支出，财政收入等于财政支出。同时，在税收收入中假设只存在个人所得税和消费税，并在个人所得税中，设定对于出售二手房将征收20%的个人所得税。

$$G_t = \tau_h h_t + \tau_c c_t + \tau_w w_t \quad (11.31)$$

其中，G_t 表示政府支出，τ_h 表示房地产交易征收的个人所得税税率，τ_c 表示消费税税率，τ_w 表示个人所得税税率。

(六) 市场均衡条件

均衡状态下，市场出清，即总产出等于消费、投资和政府支出之和：

$$Y_t = C_t + I_t + G_t \quad (11.32)$$

(七) 各种外生冲击过程

本书假设存在住房偏好冲击、利率冲击、政府支出冲击。

住房偏好冲击：

$$h_t = \varphi_h h_{t-1} + \varepsilon_h \quad (11.33)$$

利率冲击：

$$r_t = \varphi_r r_{t-1} + \varepsilon_r \quad (11.34)$$

政府支出冲击：

$$g_t = \varphi_g g_{t-1} + \varepsilon_g \quad (11.35)$$

其中，φ_h、φ_r、φ_g 为冲击的持续系数，ε_h、ε_r、ε_g 为随机扰动项。

二、模型的参数校准与估计

(一) 模型的参数校准

在借鉴国外模型参数的基础上，本书充分考虑我国的具体情况，在原有的模型参数中对参数进行校准，设定适合我国国情的参数。具体参数校准过程见表11.10。

表 11.10　　　　　　　　　模型参数的校准值

参数校准值	参数校准值来源
$\beta = 0.9$	Lawrance (1991)
$\gamma = 0.95$	Iacoviello (2005)
$\eta = 0.1$	
$\theta_h = 1.5$	根据我国具体情况自行设定
$s = 0.7$	银行住房贷款首套住房最低首付为三成
$x = 0.75$	李巍 (2011)
$\mu = 0.3$	
$\nu = 0.3$	
$\varepsilon = 4.16$	Zhang (2009)
$\sigma = 0.05$	吴利学 (2009)
$\theta = 0.75$	Calvo (1983)
$\tau_h = 0.2$	"国五条"政策
$\tau_w = 0.25$	骆永民 (2012)
$\tau_c = 0.16$	
$\rho_r = 0.75$	Ida (2011) 和梁斌 (2011)
$\varphi_\pi = 1.5$	
$\varphi_y = 0.6$	
$\varphi_q = 0.35$	

（二）模型的参数估计——贝叶斯估计

本书假设模型中所有冲击的自回归系数的后验分布仍服从 Beta 分布，所有冲击的标准差的后验分布仍服从逆 Gamma 分布。模型中所有冲击参数的估计方法均采用贝叶斯估计。表 11.11 和表 11.12 给出了不关注房地产价格波动和关注房地产价格波动的两个 DSGE 模型参数先验分布的均值和标准差，以及后验分布的均值和置信区间。

表 11.11　贝叶斯估计参数的先验分布与后验分布（不关注房地产价格波动）

参数	先验分布			后验分布		
	分布	均值	标准差	分布	均值	置信区间
φ_h	Beta	0.95	0.01	Beta	0.9491	[0.9325, 0.9671]
φ_r	Beta	0.95	0.01	Beta	0.9496	[0.9345, 0.9656]

续表

参数	先验分布			后验分布		
	分布	均值	标准差	分布	均值	置信区间
φ_g	Beta	0.95	0.01	Beta	0.9502	[0.9329, 0.9664]
ε_h	Inv_Gamma	0.01	0.01	Inv_Gamma	0.0107	[0.0031, 0.0234]
ε_r	Inv_Gamma	0.01	0.01	Inv_Gamma	0.0093	[0.0033, 0.0151]
ε_g	Inv_Gamma	0.01	0.01	Inv_Gamma	0.0074	[0.0031, 0.0115]

表 11.12　贝叶斯估计参数的先验分布与后验分布（关注房地产价格波动）

参数	先验分布			后验分布		
	分布	均值	标准差	分布	均值	置信区间
φ_h	Beta	0.95	0.01	Beta	0.9501	[0.9333, 0.9668]
φ_r	Beta	0.95	0.01	Beta	0.9504	[0.9329, 0.9660]
φ_g	Beta	0.95	0.01	Beta	0.9500	[0.9336, 0.9667]
ε_h	Inv_Gamma	0.01	0.01	Inv_Gamma	0.0080	[0.0032, 0.0135]
ε_r	Inv_Gamma	0.01	0.01	Inv_Gamma	0.0082	[0.0034, 0.0126]
ε_g	Inv_Gamma	0.01	0.01	Inv_Gamma	0.0089	[0.0032, 0.0155]

三、模型的模拟经济与现实经济的解释程度分析

从表 11.13 中可以看出，样本期间内模拟数据的波动程度从大到小依次为投资、房地产价格、产出、消费、通货膨胀，模拟经济的波动与实际经济的波动基本一致，表明本书构建的模型均可以实现对实际经济情况的描述。

表 11.13　货币政策是否关注房地产价格波动时模拟经济与实际经济的比较分析

	变量	产出	消费	投资	通货膨胀	房地产价格
实际经济	标准差	0.125869	0.044588	0.559153	0.036991	0.159187
	自相关系数	0.755	0.789	0.814	0.257	0.813
	与产出的相关性	1	0.984261	0.970233	0.656211	0.974901
不关注房地产价格波动	标准差	0.129160	0.051315	0.505373	0.053520	0.208649
	自相关系数	0.9512	0.9517	0.9512	0.8014	0.9507
	与产出的相关性	1	0.9217	0.9921	0.8169	0.9193
	K/P 方差比例	102.61%	115.09%	90.38%	144.68%	131.07%

续表

变量		产出	消费	投资	通货膨胀	房地产价格
关注房地产价格波动	标准差	0.094569	0.056437	0.305484	0.044940	0.064850
	自相关系数	0.9461	0.9478	0.9464	0.7238	0.9419
	与产出的相关性	1	0.9867	0.9924	0.5649	0.8159
	K/P方差比例	75.13%	126.57%	54.63%	121.49%	40.74%

通过表11.13还可以看出，与不关注房地产价格波动的模型（模型1）相比，关注房地产价格波动的模型（模型2）中产出、投资、通货膨胀、房地产价格的标准差明显变小，说明当货币政策关注房地产价格波动时，各变量的波动程度均显著下降，可以有效抑制宏观经济的波动。

对关注房地产价格波动的模型（模型2）进行深入分析还可以发现，产出、消费、投资、通货膨胀和房地产价格的K/P方差比例分别为75.13%、126.57%、54.63%、121.49%和40.74%，表明模拟经济基本上可以对产出波动、消费波动、投资波动、通货膨胀波动和房地产价格波动作出解释。同时，消费、投资、通货膨胀、房地产价格与产出的相关系数分别为0.98、0.99、0.56、0.81，表明消费、投资、通货膨胀、房地产价格均呈现出顺周期的特点。

四、模型的脉冲响应分析

为了比较货币政策是否应关注房地产价格波动，表11.14中只列出了模型1和模型2在利率冲击下，消费、投资、通货膨胀、产出和房地产价格等主要经济变量的脉冲响应情况。

表11.14　利率冲击后两种货币政策下主要变量的脉冲响应情况

脉冲响应 变量	不关注房地产价格波动的脉冲响应 （模型1）	关注房地产价格波动的脉冲响应 （模型2）
消费		

续表

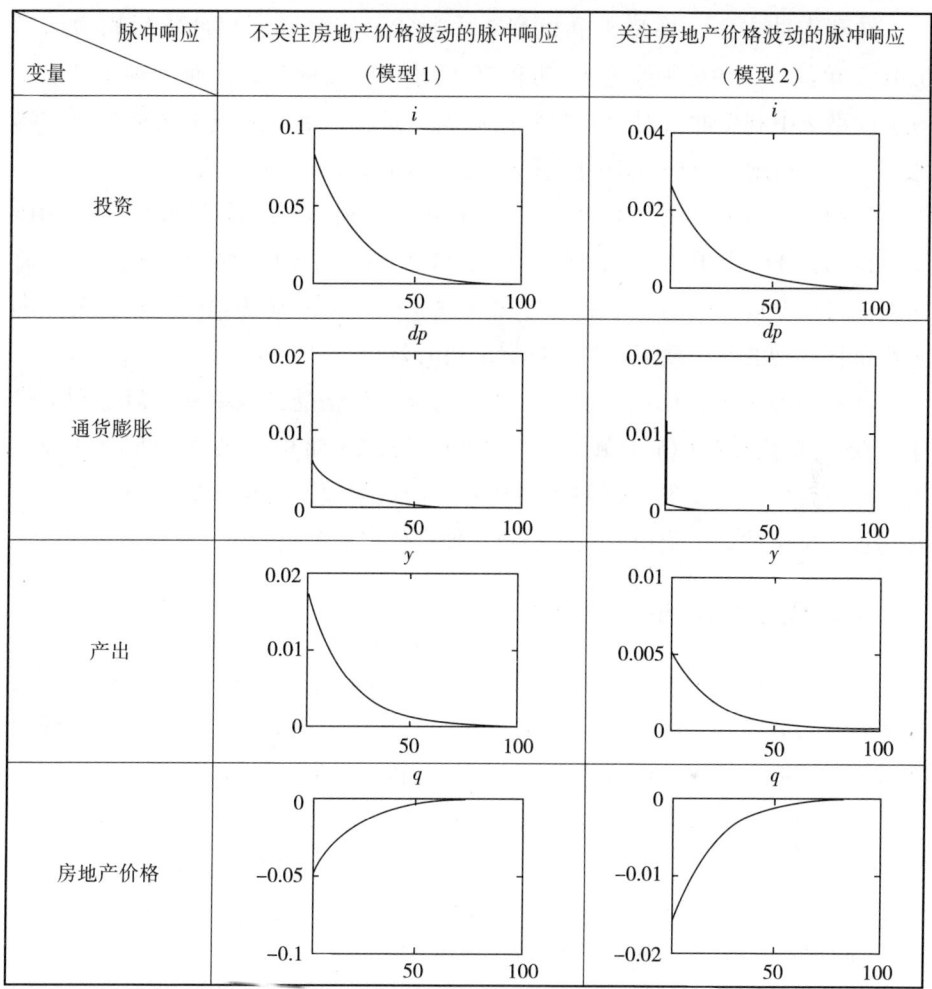

在利率冲击下，模型1和模型2中消费受到利率冲击后分别下降了0.001个单位和0.0003个单位，均大约经过75期回到均衡状态。通过对比可以发现，模型2中利率冲击对消费的抑制相对较小，关注房地产价格波动的货币政策对抑制消费的波动更有帮助。

在利率冲击下，模型1和模型2中投资受到利率冲击后分别上升了0.08个单位和0.02个单位，均大约经过75期才会慢慢回到均衡状态。通过对比后可以发现，模型2中利率冲击对投资产生的波动更小，关注房地产价格波动的货币政策对抑制投资的波动更有效。

在利率冲击下，模型 1 和模型 2 中通货膨胀受到利率冲击后均增加了 0.01 个单位，大约分别经过 50 期和 25 期才回归均衡状态。通过对比可以发现，模型 2 中利率冲击对通货膨胀的影响更短暂，不会造成永久性的通货膨胀，而关注房地产价格波动的货币政策对控制通货膨胀更有效。

在利率冲击下，模型 1 和模型 2 中产出受到利率冲击后分别增加了 0.018 个单位和 0.005 个单位，分别经过 80 期和 75 期左右才慢慢回到均衡状态。通过对比可以发现，模型 2 中利率冲击造成我国产出波动的幅度更小，关注房地产价格波动的货币政策对产出的影响更有效。

在利率冲击下，模型 1 和模型 2 中房地产价格受到利率冲击后分别下降了 0.05 个单位和 0.015 个单位，大约分别经过 75 期和 60 期才能回到均衡状态。通过对比可以发现，模型 2 中利率冲击对房地产价格的影响更稳定，关注房地产价格波动的货币政策对稳定房地产价格更有效。

五、模型的福利损失比较

在分析货币政策是否应关注房地产价格波动时，本书选用福利损失函数，并假设货币政策的目标就是产出缺口和通货膨胀的损失最小化，以此判断货币政策是否应关注房地产价格波动，具体的福利损失函数公式如下：

$$L = \tau Var(\pi) + (1 - \tau) Var(Y) \tag{11.36}$$

其中，L 代表社会福利损失，$Var(Y)$、$Var(\pi)$ 分别为产出、通货膨胀的方差；参数 τ 表示为保持通货膨胀相对稳定的权重系数，本书假定 τ 为 0.5。

通过表 11.15 可以知道，与不关注房地产价格波动的福利损失相比，关注房地产价格波动的福利损失明显变小，说明货币政策应关注房地产价格波动，从而有效降低产出和通货膨胀的波动幅度，实现货币政策的目标。从稳定宏观经济的角度出发，货币政策应关注房地产价格波动。

表 11.15　货币政策是否关注房地产价格波动的社会福利损失比较

货币政策	$Var(\pi)$	$Var(Y)$	$Var(q)$	福利损失
不考虑房地产价格波动	0.053520	0.129160	0.208649	0.09129
考虑房地产价格波动	0.044940	0.094569	0.064850	0.06975

第四节　货币政策对房地产价格波动的反应程度

在利用 DSGE 模型分析得出货币政策需要对房地产价格波动作出反应的结论后，本书接下来利用 VAR—MGARCH—BEKK 模型的均值溢出效应和波动溢出效应分析货币政策对房地产价格波动的具体反应程度，以及在具体的关注手段上究竟是采取直接干预的手段还是间接关注的手段，并作出如下假设。

假设1：若货币政策对房地产价格波动存在显著的均值溢出效应，房地产价格波动对经济增长也存在显著的均值溢出效应，则认为货币政策需要关注房地产价格波动。

假设1的经济含义是：如果货币政策对房地产价格波动存在显著的均值溢出效应，且房地产价格波动对经济增长存在显著的均值溢出效应，可以得到货币政策应该关注房地产价格波动的结论，但货币政策对房地产价格波动的具体关注程度如何，还需要借助假设2来进一步分析。

假设2：若货币政策对房地产价格波动存在显著的波动溢出效应，并且房地产价格波动也对经济增长存在显著的波动溢出效应，则认为货币政策应对房地产价格波动采取直接干预的手段；反之，则认为货币政策应对房地产价格波动采取间接关注的手段。

假设2的经济含义是：如果货币政策对房地产价格波动存在显著的波动溢出效应，且房地产价格波动对经济增长存在显著的波动溢出效应，即货币政策在一定条件下可以实现对房地产价格波动进行干预的可能，房地产价格波动对经济的平稳增长可以产生显著的影响，则认为货币政策应对房地产价格波动采取直接干预的手段。相反，如果货币政策对房地产价格波动不存在显著的波动溢出效应，但房地产价格波动对经济增长存在显著的波动溢出效应，即货币政策不具备对房地产价格波动进行干预的可行性，但房地产价格波动对经济的平稳增长可以产生显著的影响；或者货币政策对房地产价格波动存在显著的波动溢出效应，但房地产价格对经济增长不存在显著的波动溢出效应，即货币政策存在对房地产价格波动进行干预的可行性，但房地产价格波动只是对经济增长的速度产生显著的影响，并未对经济增长的平稳性产生显著的影响，则认为货币政策应对房地产价格波动采取间接关注的手段。

一、模型建立

在宏观经济运行过程中，不同的经济变量之间存在相互影响、相互制约的关系，利用 VAR—MGARCH—BEKK 模型可以对不同经济变量之间，特别是货币政策与其他经济变量的关系进行分析。因此，本书利用 VAR—MGARCH—BEKK 模型分析房地产价格波动、货币政策和经济增长在一阶矩（均值溢出效应）和二阶矩（波动溢出效应）上的关联度，进而分析货币政策对房地产价格波动的具体关注程度。

VAR—MGARCH—BEKK 模型的均值方程为

$$R_{1,t} = u_1 + \sum_{i=1}^{m}\varphi_{1,i}R_{1,t-i} + \sum_{i=1}^{m}\varphi_{1,i}R_{2,t-i} + \sum_{i=1}^{m}\gamma_{1,i}R_{3,t-i} + \varepsilon_{1,t} \quad (11.37)$$

$$R_{2,t} = u_2 + \sum_{i=1}^{m}\varphi_{2,i}R_{1,t-i} + \sum_{i=1}^{m}\varphi_{2,i}R_{2,t-i} + \sum_{i=1}^{m}\gamma_{2,i}R_{3,t-i} + \varepsilon_{2,t} \quad (11.38)$$

$$R_{3,t} = u_3 + \sum_{i=1}^{m}\varphi_{3,i}R_{1,t-i} + \sum_{i=1}^{m}\varphi_{3,i}R_{2,t-i} + \sum_{i=1}^{m}\gamma_{3,i}R_{3,t-i} + \varepsilon_{3,t} \quad (11.39)$$

$\varepsilon_t = (\varepsilon_{1,t},\varepsilon_{2,t},\varepsilon_{3,t})'$, $u_t = (u_{1,t},u_{2,t},u_{3,t})$, $u_t = H_t^{-1/2}\varepsilon_t$, $\varepsilon_t|I_{t-1} \sim N(0,H_t)$。

VAR—MGARCH—BEKK 模型的方差方程为

$$H_t = C'C + A'\varepsilon_{t-1}\varepsilon_{t-1}'A + B'H_{t-1}B \quad (11.40)$$

其中，$R_{1,t}$、$R_{2,t}$、$R_{3,t}$ 依次为 GDP 增速、货币供应量增速、国房景气指数增速，分别代表经济增长、货币政策和房地产价格波动。ε_t 为均值方程残差项 $\varepsilon_{1,t}$、$\varepsilon_{2,t}$、$\varepsilon_{3,t}$ 所组成的 3×1 矩阵，m 为模型的滞后阶数，并且 u_t 为残差项，$u_{1,t}$、$u_{2,t}$、$u_{3,t}$ 均服从标准正态分布，是一个标准化后的 3×1 矩阵，M 为 3×3 上三角矩阵，H_t 为 ε_t 在信息集 I_{t-1} 下的条件方差与协方差矩阵，A、B 均为 3×3 矩阵。A 主对角线 a_{ii} 代表了变量 i 自身波动的 ARCH 效应，A 的非主对角线 a_{ij} 代表了变量 i 对变量 j 波动的 ARCH 效应，B 的主对角线 b_{ii} 代表了变量 i 自身波动的 GARCH 效应，B 的非对角线 b_{ij} 代表了变量 i 对变量 j 波动的 GARCH 效应。

当 $A\otimes A + B\otimes B$ 的所有特征根均小于 1 时，H_t 中方差和协方差是平稳的。A、B、M 均为待估计的参数，共 24 个，具体形式如下：

$$H_t = \begin{pmatrix} h_{11,t} & h_{12,t} & h_{13,t} \\ h_{21,t} & h_{22,t} & h_{23,t} \\ h_{31,t} & h_{32,t} & h_{33,t} \end{pmatrix}, M = \begin{pmatrix} M_{11} & M_{12} & M_{13} \\ 0 & M_{22} & M_{23} \\ 0 & 0 & M_{33} \end{pmatrix}, A = \begin{pmatrix} a_{11} & a_{12} & a_{13} \\ a_{21} & a_{22} & a_{23} \\ a_{31} & a_{32} & a_{33} \end{pmatrix},$$

$$B = \begin{pmatrix} b_{11} & b_{12} & b_{13} \\ b_{21} & b_{22} & b_{23} \\ b_{31} & b_{32} & b_{33} \end{pmatrix}$$

在 A、B 的非主对角线中，将式（11.40）展开得到：

$$h_{11,t} = M_{11}^2 + \sum_{j=1}^{3}\sum_{i=1}^{3} a_{i1}a_{j1}\varepsilon_{j,t-1}\varepsilon_{i,t-1} + \sum_{j=1}^{3}\sum_{i=1}^{3} b_{i1}b_{j1}h_{ij,t-1} \quad (11.41)$$

$$h_{12,t} = M_{11}M_{12} + \sum_{j=1}^{3}\sum_{i=1}^{3} a_{i1}a_{j2}\varepsilon_{j,t-1}\varepsilon_{i,t-1} + \sum_{j=1}^{3}\sum_{i=1}^{3} b_{i1}b_{j2}h_{ij,t-1} \quad (11.42)$$

$$h_{13,t} = M_{11}M_{13} + \sum_{j=1}^{3}\sum_{i=1}^{3} a_{i1}a_{j3}\varepsilon_{j,t-1}\varepsilon_{i,t-1} + \sum_{j=1}^{3}\sum_{i=1}^{3} b_{i1}b_{j3}h_{ij,t-1} \quad (11.43)$$

$$h_{22,t} = \sum_{i=1}^{2} M_{i2}^2 + \sum_{j=1}^{3}\sum_{i=1}^{3} a_{i2}a_{j2}\varepsilon_{i,t-1}\varepsilon_{j,t-1} + \sum_{j=1}^{3}\sum_{i=1}^{3} b_{i2}b_{j2}h_{ij,t-1} \quad (11.44)$$

$$h_{23,t} = \sum_{i=1}^{2} M_{i2}M_{i3} + \sum_{j=1}^{3}\sum_{i=1}^{3} a_{i2}a_{j3}\varepsilon_{i,t-1}\varepsilon_{j,t-1} + \sum_{j=1}^{3}\sum_{i=1}^{3} b_{i2}b_{j3}h_{ij,t-1} \quad (11.45)$$

$$h_{33,t} = \sum_{i=1}^{3} M_{i3}^2 + \sum_{j=1}^{3}\sum_{i=1}^{3} a_{i3}a_{j3}\varepsilon_{i,t-1}\varepsilon_{j,t-1} + \sum_{j=1}^{3}\sum_{i=1}^{3} b_{i3}b_{j3}h_{ij,t-1} \quad (11.46)$$

其中，M_{ij}、a_{ij}、b_{ij} 均为矩阵 M、A、B 第 i 行第 j 列元素，$h_{ii,t}$ 为变量 i 的条件方差，$h_{ij,t}$ 为变量 i 与变量 j 的条件协方差。从式（11.37）到式（11.46）为一个完整的 VAR—MGARCH—BEKK 模型，式（11.41）到式（11.46）反映了各个变量间的条件方差和协方差的影响因素。因此，利用上述模型可以充分反映出经济增长、房地产价格波动与货币政策间的均值溢出效应和波动溢出效应。

在均值方程中，若 $\varphi_{3,i}$ 为零或不显著，则表明货币政策对房地产价格波动无均值溢出效应；若 $\gamma_{1,i}$ 为零或不显著，则表明房地产价格波动对经济增长无均值溢出效应。均值溢出效应是指一个经济变量的变化对其他经济变量产生的影响，反映了经济变量均值水平间的相互作用。在方差方程中，若 a_{23}、b_{23} 均为零或不显著，则表明货币政策对房地产价格波动无波动溢出效应；若 a_{31}、b_{31} 均为零或不显著，则表明房地产价格波动对经济增长无波动溢出效应。波动溢出效应是指一个经济变量波动的变化对其他经济变量的影响,反映了经济变量波动水平间的相互作用。

二、模型实证分析

(一) 数据的搜集和处理

我国从 1998 年开始实行住房制度改革,因此本书选择 1999 年 1 月至 2013 年 12 月的月度数据作为样本。考虑到我国货币政策实际操作过程中,货币供应量一直是货币政策调控的常用手段,对经济增长运行产生了广泛而深远的影响,因此,本书选择货币供应量(M_2)增速作为货币政策的代表变量。全国房地产开发景气指数(简称国房景气指数)是由房地产开发投资、施工面积、销售价格等六个分类指数综合构成的,是一项反映房地产市场发展水平和价格水平的综合指数,因此,本书选择国家统计局每月公布的国房景气指数增速作为房地产价格的代表变量。经济增长则选择传统的国内生产总值(GDP)增速作为代表变量。

需要说明的一点是,由于国家统计局仅公布 GDP 的季度数据,故首先需要利用 GDP 增速将季度数据转换为月度数据。随后,对三个变量的数据进行对数处理,以消除异方差。用 GDP_t 表示第 t 个月的国内生产总值,GDP 增速表示为 $y_{1t} = \lg(GDP_t) - \lg(GDP_{t-1})$;用 M_{2t} 表示第 t 个月的广义货币供应量,货币供应量(M_2)增速表示为 $y_{2t} = \lg(M_{2t}) - \lg(M_{2t-1})$;用 HP_t 表示第 t 个月的国房景气指数,国房景气指数增速表示为 $y_{3t} = \lg(HP_t) - \lg(HP_{t-1})$。上述变量的数据均来自中国人民银行网站、国家统计局网站、中经网统计数据库。

(二) 数据的基本统计特征

表 11.16 给出了 GDP 增速、货币供应量(M_2)增速、国房景气指数(HP)增速的描述性统计结果。从平均值来看,各变量增速大小依次为货币供应量(M_2)增速、GDP 增速和国房景气指数(HP)增速,其中 M_2 增速和 GDP 增速相对较高,反映出我国经济呈现出快速增长的趋势,货币政策处于一种相对宽松的政策环境中,而国房景气指数(HP)的增速约为前两个变量增速的一半,反映出我国的房地产市场仍处于发展阶段,发展潜力仍十分巨

大。从波动性来看，国房景气指数（HP）增速的标准差大于 GDP 增速和货币供应量（M_2）增速的标准差，这说明我国房地产市场的发展出现了一定的起伏，房地产价格存在较大幅度的波动。此外，结合偏度、峰度和 JB 统计量结果可以发现，所有经济变量均呈现出右偏、尖峰厚尾的特征，且 GDP 增速和国房景气指数（HP）增速呈现正态分布，货币供应量（M_2）增速呈现非正态分布。

表 11.16　　　　　各宏观经济变量的描述性统计结果

描述性统计＼变量	GDP 增速（%）	HP 增速（%）	M_2 增速（%）
平均值	13.06102	7.593972	15.94573
中位数	13.31390	6.178594	15.78250
最大值	21.02458	20.85107	24.35857
最小值	6.363384	-1.667597	11.57434
标准差	4.282699	6.298369	2.985460
偏度	0.088507	0.650698	1.469671
峰度	2.007353	2.626718	5.726509
JB 统计量	0.593064	1.069233	9.376259

（三）基于 VAR—MGARCH—BEKK 模型的实证分析

表 11.17 给出了货币政策与经济增长和房地产价格 VAR 均值方程的估计结果。在 GDP 方程中，当期 GDP 会受到滞后 1 期和 2 期的 GDP 的显著影响；在货币供应量方程中，货币供应量不仅受到滞后 2 期的 GDP 的显著影响，还受到滞后 2 期的货币供应量的显著影响；在国房景气指数方程中，滞后 1 期和 2 期的国房景气指数显著影响国房景气指数。

表 11.17　货币政策与经济增长和房地产价格 VAR 均值方程的估计结果

描述性统计＼变量	GDP	M_2	HP
C	5.363670*** (2.718712)	1.147013*** (5.554373)	0.027292 (1.259816)

续表

变量 描述性统计	GDP	M_2	HP
GDP（-1）	-0.285703**	-0.016946	0.000594
	(-2.194469)	(-1.334252)	(0.400579)
GDP（-2）	-0.265869*	-0.039378***	0.001061
	(-1.786501)	(-3.925174)	(0.769043)
M_2（-1）	-0.071504	0.049653	0.000120
	(-0.880132)	(0.482695)	(0.052306)
M_2（-2）	-0.013849	-0.188530**	0.002031
	(-0.110157)	(-2.466164)	(1.052166)
HP（-1）	4.422942	0.234843	1.195060***
	(1.332130)	(0.594906)	(16.33488)
HP（-2）	-3.116749	-0.008261	-0.425916***
	(-0.848988)	(-0.022404)	(-5.961998)
最大似然值	-1268.327		
AIC	14.62165		
SC	15.21153		

注：***、**、*分别表示在1%、5%、10%的置信概率下显著。

通过均值溢出效应检验结果（见表11.18至表11.20）可以得出如下几个结论。

第一，国房景气指数（HP）增速的均值波动能够在10%的显著水平下对货币供应量（M_2）增速产生均值溢出效应，即房地产价格波动对货币政策存在均值溢出效应，说明货币政策在一定程度上需要对房地产价格的波动给予关注，房地产价格波动已经成为影响货币政策调控的重要因素。

第二，货币供应量（M_2）增速和国房景气指数（HP）增速的均值波动能够在1%的显著水平下对GDP增速产生均值溢出效应，即货币政策和房地产价格波动均会对经济增长产生均值溢出效应，反映出货币政策对宏观经济增长的调控作用明显，经济增长离不开货币政策的适时、适度的调控。同时，房地产市场的不断发展可以在一定程度上刺激房地产投资的热情，直接或间接地带动其他行业的发展。房地产价格一旦出现剧烈的波动，会迅速对经济增长产生影响，货币政策需要关注房地产价格波动，但货币政策是否应直接"盯住"房地产价格波动还有待进一步分析。

第三，GDP增速和货币供应量（M_2）增速的均值波动能在1%的显著水平下对国房景气指数（HP）增速产生均值溢出效应，即经济增长和货币政策对房地产价格波动产生均值溢出效应，说明房地产市场的发展是以经济的不断增长为基础的，经济的起伏也必将对房地产市场产生影响，导致房地产价格出现剧烈波动。在这种情况下，货币政策就需要针对房地产价格波动进行调控，需要对房地产价格波动作出反应，对房地产价格波动给予一定的关注。

表 11.18　　　　经济增长与货币政策的均值溢出效应检验

经济增长对货币政策的均值溢出效应检验	货币政策对经济增长的均值溢出效应检验
$H_0:\varphi_{1,i}=0$	$H_0:\varphi_{1,i}=0$
不存在均值溢出效应	存在均值溢出效应
$F=1.412769$	$F=11.98056^{***}$

注：*** 表示在1%的置信概率下显著。

表 11.19　　　　货币政策与房地产价格的均值溢出效应检验

货币政策对房地产价格的均值溢出效应检验	房地产价格对货币政策的均值溢出效应检验
$H_0:\varphi_{3,i}=0$	$H_0:\gamma_{2,i}=0$
存在均值溢出效应	存在均值溢出效应
$F=33.26568^{***}$	$F=2.548289^{*}$

注：***、* 分别表示在1%、10%的置信概率下显著。

表 11.20　　　　经济增长与房地产价格的均值溢出效应检验

经济增长对房地产价格的均值溢出效应检验	房地产价格对经济增长的均值溢出效应检验
$H_0:\varphi_{3,i}=0$	$H_0:\gamma_{1,i}=0$
存在均值溢出效应	存在均值溢出效应
$F=32.47383^{***}$	$F=10.59849^{***}$

注：*** 表示在1%的置信概率下显著。

表11.21中的 MGARCH—BEKK 模型参数估计结果表明，系数 a_2、a_3 的估计结果在95%的置信水平下表现显著，表明货币供应量（M_2）和国房景气指数（HP）均有明显的ARCH效应，即当期的货币政策和房地产价格波动对

自身的冲击反应强烈。系数 a_1 的估计结果在 95% 的置信水平下并不显著，表明 GDP 不具有明显的 ARCH 效应，当期的经济增长对自身的冲击并不强烈。系数 a_{12} 和 a_{13} 是不显著的，系数 a_{23} 是显著的，表明只有货币供应量（M_2）和国房景气指数（HP）的联动存在明显的 ARCH 效应，货币政策与房地产价格波动之间存在明显的 ARCH 效应，经济增长与货币政策及房地产价格波动之间不存在明显的 ARCH 效应，房地产价格波动对经济的平稳增长没有实质性的影响。系数 b_1、b_3 的估计结果在 95% 的置信水平下表现显著，表明 GDP 和国房景气指数（HP）均有明显的 GARCH 效应，经济增长和房地产价格的相关波动的冲击具有持久性，即当期的经济增长和房地产价格的相互作用能够影响到未来的经济增长和房地产价格的相互关系，经济增长和房地产价格的自身波动存在明显的 GARCH 效应。系数 b_2 的估计结果在 95% 的置信水平下并不显著，表明货币供应量（M_2）不具有明显的 GARCH 效应，当期的货币供应量（M_2）波动的冲击不具有持久性。系数 b_{12} 和 b_{23} 是不显著的，系数 b_{13} 是显著的，表明只有 GDP 和国房景气指数（HP）的联动存在明显的 GARCH 效应，房地产价格波动与经济增长的波动之间存在显著影响，经济增长与货币政策、货币政策与房地产价格间不存在明显的 GARCH 效应。

表 11.21　　　　　MGARCH—BEKK 模型参数估计结果

参数＼系数	a_1	a_2	a_3
参数统计值	0.000338	3.651373	0.107239
T 统计量	0.055723	5.499590	3.860358
P 值	0.9556	0.0000	0.0001
参数＼系数	a_{12}	a_{13}	a_{23}
参数统计值	0.035142	0.006022	0.625755
T 统计量	0.111315	0.111114	6.366460
P 值	0.9114	0.9115	0.0000

续表

参数 \ 系数	b_1	b_2	b_3
参数统计值	0.826493	0.010900	0.939928
T统计量	6.149219	0.376131	37.20869
P值	0.0000	0.7068	0.0000

参数 \ 系数	b_{12}	b_{13}	b_{23}
参数统计值	-0.094913	0.881387	-0.101217
T统计量	-0.753881	12.14652	-0.753032
P值	0.4509	0.0000	0.4514

由波动溢出效应检验结果（见表11.22至表11.24）可知，从波动水平上看，与之前的均值溢出效应相比，各变量间的波动溢出效应均显著地减弱。相关假设检验的结果表明，仅有经济增长对货币政策、房地产价格波动在10%和5%的显著水平下存在波动溢出效应，货币政策与房地产价格波动之间并无显著的波动溢出效应，说明货币政策对房地产价格波动进行调控时不能采取直接干预的手段。由于房地产价格与货币政策间仅存在均值溢出效应，不存在显著的波动溢出效应，货币政策只能采取间接关注的手段对房地产价格的波动进行关注。

表11.22　　　经济增长与货币政策的波动溢出效应检验

经济增长对货币政策的波动溢出效应检验	货币政策对经济增长的波动溢出效应检验
$H_0: a_{12} = b_{12} = M_{12} = 0$	$H_0: a_{21} = b_{21} = M_{21} = 0$
存在波动溢出效应	不存波动溢出效应
LR = 4.9916*	LR = 2.2594

注：*表示在10%的置信概率下显著。

表11.23　　　货币政策与房地产价格的波动溢出效应检验

货币政策对房地产价格的波动溢出效应检验	房地产价格对货币政策的波动溢出效应检验
$H_0: a_{23} = b_{23} = M_{23} = 0$	$H_0: a_{32} = b_{32} = M_{32} = 0$
不存在波动溢出效应	不存在波动溢出效应

续表

货币政策对房地产价格的波动溢出效应检验	房地产价格对货币政策的波动溢出效应检验
LR = 0.2594	LR = 2.522

表 11.24　经济增长与房地产价格的波动溢出效应检验

经济增长对房地产价格的波动溢出效应检验	房地产价格对经济增长的波动溢出效应检验
$H_0: a_{13} = b_{13} = M_{13} = 0$	$H_0: a_{31} = b_{31} = M_{31} = 0$
存在波动溢出效应	不存在波动溢出效应
LR = 7.0324**	LR = 0.5226

注：**表示在5%的置信概率下显著。

通过上述实证分析结果还可以看出，从货币政策与房地产价格波动的关系来看，房地产价格波动与货币政策间存在显著的均值溢出效应，却不存在显著的波动溢出效应，反映出货币政策与房地产市场之间的关系日益密切，但货币政策对于房地产价格波动的调控效果不太理想，货币政策的调控具有一定的局限性，货币政策只能采取间接关注的手段对房地产价格的波动进行关注。

同时，我们还应充分认识到房地产市场的发展对宏观经济增长所作出的重要贡献，货币政策在关注经济增长的同时，只需对房地产价格的过度波动作出反应，对房地产价格波动采取间接关注的手段，积极引导房地产市场的健康运行，从而为宏观经济平稳运行作出贡献。

总之，货币政策在实现"保持币值稳定，并以此促进经济增长"目标的同时，应将房地产价格的过度波动纳入关注范围，并采取间接关注的手段来对房地产价格作出反应，适时、适度地对房地产市场出现的剧烈波动进行适当的调控。此外，在房地产市场调控过程中，除了借助货币政策，还需要借助财政政策、土地政策等多项措施来共同实现。

第十二章
房地产价格波动与货币政策工具规则选择

货币政策规则是指中央银行进行货币政策决策和操作的指导原则（刘斌，2003）。货币政策规则具有以下三个特点：一是货币政策规则必须被系统建立，并且被公众知晓；二是货币政策规则必须有正确的长期目标；三是货币政策规则必须具有可操作性，可以通过市场机制来实现。

根据在货币政策实施过程中的不同作用，Svensson（1999）首次将货币政策规则划分为货币政策工具规则和货币政策目标规则。本书第十二章将会对房地产价格波动与货币政策工具规则选择进行分析，第十三章将会对房地产价格波动与货币政策目标规则选择进行分析。

第一节 房地产价格波动与货币政策工具规则的理论分析

一、理论模型的设定

本书将房地产价格引入分析框架，构建了包含家庭部门、房地产部门（房地产要素供应商和房地产开发商）、商业银行部门、中央银行部门、政府部门五个经济主体在内的动态随机一般均衡（DSGE）模型。通过构建九个包含不同货币政策工具规则的 DSGE 模型，进行脉冲响应函数分析以及福利损失比较，分析关注房地产价格波动对我国货币政策工具规则选择的影响。

（一）家庭部门

家庭部门是房地产市场中最重要的需求方。家庭部门可以选择在获得收入后用于消费、购房、闲暇等来增加当期的效用,也可以选择在获得收入后进行储蓄,增加手中持有的货币数量来增加未来的效用,进而实现终生效用最大化。其效用最大化条件如下:

$$\max: E_0 \sum \beta^t U(C_t, h_t, L_t, \frac{M_t}{P_t}) \tag{12.1}$$

其中,U 表示当期效用函数;E_0 表示理性预期算子;β 表示家庭部门的跨期贴现因子,$0 < \beta < 1$。

$$U(C_t, h_t, L_t, M_t) = \ln C_t + \theta_h \cdot \ln h_t - \frac{L_t^{\eta+1}}{\eta+1} + \ln(\frac{M_t}{P_t}) \tag{12.2}$$

其中,C_t 表示 t 时期家庭部门的非住宅消费水平;θ_h 表示家庭部门的住宅偏好与非住宅消费偏好的相对值,体现了家庭收入如何在住宅消费与非住宅消费之间进行分配;h_t 表示 t 时期家庭部门所拥有的住宅总量,体现了目前的住宅环境;η 表示劳动力供给的跨期替代弹性;L_t 表示 t 时期家庭部门的劳动力供给状况;$\frac{M_t}{P_t}$ 表示 t 时期家庭部门所持有的货币数量。

$$C_t + q_t(h_t - h_{t-1}) + \frac{R_{t-1}}{\pi_t}b_{t-1} = b_t + w_t L_t + \ln(\frac{M_t}{P_t}) \tag{12.3}$$

式(12.3)表示的是家庭部门的现金流预算约束等式,左边为家庭部门现金流预算约束的净流入,右边为家庭部门现金预算约束的净流出。其中,w_t 表示 t 时期家庭部门的收入水平,q_t 表示 t 时期的房地产价格,R_t 表示 t 时期的利率;b_t 表示 t 时期银行用于房地产行业的信贷数量,π_t 表示 t 时期的通货膨胀率。

房地产价格的不断高涨,致使家庭部门在购买房地产的过程中,无法通过一次性付款方式来实现购房愿望,只能利用银行信贷的方式来解决购房资金不足的问题。家庭部门在申请房地产信贷 b_t 的过程中也会受到一定的约束,即

$$b_t \leq s E_t(\frac{q_{t+1}\pi_{t+1}h_t}{R_t}) \tag{12.4}$$

其中,s 表示 t 时期家庭部门房地产信贷约束比例。

其一阶条件为

$$\frac{q_t}{C_t} = \frac{\theta_h}{h_t} + E_t[\beta(1-s)\frac{q_{t+1}}{C_{t+1}} + s\frac{q_{t+1}\pi_{t+1}}{C_t R_t}] \tag{12.5}$$

$$\frac{w_t}{C_t} = L_t^\eta \tag{12.6}$$

$$\frac{1}{P_t} = \frac{1}{P_t C_t} - E_t\left(\frac{\beta}{P_{t+1} C_{t+1}}\right) \tag{12.7}$$

(二) 房地产部门

房地产部门作为房地产市场的供给者,按其在房地产市场中所扮演的角色不同,可以分为房地产市场的中间厂商和最终厂商,即将房地产部门分成房地产要素供应商和房地产开发商,房地产要素供应商生产的是房地产市场中的中间产品,房地产开发商生产的是房地产市场中的最终产品。在对房地产要素供应市场和开发市场的特点进行分析时,以往相关文献均将最终产品市场设定为完全竞争市场,将中间产品市场设定为垄断竞争市场。这样的设定实际上并未考虑房地产市场的特殊性。

具体来说,在房地产要素供应市场中,房地产要素供应商制造各种中间要素产品,中间要素产品市场在性质上几乎都属于完全竞争市场,中间要素产品的生产厂商只能被动接受市场的价格。与之相对应的是,在房地产开发市场中,房地产开发过程具有资金、技术高度密集型的特点,在房地产开发建设过程中有着十分严格的准入门槛及监管要求,房地产开发市场具有垄断竞争的特点。

因此,考虑到房地产市场的具体情况及自身特点,本书将房地产要素供应市场设定为完全竞争市场,将房地产开发市场设定为垄断竞争市场。

1. 房地产要素供应商

在生产过程中,房地产要素供应商首先购买中间产品,随后生产出各种最终产品,提供给房地产开发商用于房地产开发建设。

本书假设 i 种中间要素产品数量为 $Y_t(i)$,最终要素产品数量为 Y_t,提供给房地产开发商用于房地产开发建设。房地产开发市场中所需要的最终要素产品,其具体生产函数如下:

$$Y_t = \left[\int_0^1 Y_t(i)^{\frac{\varepsilon-1}{\varepsilon}} di\right]^{\frac{\varepsilon}{\varepsilon-1}} \quad \varepsilon > 1 \tag{12.8}$$

其中,ε 表示各种中间要素产品之间的替代弹性。

i 种中间要素产品的价格为 $P_t(i)$,中间要素产品的数量为 $Y_t(i)$,制造出的各种最终要素产品的销售价格为 P_t，各种最终要素产品的数量为 Y_t。

因此，房地产要素供应商利润最大化条件如下：

$$\max : P_t Y_t - \int_0^1 P_t(i) Y_t(i) \mathrm{d}i \tag{12.9}$$

其一阶条件为

$$P_t \Big[\int_0^1 y_t(i)^{\frac{\varepsilon-1}{\varepsilon}} \mathrm{d}i \Big]^{\frac{\varepsilon}{\varepsilon-1}} y_t(i)^{-\frac{1}{\varepsilon}} - P_t(i) = 0 \tag{12.10}$$

整理后得到

$$Y_t(i) = \Big[\frac{P_t(i)}{P_t} \Big]^{-\varepsilon} Y_t \tag{12.11}$$

式（12.11）表示的是 i 种中间要素产品的生产函数。

房地产要素市场在性质上是完全竞争市场，房地产要素供应商只能被动接受市场定价，可以获得的利润将为零，因此将上式代入后得到

$$P_t \Big[\int_0^1 \frac{P_t(i)}{P_t}^{-\varepsilon} \mathrm{d}i \Big]^{\frac{\varepsilon}{\varepsilon-1}} - \int_0^1 P_t(i) \Big[\frac{P_t(i)}{P_t} \Big]^{-\varepsilon} \mathrm{d}i = 0 \tag{12.12}$$

化简后得到

$$P_t = \Big[\int_0^1 P_t(i)^{1-\varepsilon} \mathrm{d}i \Big]^{\frac{1}{1-\varepsilon}} \tag{12.13}$$

2. 房地产开发商

假设房地产开发商在房地产开发建设过程中，只需要运用土地、资本和劳动力三种生产要素，并假设采用式（12.14）所示的生产函数：

$$Y_t = A_t K_t^\mu h_t^\nu L_t^{1-\mu-\nu} \tag{12.14}$$

其中，A_t 表示技术水平，h_t 表示土地要素，K_t 表示资本要素，L_t 表示劳动力要素，μ、ν、$1-\mu-\nu$ 分别表示资本、土地和劳动力的占比情况。

本书假设在房地产开发建设过程中，房地产开发商只能利用银行信贷这一种融资方式，且房地产开发商的银行信贷存在一定的约束，s 为房地产开发商信贷约束比例，其信贷约束资金总量为 b_t，即存在

$$b_t \cdot R_t \leq s E_t(q_{t+1} \pi_{t+1} h_t) \tag{12.15}$$

对于房地产开发商来说，其目标即利润最大化，即

$$E_0 \sum_{t=0}^{\infty} \gamma^t \ln C_t \tag{12.16}$$

其中，γ 表示房地产部门的贴现因子，$0 < \gamma < 1$。

除此之外，对于房地产开发商来说，也存在预算现金流约束，具体如下：

$$\frac{Y_t}{X} + b_t = C_t + q_t(h_t - h_{t-1}) + \frac{R_{t-1}}{\pi_t}b_{t-1} + w_t L_t + I_t \quad (12.17)$$

在式（12.17）中，等式左边表示房地产开发商的预算现金流入，等式右边表示房地产开发商的预算现金流出，X 表示房地产部门的加成率。

房地产开发商的投资（I_t）与其所投入的资本存量（K_t）之间还存在下列关系：

$$I_t = K_t - (1 - \sigma)K_{t-1} \quad (12.18)$$

式（12.18）表示的是房地产开发投资的资本积累情况，σ 表示资本存量的折旧率。

其一阶条件为

$$\frac{1}{C_t} = \frac{\mu Y_t}{x C_t K_t} + E_t\left[\frac{\gamma(1-\sigma)}{C_{t+1}}\right] \quad (12.19)$$

$$wt = \frac{(1 - \mu - \nu)Y_t}{x L_t} \quad (12.20)$$

$$\frac{q_t}{C_t} = \frac{\nu Y_t}{x C_t h_t} + E_t\left[\gamma(1-s)\frac{q_{t+1}}{C_{t+1}} + s\frac{q_{t+1}\pi_{t+1}}{C_t R_t}\right] \quad (12.21)$$

根据 Calvo（1983）的定价机制，假设房地产价格存在一定的黏性。在每一期中都会有一部分房地产开发商选择保持原先的价格，还有一部分房地产开发商选择重新确定价格，都会选择同样的新价格 P_t^*，保持不变价格的房地产开发商的比例为 θ，重新确定价格的房地产开发商的比例为 $1 - \theta$。

因此，t 期的房地产价格可以表示为

$$P_t = \left[\theta(P_{t-1})^{1-\varepsilon} + (1-\theta)(P_t^*)^{1-\varepsilon}\right]^{\frac{1}{1-\varepsilon}} \quad (12.22)$$

在零通货膨胀假定下，对式（12.22）进行对数线性化：

$$\pi_t = (1 - \theta)(P_t^* - P_t) \quad (12.23)$$

推导得出前瞻型的菲利普斯曲线：

$$\pi_t = \beta E_t(\pi_{t+1}) + \frac{(1-\theta)(1-\beta\theta)}{\theta} mc_t \quad (12.24)$$

其中，mc_t 表示偏离稳态值的百分比的实际边际成本。

(三) 商业银行部门

商业银行对家庭部门和房地产部门在房地产购买和开发建设过程中的银行信贷支持也存在一定的约束：

$$b_t \leq sE_t\left[\frac{q_{t+1}\pi_{t+1}h_t}{R_t}\right] \quad (12.25)$$

其中，s 表示商业银行对家庭和房地产开发商整体的信贷约束比例。

(四) 中央银行部门

中央银行是货币政策工具规则的制定者和执行者。货币政策工具规则主要有货币供应量规则、利率规则两种单一规则和一种混合规则。

1. 利率规则

$$\hat{r}_t = \rho_r \hat{r}_{t-1} + (1-\rho_r)(\varphi_\pi \hat{\pi}_{t-j} + \varphi_y \hat{y}_{t-j} + \varphi_q \hat{q}_{t-j}) \quad (12.26)$$

其中，$\hat{r}_t$ 和 $\hat{r}_{t-1}$ 分别表示 t 期和 $t-1$ 期的利率水平对均衡利率水平的偏离情况；ρ_r 表示利率平滑系数；$\hat{y}_{t-j}$ 表示 $t-j$ 时期的产出水平对均衡产出水平的偏离情况，即产出缺口；$\hat{\pi}_{t-j}$ 表示 $t-j$ 时期的通货膨胀率水平对均衡通货膨胀率水平的偏离情况；$\hat{q}_{t-j}$ 表示 $t-j$ 时期的房地产价格水平对均衡房地产价格水平的偏离情况；φ_y 表示产出缺口的系数；φ_π 表示通货膨胀率的系数；φ_q 表示房地产价格波动的系数。

具体的利率规则选择情况如表12.1所示。

表 12.1　　　　　　　　利率规则选择情况

货币政策工具规则类型	j 的取值	备注
前瞻型利率规则	$j=-1$	根据下一期预期的通货膨胀率、产出水平以及房地产价格设定利率水平
当期型利率规则	$j=0$	根据当期的通货膨胀率、产出水平以及房地产价格设定利率水平
后顾型利率规则	$j=1$	根据上一期的通货膨胀率、产出水平以及房地产价格设定利率水平

2. 货币供应量规则

$$\hat{m}_t = \rho_m \hat{m}_{t-1} - (1-\rho_m)(\varphi_\pi \hat{\pi}_{t-j} + \varphi_y \hat{y}_{t-j} + \varphi_q \hat{q}_{t-j}) \quad (12.27)$$

其中，$\hat{m}_t$ 和 $\hat{m}_{t-1}$ 分别表示 t 期和 $t-1$ 期货币供应量水平对均衡货币供应量水平的偏离情况，ρ_m 表示货币供应量平滑系数。

具体的货币供应量规则选择情况如表 12.2 所示。

表 12.2　　　　　　　　　货币供应量规则选择情况

货币政策工具规则类型	j 的取值	备注
前瞻型货币供应量规则	$j=-1$	根据下一期预期的通货膨胀率、产出水平以及房地产价格设定货币供应量水平
当期型货币供应量规则	$j=0$	根据当期的通货膨胀率、产出水平以及房地产价格设定货币供应量水平
后顾型货币供应量规则	$j=1$	根据上一期的通货膨胀率、产出水平以及房地产价格设定货币供应量水平

3. 混合规则

混合规则综合运用货币供应量和利率两种货币政策工具，实质上是货币供应量规则和利率规则的混合。本书在借鉴刘斌（2003、2008）、Liu 和 Zhang（2007）、张杰平（2012）所设定的传统混合规则的基础上，加入房地产价格波动，建立如下混合规则：

$$\hat{r}_t = \rho_r \hat{r}_{t-1} - \rho_m \hat{m}_{t-1} + (1-\rho_r-\rho_m)(\varphi_\pi \hat{\pi}_{t-j} + \varphi_y \hat{y}_{t-j} + \varphi_q \hat{q}_{t-j})$$

(12.28)

具体的混合规则选择情况如表 12.3 所示。

表 12.3　　　　　　　　　混合规则选择情况

货币政策工具规则类型	j 的取值	备注
前瞻型混合规则	$j=-1$	根据下一期预期的通货膨胀率、产出水平以及房地产价格设定利率和货币供应量水平
当期型混合规则	$j=0$	根据当期的通货膨胀率、产出水平以及房地产价格设定利率和货币供应量水平
后顾型混合规则	$j=1$	根据上一期的通货膨胀率、产出水平以及房地产价格设定利率和货币供应量水平

（五）政府部门

财政政策工具一般包括支出政策工具和收入政策工具，本书假设财政收入全部来自税收收入，财政支出全部被用作政府支出，财政收入等于财政支出。同时，假设税收收入中只包括个人所得税和消费税，并在个人所得税中，设定对于出售二手房将征收20%的个人所得税。

$$G_t = \tau_h h_t + \tau_c c_t + \tau_w w_t \tag{12.29}$$

其中，G_t 表示政府支出，τ_h 表示房地产交易征收的个人所得税的税率，τ_c 表示消费税的税率，τ_w 表示个人所得税的税率。

（六）市场均衡条件

均衡状态下，市场出清，即总产出等于消费、投资和政府支出之和：

$$Y_t = C_t + I_t + G_t \tag{12.30}$$

（七）外生冲击

本书假设存在三种外生冲击，即利率、住房偏好和货币供应量三种冲击，具体冲击情况见式（12.31）、式（12.32）和式（12.33）。

利率冲击：

$$r_t = \varphi_r r_{t-1} + \varepsilon_r \tag{12.31}$$

住房偏好冲击：

$$h_t = \varphi_h h_{t-1} + \varepsilon_h \tag{12.32}$$

货币供应量冲击：

$$M_t = \varphi_M M_{t-1} + \varepsilon_M \tag{12.33}$$

其中，φ_r、φ_h、φ_M 表示冲击的持续系数；随机扰动项 ε_r、ε_h、ε_M 服从正态分布，均值为0，标准差分布分别为 σ_r、σ_h、σ_M。

二、模型参数校准

本书模型中的参数设置采用了两种方法：一种是参数 OLS 估计法，模型中不同货币政策工具规则的反应参数均采用 OLS 估计法进行估计；另一种是参数校准法，剩下的所有参数均采用参数校准法。因此，本书在借鉴国外模型参数的基础上，充分考虑我国的具体情况，在原有的模型参数中对参数进行校准，设定适合我国国情的参数。部分参数的校准值见表12.4。

表 12.4　　　　　　　　　　部分参数的校准值

参数校准值	参数校准值来源
$\beta = 0.9$	Lawrance（1991）
$\gamma = 0.95$	Iacoviello（2005）
$\eta = 0.1$	
$\theta_h = 1.5$	根据我国具体情况自行设定
$s = 0.7$	银行住房贷款首套住房最低首付为三成
$x = 0.75$	李巍（2011）
$\mu = 0.3$	
$\nu = 0.3$	
$\varepsilon = 4.16$	Zhang（2009）
$\sigma = 0.05$	吴利学（2009）
$\theta = 0.75$	Calvo（1983）
$\tau_h = 0.2$	《国务院办公厅关于继续做好房地产市场调控工作的通知》
$\tau_w = 0.25$	骆永民（2012）
$\tau_c = 0.16$	

第二节　不同货币政策工具规则的反应系数估计与检验

一、货币政策工具规则反应系数的估计

由于本书的创新之处之一就在于根据货币政策工具规则反应类型的不同，将货币政策工具规则分为九种，因此本书利用我国的经济数据对九种货币政策工具规则的反应系数进行 OLS 分析，得到货币政策工具规则的反应系数。

在表 12.5 中，多数货币政策工具规则反应系数在 90% 的统计水平上是显著的。在模型拟合程度方面，利率规则、货币供应量规则和混合规则的拟合程度 R^2 分别为 0.62、0.95、0.95 左右，表明 OLS 估计法可以实现对货币政策工具规则反应系数的描述。

表 12.5　不同货币政策工具规则反应系数的 OLS 估计结果

货币政策工具规则反应系数		ρ_r	ρ_m	φ_π	φ_y	φ_q	R^2
利率规则	前瞻型	0.995099 (0.0000)***	—	3.609263 (0.0015)***	0.045036 (0.8735)	2.32813 (0.0032)***	0.9524
	当期型	0.996092 (0.0000)***	—	2.825999 (0.0137)**	0.033776 (0.9066)	2.224667 (0.0051)***	0.9512
	后顾型	0.996801 (0.0000)***	—	2.667083 (0.0571)*	0.092841 (0.7930)	2.580181 (0.0080)***	0.9505
货币供应量规则	前瞻型	—	0.720960 (0.0000)***	0.149244 (0.1217)	0.024824 (0.4351)	0.195101 (0.0284)**	0.6237
	当期型	—	0.731925 (0.0000)***	0.181731 (0.0742)*	0.112062 (0.0009)***	0.128516 (0.1702)	0.6236
	后顾型	—	0.769509 (0.0000)***	0.190443 (0.1102)	0.111602 (0.0052)***	0.215852 (0.0418)**	0.6181
混合规则	前瞻型	0.994681 (0.0000)***	0.024830 (0.0001)***	0.518496 (0.0002)***	0.011273 (0.7461)	0.236735 (0.0155)**	0.9573
	当期型	0.995161 (0.0000)***	0.025846 (0.0001)***	0.458530 (0.0013)***	0.013362 (0.7019)	0.185465 (0.0607)*	0.9559
	后顾型	0.995467 (0.0000)***	0.028180 (0.0000)***	0.406536 (0.0028)***	0.023905 (0.4785)	0.198637 (0.0287)**	0.9558

注：表中第一行数字为货币政策工具规则的系数，第二行即括号中的数字为对应的统计量的伴随概率 P 值，*、**、*** 分别表示在 10%、5% 和 1% 的统计水平上是显著的。

二、货币政策工具规则反应系数的稳健性检验

在对货币政策工具规则反应系数进行 OLS 估计后，接下来需要首先对回归估计的结果从以下两个方面进行稳健性检验：一是采取子样本的参数稳健性分析，即用 2003 年 1 月至 2011 年 12 月的子样本区间代替 1999 年 1 月至 2011 年 12 月的总样本区间；二是采取滞后期的参数稳健性分析，即将式（12.26）至式（12.28）的利率规则、货币供应量规则和混合规则中，利率和货币供应量指标滞后期由滞后 1 期改为滞后 2 期。

第十二章 房地产价格波动与货币政策工具规则选择

通过表 12.6 和表 12.7 可以看出，尽管个别指标在统计上不是显著的，但多数情况下均与表 12.5 基本一致。这说明表 12.5 中货币政策工具规则反应系数在统计上是显著的，货币政策工具规则系数的回归结果总体上是稳健的，可以利用我国实际经济数据来对货币政策工具规则的反应系数进行分析。

表 12.6　　　　　　　　　子样本参数稳健性分析

货币政策工具规则反应系数		ρ_r	ρ_m	φ_π	φ_y	φ_q	R^2
利率规则	前瞻型	0.993119 (0.0000)***	—	2.475803 (0.0061)***	0.081238 (0.6801)	1.728818 (0.0011)***	0.9631
	当期型	0.995650 (0.0000)***	—	2.767816 (0.0549)*	0.149655 (0.6354)	2.678161 (0.0016)***	0.9619
	后顾型	0.998406 (0.0000)***	—	3.996236 (0.3164)	0.690715 (0.4276)	6.623588 (0.0047)***	0.9607
货币供应量规则	前瞻型	—	0.771051 (0.0000)***	0.146513 (0.1351)	0.063010 (0.0973)*	0.241473 (0.0220)**	0.7479
	当期型	—	0.804747 (0.0000)***	0.187459 (0.1246)	0.129652 (0.0064)***	0.122426 (0.3552)	0.7200
	后顾型	—	0.845185 (0.0000)***	0.231631 (0.1397)	0.154811 (0.0117)**	0.274063 (0.0934)*	0.7197
混合规则	前瞻型	0.992346 (0.0000)***	0.038845 (0.0000)***	0.392460 (0.0010)***	0.011635 (0.6523)	0.148842 (0.0369)**	0.9713
	当期型	0.992598 (0.0000)***	0.042377 (0.0000)***	0.353121 (0.0022)***	0.004018 (0.8702)	0.098335 (0.1564)	0.9702
	后顾型	0.993376 (0.0000)***	0.046224 (0.0000)***	0.309813 (0.0056)***	0.007588 (0.7484)	0.098263 (0.1254)	0.9698

注：表中第一行数字为货币政策工具规则的系数，第二行即括号中的数字为对应的统计量的伴随概率 P 值，*、**、*** 分别表示在 10%、5% 和 1% 的统计水平上是显著的。

表 12.7　　　　　　　　　滞后期参数稳健性分析

货币政策工具规则反应系数		ρ_r	ρ_m	φ_π	φ_y	φ_q	R^2
利率规则	前瞻型	0.989000 (0.0000)***	—	2.849545 (0.0000)***	0.243909 (0.1303)	1.688091 (0.0002)***	0.8797
	当期型	0.990994 (0.0000)***	—	2.814013 (0.0004)***	0.033200 (0.8665)	1.971797 (0.0004)***	0.8771
	后顾型	0.992678 (0.0000)***	—	2.691341 (0.0066)***	0.025403 (0.9184)	2.324911 (0.0008)***	0.8725
货币供应量规则	前瞻型	—	0.674019 (0.0000)***	0.197739 (0.0187)**	0.033241 (0.2319)	0.315543 (0.0001)***	0.6016
	当期型	—	0.645335 (0.0000)***	0.205783 (0.0121)**	0.096615 (0.0004)***	0.019291 (0.7960)	0.5576
	后顾型	—	0.659849 (0.0000)***	0.229686 (0.0115)**	0.009943 (0.7359)	0.038162 (0.6465)	0.5124
混合规则	前瞻型	0.989454 (0.0000)***	0.044889 (0.0000)***	0.561811 (0.0000)***	0.046884 (0.1155)	0.321223 (0.0001)***	0.8965
	当期型	0.990269 (0.0000)***	0.043329 (0.0000)***	0.529344 (0.0000)***	0.011025 (0.7270)	0.271146 (0.0000)***	0.8918
	后顾型	0.991139 (0.0000)***	0.043786 (0.0000)***	0.474557 (0.0004)***	0.005926 (0.8562)	0.224400 (0.0162)**	0.8862

注：表中第一行数字为货币政策工具规则的系数，第二行即括号中的数字为对应的统计量的伴随概率 P 值；**、*** 分别表示在 5% 和 1% 的统计水平上是显著的。

第三节　基于房地产价格波动的不同货币政策工具规则比较

接下来，本书将借助 Matlab 软件对最优货币政策工具规则进行模拟分析，分析主要经济变量在受到利率冲击和货币供应量冲击后脉冲响应函数和福利损失的情况，进而确定我国现阶段的最优货币政策工具规则。需要说明的一点是，鉴于篇幅所限，本书只选择了与宏观经济密切相关的产出、通货膨胀和房地产价格三个指标分析其脉冲响应变化。

一、不同货币政策工具规则的脉冲响应分析

（一）不同货币政策工具规则下对产出的脉冲响应分析

通过表12.8可以看出，前瞻型、当期型和后顾型的利率规则中，产出受到正向的利率冲击后均立即下降，分别下降了大约0.09个单位、0.11个单位和0.1个单位。前瞻型、当期型和后顾型的混合规则中，产出在受到正向的利率冲击后也是立即下降的，分别下降了大约0.006个单位、0.01个单位和0.011个单位。与利率规则相比，混合规则在受到正向的利率冲击后产出的波动程度更小，在稳定产出方面发挥的作用更大。与当期型和后顾型工具规则相比，前瞻型工具规则对产出的波动影响更小。因此，在利率冲击下，前瞻型混合规则对产出的波动影响更有效。

表12.8　　　　　　　　　利率冲击对产出的脉冲响应分析

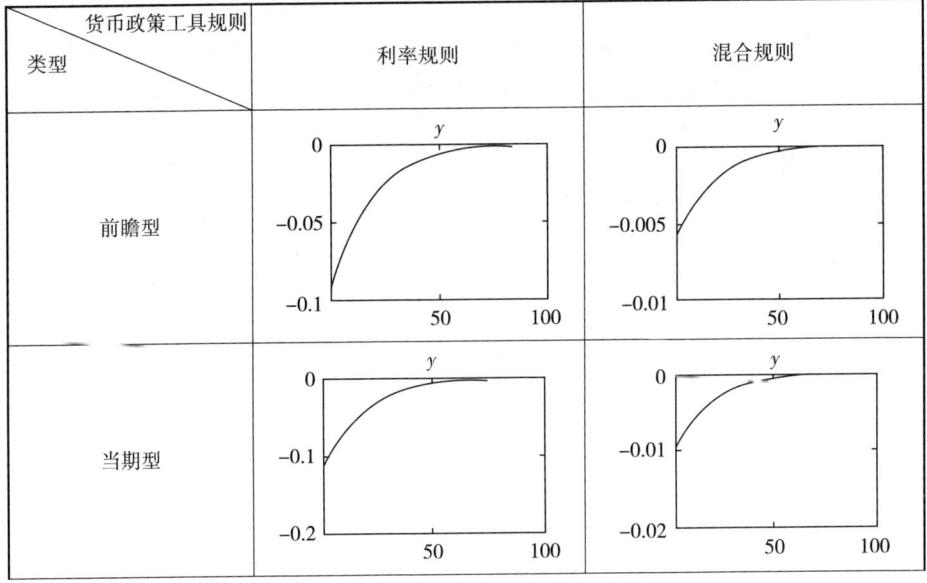

续表

类型 \ 货币政策工具规则	利率规则	混合规则
后顾型	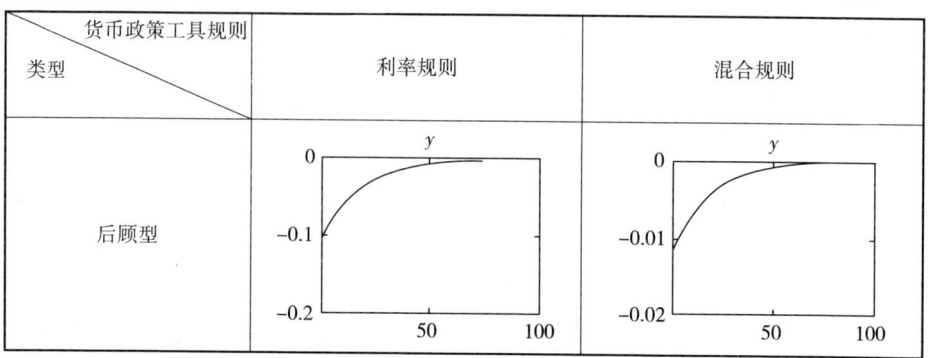	

通过表12.9可以看出，前瞻型、当期型和后顾型货币供应量规则中，产出受到正向的货币供应量冲击后立即下降，均下降了大约0.11个单位，对产出波动幅度的影响几乎相同。前瞻型、当期型和后顾型混合规则中，产出在受到正向的货币供应量冲击后立即上升，分别上升了大约0.075个单位、0.09个单位和0.09个单位。与货币供应量规则相比，混合规则的变化更符合现实状况，混合规则造成的产出变化的幅度更小，在稳定产出方面发挥的作用更大。与当期型和后顾型工具规则相比，前瞻型工具规则造成的产出波动的幅度均是最小的。因此，在货币供应量冲击下，前瞻型混合规则对产出的影响更有效。

表12.9　　　　货币供应量冲击对产出的脉冲响应分析

类型 \ 货币政策工具规则	货币供应量规则	混合规则
前瞻型		

续表

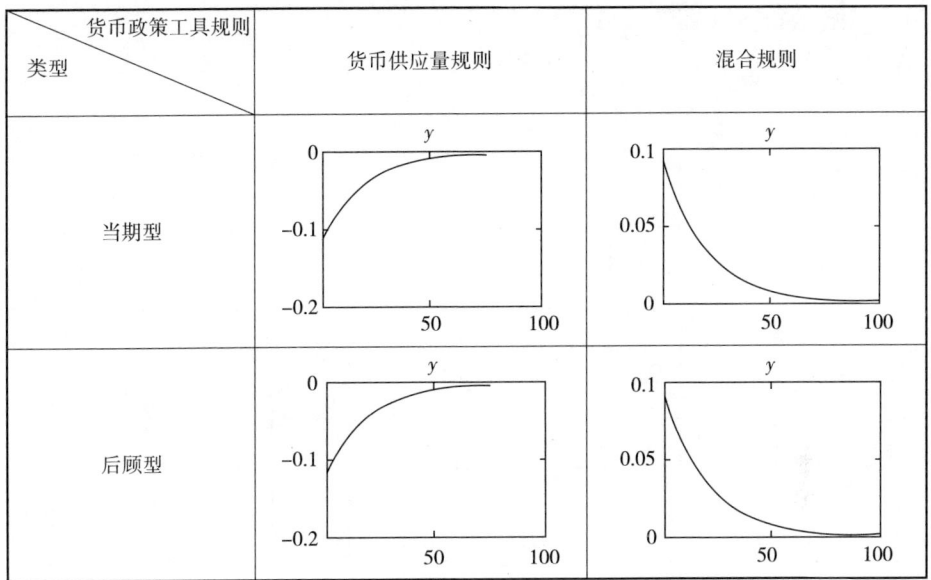

（二）不同货币政策工具规则下对通货膨胀的脉冲响应分析

通过表 12.10 可以看出，前瞻型、当期型和后顾型利率规则中，通货膨胀受到正向的利率冲击后均立即下降，分别瞬间下降了大约 0.3 个单位、0.4 个单位和 0.5 个单位。前瞻型、当期型和后顾型混合规则在受到正向的利率冲击后瞬间下降，分别下降了 0 个单位、0.01 个单位和 0.05 个单位。与利率规则相比，混合规则下利率冲击对通货膨胀的影响相对较小，在稳定物价方面发挥的作用更大。与当期型和后顾型工具规则相比，前瞻型工具规则造成的通货膨胀波动的幅度均是最小的。因此，在货币供应量冲击下，前瞻型混合规则对通货膨胀的影响更有效。

表 12.10　　　　　　　利率冲击对通货膨胀的脉冲响应分析

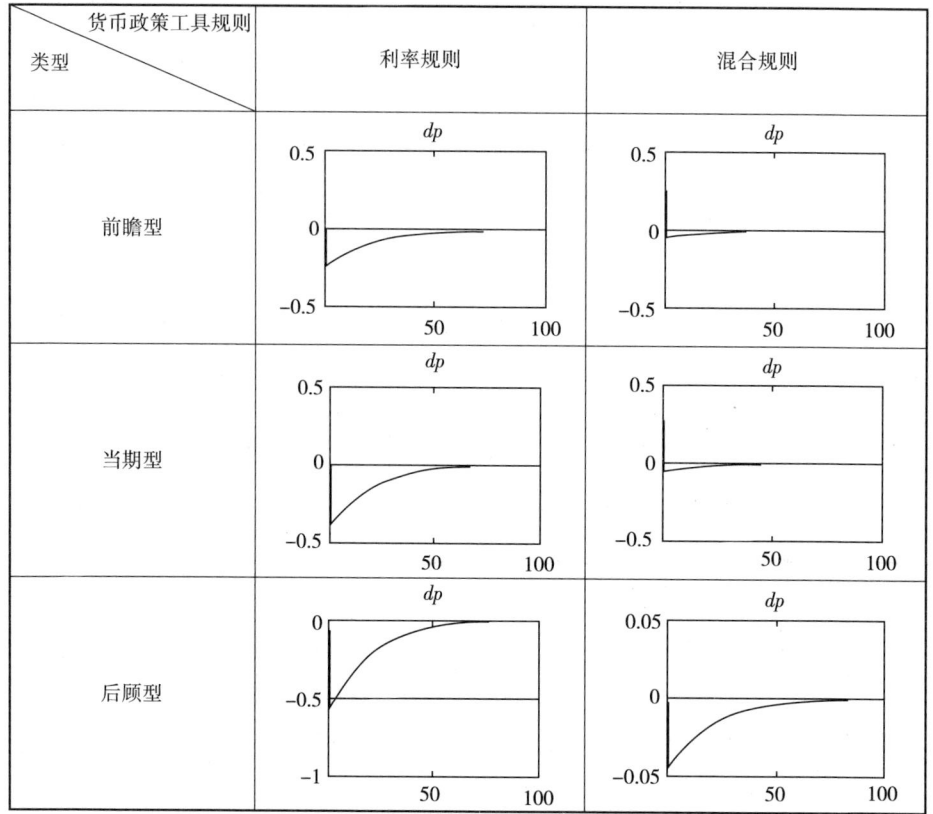

通过表 12.11 可以看出，前瞻型、当期型和后顾型货币供应量规则中，通货膨胀受到正向的货币供应量冲击后均立即上升，分别瞬间上升了大约 0.18 个单位、0.19 个单位和 0.19 个单位。前瞻型、当期型和后顾型混合规则在受到正向的货币供应量冲击后，通货膨胀也立刻上升，分别上升了大约 0.01 个单位、0.015 个单位和 0.05 个单位。与货币供应量规则相比，混合规则下货币供应量冲击对通货膨胀的影响相对较小，在稳定物价方面发挥的作用最大。与当期型和后顾型工具规则相比，前瞻型工具规则造成的通货膨胀波动的幅度均是最小的。因此，在货币供应量冲击下，前瞻型混合规则对通货膨胀的影响更有效。

表 12.11　货币供应量冲击对通货膨胀的脉冲响应分析

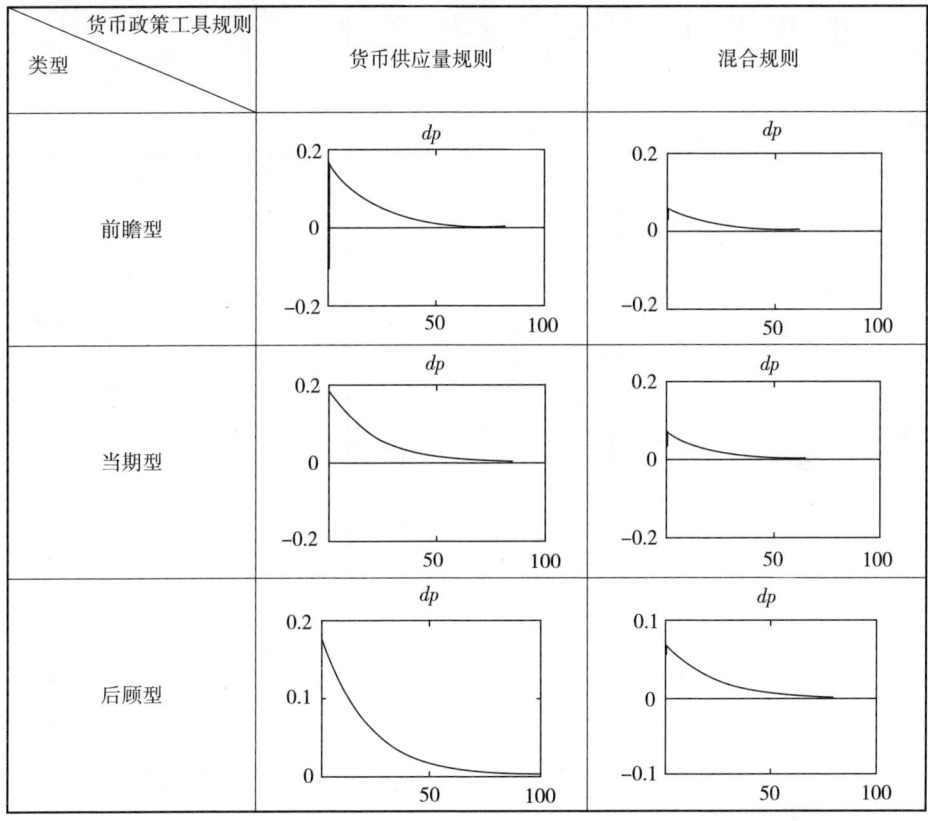

（三）不同货币政策工具规则下对房地产价格的脉冲响应分析

通过表 12.12 可以看出，前瞻型、当期型和后顾型利率规则中，房地产价格受到正向的利率冲击后均立即下降，分别下降了大约 1.5 个单位、2 个单位和 3 个单位。前瞻型、当期型和后顾型混合规则中，房地产价格受到正向的利率冲击后也立即下降，分别下降了大约 0.6 个单位、0.7 个单位和 0.65 个单位。与利率规则相比，混合规则在受到利率冲击后对房地产价格的影响最小，在稳定房地产价格方面发挥的作用更大。与当期型和后顾型工具规则相比，前瞻型工具规则造成的房地产价格波动的幅度均是最小的。因此，在利率冲击下，前瞻型混合规则对房地产价格的调控更有效。

表 12.12　　　　利率冲击对房地产价格的脉冲响应分析

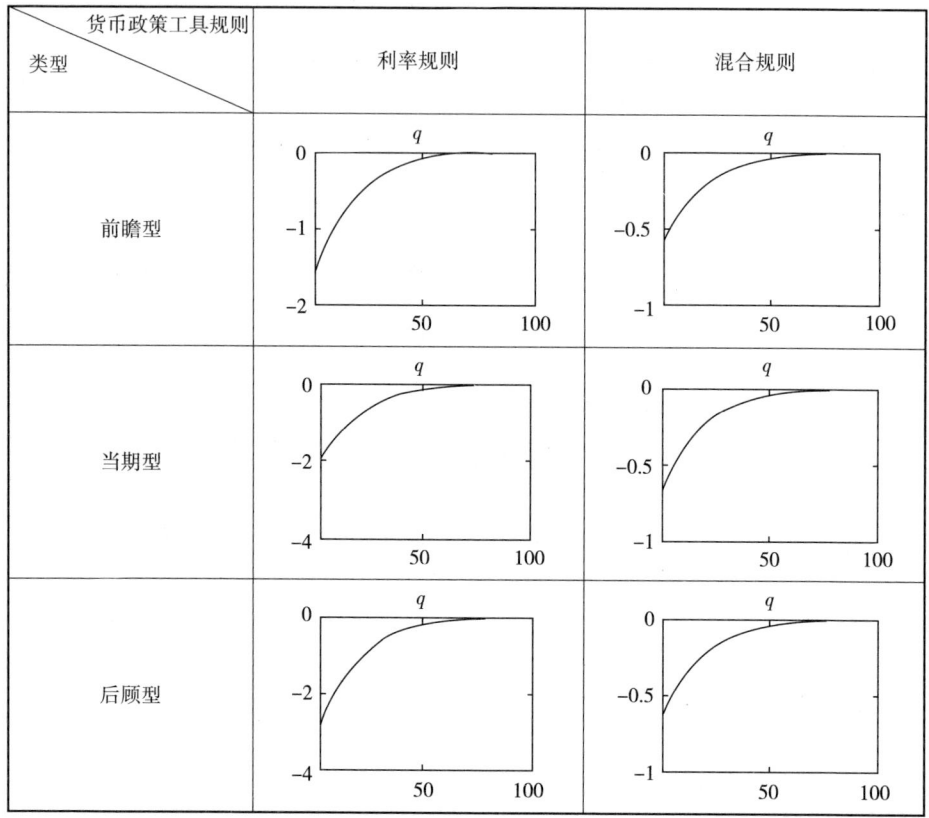

通过表12.13可以看出，前瞻型、当期型和后顾型货币供应量规则中，房地产价格受到正向的货币供应量冲击后均立即上升，均上升了大约0.38个单位，三种货币供应量规则对房地产价格波动造成的影响几乎相同，在稳定房地产价格方面的作用相差无几。前瞻型、当期型和后顾型混合规则中，房地产价格受到正向的货币供应量冲击后也立即上升，分别上升了大约0.22个单位、0.3个单位和0.32个单位。与货币供应量规则相比，混合规则在受到货币供应量冲击后对房地产价格的影响最小，在稳定房地产价格方面发挥的作用更大。与当期型和后顾型工具规则相比，前瞻型工具规则造成的房地产价格波动的幅度均是最小的。因此，在货币供应量冲击下，前瞻型混合规则对房地产价格的调控更有效。

第十二章
房地产价格波动与货币政策工具规则选择

表 12.13　　货币供应量冲击对房地产价格的脉冲响应分析

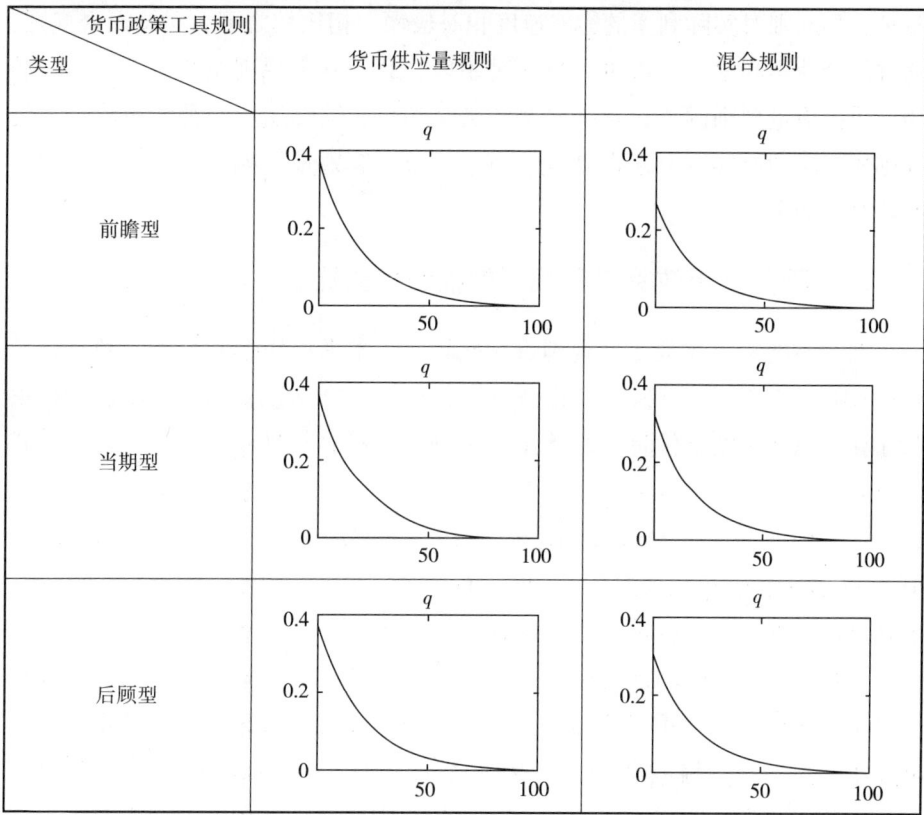

综上所述，在利率冲击和货币供应量冲击下，混合规则在引起产出、通货膨胀和房地产价格变动的方面影响更小，在稳定产出、物价以及房地产价格方面发挥的作用更大，混合规则更适合作为我国目前阶段的货币政策工具规则。

进一步研究会发现，若采用货币供应量规则，通过调节货币供应量，对货币供给产生影响，在货币需求不变的情况下，由于货币供给的变化，势必会影响名义利率。货币供应量规则的实施，还会影响货币的购买力，影响通货膨胀水平。若采用利率规则，同样会导致名义利率水平发生变化。无论是采用货币供应量规则还是利率规则，都会通过不同的传导机制对名义利率产生影响。但事实上，运用货币政策对宏观经济进行调控，主要是通过影响实际利率对宏观经济主要领域产生影响。实际利率是名义利率与通货膨胀率之差。鉴于我国货币政策传递机制的完善程度还有待进一步提高,单一的货币政策工具规则对实际利率的影响速度相对较慢。相比较之下,实施混合规则,通过混合使用利率和货币供应量两种手段,利用利率规则调节名义利率,利用货币供应量规则调节通货膨胀率和名义利率,综合运用两种货币政策工具规则能够实现对实际利率的快速、有效调节,有效地影响产出、消费等宏观经济主要变量。

二、不同货币政策工具规则的福利损失比较

在对不同货币政策工具规则进行比较时,本书选用福利损失函数来估计社会福利损失程度,并假设货币政策的目标就是产出缺口和通货膨胀的损失最小化,以此判断最优货币政策工具规则的选择,其具体福利损失函数公式如下:

$$L = \tau Var(\pi) + (1-\tau) Var(Y) \qquad (12.34)$$

其中,L 代表社会福利损失,$Var(Y)$、$Var(\pi)$ 分别为产出、通货膨胀的方差。参数 τ 表示通货膨胀权重系数,本书假定 τ 为 0.5。

根据表 12.14 中的社会福利损失比较可以发现,不同工具规则的福利损失从大到小依次为货币供应量规则、利率规则和混合规则。这反映出当货币政策关注房地产价格波动时,应选择混合规则作为最优货币政策工具规则。这是因为,与发达国家一直使用单一工具规则相比,我国的经济发展状况更为复杂,因此,中央银行不应局限于使用利率规则或货币供应量规则等单一规则,而是应混合使用利率规则和货币供应量规则,只有这样的货币政策工具规则才是适合我国特殊国情的最佳选择。

表12.14 关注房地产价格波动的货币政策工具规则的社会福利损失比较

货币政策工具规则	利率规则		
	前瞻型	当期型	后顾型
$Var(\pi)$	0.365153	0.609425	0.785258
$Var(Y)$	0.11558	0.169273	0.227982
$Var(q)$	0.297686	0.485482	0.727884
福利损失	0.240367	0.389349	0.50662

续表

货币政策工具规则	货币供应量规则		
	前瞻型	当期型	后顾型
$Var(\pi)$	3.899009	3.865674	4.401341
$Var(Y)$	1.074252	1.195277	1.570006
$Var(q)$	3.19647	3.544891	4.679519
福利损失	2.486631	2.530476	2.985674
货币政策工具规则	混合规则		
	前瞻型	当期型	后顾型
$Var(\pi)$	0.446185	0.523805	0.53319
$Var(Y)$	0.019421	0.029213	0.025042
$Var(q)$	0.087316	0.125392	0.108429
福利损失	0.232803	0.276509	0.279116

通过表12.14中的社会福利损失比较还可以发现，不同工具规则的福利损失中，前瞻型工具规则是最小的。这反映出在货币政策工具规则实施过程中，充分考虑未来预期因素，应选择前瞻型工具规则作为最优货币政策工具规则。因此，当货币政策关注房地产价格波动时，前瞻型混合规则是最优选择。

第十三章
房地产价格波动与货币政策目标规则选择

第一节 房地产价格波动与货币政策目标规则的理论分析

国内外学者对于货币政策目标规则进行了深入的研究,但这些研究中分析房地产价格波动与货币政策目标规则的文章少之又少。实际上,我国房地产价格波动对宏观经济、货币政策的影响不容忽略。前文深入分析了货币政策是否应对房地产价格波动作出反应,得出的结论是我国的货币政策应该关注房地产价格波动,并且应采取间接关注的手段。

本书在对国内外现有文献进行梳理后,选择构建 IS—Philips 模型,进行房地产价格波动与货币政策目标规则的研究。在现有 IS—Philips 模型的基础上,本书构建改进的 IS—Philips 模型,以房地产价格波动作为宏观经济稳定的代表变量,并将其纳入改进的 IS—Philips 模型,对我国的实际情况进行实证分析,分析货币政策的最终目标中是否需要添加第五个目标——金融稳定;当货币政策需要关注房地产价格波动时,通货膨胀目标制是不是我国货币政策目标规则的最优选择。本书将对这些问题从理论与实证的角度找到答案。

一、IS—Philips 模型的设定

本书通过构建改进的 IS—Philips 模型,求解中央银行的损失函数,进而分析货币政策最终目标及货币政策目标规则的选择问题。

(一) 构造改进的 IS 曲线

本书在借鉴 Almeida (2003) 的基础上,构造改进的 IS 曲线,在改进的

IS 曲线中体现出货币政策最终目标。传统的 IS 曲线中实际上已经包含了经济增长的最终目标的代表变量。因此，接下来只需将充分就业和国际收支平衡这两个最终目标的代表变量，也加入改进的 IS 曲线进行研究，构建改进的 IS 曲线。式（13.1）为改进的 IS 模型，代表总需求。

$$y_{t+1} = \beta_1 y_t + \beta_2 y_{t-1} + \beta_3 r_t + \beta_4 u_t + \beta_5 e_t + v_{t+1} \tag{13.1}$$

其中，y_t 表示 t 期的产出缺口，是经济增长目标的代表变量；r_t 表示 t 期的实际利率；u_t 表示 t 期的失业率水平，是充分就业目标的代表变量；e_t 表示 t 期的汇率水平，是国际收支平衡目标的代表变量；v_{t+1} 表示 $t+1$ 期的总需求冲击，服从正态分布。

（二）构造改进的 Philips 曲线

本书在参考王胜和田涛（2013）、Kontonikas 和 Montagnoli（2006）、Goodhart 和 Hofmann（2002）等研究的基础上，充分考虑房地产价格波动对消费、投资和通货膨胀等宏观经济领域产生的重要影响，将房地产价格波动作为金融稳定的代表变量加入 Philips 曲线。在传统的 Philips 曲线中，已经包含了物价稳定的最终目标的代表变量，只需将金融稳定的最终目标的代表变量也加入其中进行研究，构建改进的 Philips 曲线。式（13.2）为改进的 Philips 曲线，代表总供给。

$$\pi_{t+1} = \beta_6 \pi_t + \beta_7 y_t + \beta_8 \Delta q_t + \eta_{t+1} \tag{13.2}$$

其中，q_t 表示 t 期的房地产价格；Δq_t 表示 t 期的房地产价格波动，是金融稳定目标的代表变量；π_t 表示 t 期的通货膨胀率水平，是稳定物价目标的代表变量。

二、IS—Philips 模型的求解

将式（13.2）两边取期望，可以得到式（13.3）：

$$E_t \pi_{t+1} = \beta_6 \pi_t + \beta_7 y_t \tag{13.3}$$

将式（13.3）代入式（13.1），可以得到式（13.4）：

$$y_{t+1} = (\beta_1 - \beta_3 \beta_7) y_t + \beta_2 y_{t-1} + \beta_3 (R_t - \beta_6 \pi_t) + \beta_4 u_t + \beta_5 e_t + v_{t+1} \tag{13.4}$$

随后，定义状态变量：

$$z_t = \beta_6 \pi_t + \beta_7 y_t + \beta_8 \Delta q_t \tag{13.5}$$

$$\Theta_t = (\beta_1 - \beta_3\beta_7)y_t + \beta_2 y_{t-1} + \beta_3(R_t - \beta_6\pi_t) + \beta_4 u_t + \beta_5 e_t \quad (13.6)$$

故可以将式（13.2）和式（13.4）改写成：

$$\pi_{t+1} = z_t + \eta_{t+1} \quad (13.7)$$

$$y_{t+1} = \theta_t + v_{t+1} \quad (13.8)$$

将式（13.5）中的 t 期换成 $t+1$ 期，随后将式（13.7）和式（13.8）代入式（13.5），可以得到式（13.9）：

$$z_{t+1} = \beta_6 z_t + \beta_7 \theta_t + \beta_8 \Delta q_{t+1} + \beta_6 \eta_{t+1} + \beta_7 v_{t+1} \quad (13.9)$$

式（13.10）为货币政策的损失函数，反映了货币政策目标规则的选择问题：

$$Loss = \frac{1}{2} E_t \sum_{t=1}^{\infty} \gamma^t [\lambda y_{t+1}^2 + \pi_{t+1}^2] \quad (13.10)$$

其中，$Loss$ 表示中央银行货币政策的损失函数；λ 表示产出缺口的相对权重，体现了中央银行的政策偏好，即货币政策对产出稳定的关注程度，λ 越大，表明货币政策中产出缺口所占比重更大；γ 表示贴现因子，$0 < \gamma < 1$，体现了中央银行的政策意图。表 13.1 对 λ 的取值与货币政策目标制选择的关系进行了介绍。

表 13.1　　　　　　λ 的取值与货币政策目标制选择的关系

λ 的取值	货币政策目标规则	具体政策含义
$\lambda = 0$	严格的通货膨胀目标制	不关注产出缺口变化，只关注通货膨胀变化
$\lambda = 0.5$	灵活的通货膨胀目标制	同时关注产出缺口与通货膨胀变化，更关注通货膨胀变化
$\lambda = 1$	混合名义目标制	将产出缺口变化和通货膨胀变化同等看待
$\lambda > 1$	名义收入目标制	同时考虑产出缺口与通货膨胀变化，但更关注产出缺口变化

式（13.10）反映了中央银行在通货膨胀目标制和名义收入目标制两种货币政策目标规则之间如何进行选择，当 λ 被设定为不同的取值时，就意味着赋予产出缺口和通货膨胀不同的相对权重。

因此，在式（13.9）的约束下，货币政策的损失函数取得最小值，得到式（13.11）：

$$V(z_t) = \min E_t [\frac{1}{2}(\lambda y_{t+1}^2 + \pi_{t+1}^2) + \gamma V(z_{t+1})] \quad (13.11)$$

将式（13.7）、式（13.8）、式（13.9）代入式（13.11），可以得到式

（13.12）：

$$V(z_t) = \min E_t \frac{1}{2} [\frac{1}{2} (\lambda E_t(\theta_t + \nu_{t+1}))^2 + \frac{1}{2} E_t(z_t + \eta_{t+1})^2 + \gamma E_t V(\beta_6 z_t + \beta_7 \theta_t + \beta_8 \Delta q_{t+1} + \beta_6 \eta_{t+1} + \beta_7 \nu_{t+1})] \quad (13.12)$$

将式（13.12）取极值的一阶条件是

$$\lambda \theta_t + \beta_7 \gamma E_t V_\theta(z_{t+1}) = 0 \quad (13.13)$$

利用包络定理 $V_\theta = V_z$，得到式（13.14）：

$$V_z(z_t) = z_t + \beta_6 \gamma E_t V_\theta(z_{t+1}) \quad (13.14)$$

比较式（13.13）和式（13.14），并且将时间向前推一期可以得到式（13.15）：

$$E_t V_\theta(z_{t+1}) = \beta_6 z_t + \beta_7 \theta_t - \frac{\beta_6}{\beta_7} \lambda E_t(\theta_{t+1}) \quad (13.15)$$

将式（13.15）代入式（13.13），可以得到式（13.16）：

$$\theta_t = \frac{\beta_6 \beta_7 \gamma}{\lambda + \beta_7^2 \lambda} z_t + \frac{\beta_6 \gamma \lambda}{\lambda + \beta_7^2 \gamma} E_t(\theta_{t+1}) \quad (13.16)$$

在 t 期，z_t 表示状态变量，$\Theta_t = C z_t$ 以满足下列形式来寻求货币政策目标规则的最优选择：

$$E_t(\theta_{t+1}) = C_t(z_{t+1}) = C(\beta_6 + \beta_7 C) z_t \quad (13.17)$$

C 即为下列二次方程的解：

$$\lambda \gamma \beta_6 \beta_7 C^2 + (-\lambda + \gamma \beta_6^2 \lambda - \beta_7^2 \gamma) C - \beta_6 \beta_7 \gamma = 0 \quad (13.18)$$

可以得到

$$C = \frac{(\lambda - \gamma \beta_6^2 \lambda + \gamma \beta_7^2) - \sqrt{(\lambda - \gamma \beta_6^2 \lambda + \gamma \beta_7^2)^2 + 4(\gamma \beta_6 \beta_7)^2 \lambda}}{2 \gamma \beta_6 \beta_7 \lambda}$$

$$(13.19)$$

因此，推导可知，货币政策目标规则的选择表达式为

$$R_t = \frac{C\beta_7 - \beta_1}{\beta_3} y_t + \frac{C\beta_6 - \beta_3 \beta_6}{\beta_3} \pi_t - \frac{\beta_4}{\beta_3} u_t - \frac{\beta_5}{\beta_3} e_t + \frac{C\beta_8}{\beta_3} q_t \quad (13.20)$$

第二节　房地产价格波动与货币政策目标规则的实证分析

《金融业发展和改革"十二五"规划》明确提出，优化货币政策目标体系，更加突出价格稳定目标，关注更广泛意义的整体价格水平稳定，处理好促进经济增长、保持物价稳定和防范金融风险的关系。在这一表述中，更广泛意义的整体价格水平稳定必然包括房地产价格的稳定，处理好促进经济增长、保持物价稳定和防范金融风险的关系意味着在货币政策实现经济增长和物价稳定目标的同时，还要寻求实现金融稳定的目标。在房地产价格居高不下的大环境下，房地产价格波动是否会对货币政策目标规则的选择产生影响？换言之，当货币政策需要对房地产价格波动作出反应时，现阶段我国货币政策目标规则的最优选择是什么？下文将对房地产价格波动与货币政策目标规则之间的关系进行分析。

根据上述分析可知，由于货币政策目标规则的确定基础应是货币政策的最终目标，房地产价格波动与货币政策目标规则之间的关系，实质上就是房地产价格波动与最终目标之间的关系。因此，分析房地产价格波动与货币政策目标规则之间的关系，主要是考察房地产价格波动与四个最终目标（充分就业、国际收支平衡、物价稳定和经济增长）之间的关系。房地产价格波动是否对我国货币政策最终目标的设定造成影响？房地产价格波动与货币政策的最终目标之间存在怎样的关系？

由于我国房地产市场货币化改革开始于1998年，因此，本书在确定数据期限时，选择1999—2017年的数据。在指标选择上，本书作出以下选择：（1）房地产价格，选择商品房平均销售价格作为代表指标；（2）充分就业，选择失业率作为代表指标；（3）国际收支平衡，选择汇率作为代表指标；（4）物价稳定，选择通货膨胀率作为代表指标；（5）经济增长，选择GDP增长率作为代表指标。所有的指标均为年度指标，指标数据均来自国家统计局网站。

通过房地产价格与货币政策最终目标的相关性分析结果（见表13.2）可以发现，房地产价格与失业率、通货膨胀率和经济增长率之间呈正相关关系，其相关性系数分别为 0.3553、0.2616 和 0.2432；房地产价格与汇率之间呈现负相关，相关性系数为 -0.8972。房地产价格与失业率呈正相关关系，反映出房地产价格与充分就业的货币政策最终目标之间存在负相关关系，房地产价格的上涨会吸引更多的房地产投资，挤占对于其他行业的投资额，导致劳动力市场无法实现充分就业，最终影响货币政策中充分就业目标的实现。房地产价格与汇率呈负相关关系，反映出房地产价格与国际收支平衡的货币政策最终目标之间存在负相关关系，房地产价格的上涨会吸引国外资金进入本国市场，导致汇率下降及人民币升值，最终影响货币政策中国际收支平衡目标的实现。房地产价格与通货膨胀率呈正相关关系，反映出房地产价格与物价稳定的货币政策最终目标之间存在正相关关系，房地产价格的上涨将会带动其他商品价格的普遍上涨，引起通货膨胀率的整体提高，最终影响货币政策中物价稳定目标的实现。房地产价格与经济增长呈正相关关系，反映出房地产价格与经济增长的货币政策最终目标之间存在正相关关系，房地产行业作为国民经济的支柱产业，其价格的上涨将会带动其他相关产业的发展，促进整个社会的经济发展水平，最终实现货币政策中经济增长的目标。综上所述，从相关性分析的角度来看，房地产价格波动与货币政策的最终目标之间存在着密切的关系。

表 13.2　　　房地产价格与货币政策最终目标的相关性分析

相关性系数	失业率	汇率	通货膨胀率	经济增长率
房地产价格	0.355377	-0.897207	0.261603	0.243181

一、模拟数据来源与处理

在具体指标选择上，本书选择产出缺口作为经济增长的代表指标，首先需要将名义 GDP 转换成实际 GDP，再运用 H-P 滤波方法对对数实际 GDP 进行趋势分解，用实际 GDP 减去 GDP 趋势变量，得到实际产出缺口，记作 y_t；选择通货膨胀率作为物价稳定的代表指标，记作 π_t；选择失业率作为充分就业的代表指标，以城镇登记失业率来表示，记作 u_t；选择汇率作为国际收支平衡的代表指标，以人民币与美元间的名义汇率来表示，记作 e_t；选择房地产价格作为金融稳定的代表指标，以全国商品房平均销售价格来表示，记作

q_t。在数据选取区间上,选择 2002—2017 年的年度数据。在数据来源上,所有数据均来自中国经济统计数据库。

二、模拟参数估计

式(13.21)为改进的 IS 曲线,其表达式如下:

$$y_t = \beta_1 y_{t-1} + \beta_2 y_{t-2} + \beta_3 r_{t-1} + \beta_4 u_{t-1} + \beta_5 e_{t-1} + v_t \tag{13.21}$$

我们运用 OLS 回归方法对式(13.21)进行参数估计,得到的结果见式(13.22):

$$\widehat{y_t} = 2.092586 \widehat{y_{t-1}} - 1.098157 \widehat{y_{t-2}} - 3.070633 \widehat{r_{t-1}} \\ + 16.17768 \widehat{u_{t-1}} - 8.162837 \widehat{e_{t-1}} \tag{13.22}$$

因此,可以得到 $\beta_1 = 2.092586$, $\beta_2 = -1.098157$, $\beta_3 = -3.070633$, $\beta_4 = 16.17768$, $\beta_5 = -8.162837$。

改进的 Philips 曲线表达式为

$$\pi_t = \beta_6 \pi_{t-1} + \beta_7 y_{t-1} + \beta_8 q_{t-1} + \eta_t \tag{13.23}$$

我们利用 OLS 回归方法对式(13.23)进行参数估计,得到的结果见式(13.24):

$$\widehat{\pi_t} = 1.027363 \widehat{\pi_{t-1}} + 0.007872 \widehat{y_{t-1}} + 0.007348 \widehat{q_{t-1}} \tag{13.24}$$

因此,可以得到 $\beta_6 = 1.027363$, $\beta_7 = 0.007872$, $\beta_8 = 0.007348$。

三、货币政策目标规则的最优选择

在对改进的 IS 曲线和 Philips 曲线的系数进行 OLS 估计后,还需要确定 γ 和 λ 的值。因此,本书参考 Iacoviello(2005),设定 $\gamma = 0.95$,并设定 $\lambda = 1$,意味着货币政策在产出缺口与通货膨胀上设定的相对权重相同。然后,将所有参数代入式(13.20),可以得到货币政策目标规则的表达式,见式(13.25):

$$R_t = 0.6845 y_t - 0.6303 \pi_t + 5.2685 u_t - 2.6584 e_t + 0.0028 q_t \tag{13.25}$$

式(13.25)中,各变量系数的绝对值排序从大到小分别是失业率的系数绝对值(5.2685)、汇率的系数绝对值(2.6584)、产出缺口的系数绝对值(0.6845)、通货膨胀的系数绝对值(0.6303)、房地产价格波动的系数绝对值(0.0028)。因此,货币政策的关注顺序应依次为失业率波动、汇率波动、产出波动、通货膨胀波动和房地产价格波动。

式（13.25）中，房地产价格波动的系数绝对值为 0.0028，是所有系数中最小的。这说明房地产价格波动会对宏观经济中的消费、投资等多个领域产生重要影响，货币政策需要对房地产价格波动作出反应，以避免房地产价格波动对实体经济造成不良影响，但房地产价格波动不是货币政策首要考虑的因素。

美国的次贷危机、日本的房地产泡沫破灭等鲜活的案例启示我们，房地产价格波动会对金融体系和宏观经济的稳定造成影响。因此，在金融创新程度不断提高的今天，金融稳定应引起足够的重视，应将其列入货币政策目标规则加以充分考虑。

四、基于房地产价格波动的货币政策目标规则的敏感性分析

本书将利用敏感性分析的方法，分析产出稳定相对权重 γ 和贴现因子 λ 的变化对货币政策目标规则选择的影响。具体来说，分别设定不同的 λ 和 γ 的取值，来对货币政策目标规则如何选择进行分析，判断通货膨胀目标制是不是基于房地产价格波动的货币政策目标规则的最优选择。

首先，通过设定不同的产出稳定相对权重 λ，观察货币政策目标规则如何选择。假设贴现因子 $\gamma = 0.95$，然后分别考察当 $\lambda = 0$、$\lambda = 0.5$、$\lambda = 1$、$\lambda = 2$、$\lambda = 50$、$\lambda = 100$ 时，货币政策目标规则如何选择（见表13.3）。需要说明的一点是，在考虑货币政策的实际情况之后，用 $\lambda = 0.1$ 来代替 $\lambda = 0$ 进行分析，用 $\lambda = 0.1$ 表示严格的通货膨胀目标制。λ 越大，表示货币政策越关注产出波动，$\lambda = 100$ 可以近似表示名义收入目标制。

表 13.3　　产出稳定相对权重 λ 的敏感性分析（$\gamma = 0.95$）

系数 λ 的取值	y_t	π_t	u_t	e_t	q_t
$\lambda = 0.1$	0.689951	0.077654	5.268516	-2.658356	0.007903
$\lambda = 0.5$	0.685566	-0.494621	5.268516	-2.658356	0.003810
$\lambda = 1$	0.684526	-0.630374	5.268516	-2.658356	0.002840
$\lambda = 2$	0.683796	-0.725565	5.268516	-2.658356	0.002159
$\lambda = 50$	0.682512	-0.893115	5.268516	-2.658356	0.000960
$\lambda = 100$	0.682452	-0.900814	5.268516	-2.658356	0.000904

从表 13.3 中可以看出，随着 λ 的增加，产出缺口 y_t 和房地产价格 q_t 的系数变小，通货膨胀 π_t 的系数先变小再变大，失业率 u_t 和汇率 e_t 的系数大小保持不变。这反映出中央银行在由重点关注通货膨胀向重点关注产出转变的过程中，对产出和房地产价格波动的关注度不断减小，对通货膨胀波动的关注度先减小再增大，对失业率和汇率的关注度保持不变。当实行严格的通货膨胀目标制（λ = 0.1）时，货币政策的关注顺序依次为失业率波动、汇率波动、产出波动、通货膨胀波动和房地产价格波动。当实行混合目标制（λ = 1）时，货币政策的关注顺序依次为失业率波动、汇率波动、产出波动、通货膨胀波动和房地产价格波动。当实行名义收入目标制（λ = 100）时，货币政策的关注顺序依次为失业率波动、汇率波动、通货膨胀波动、产出波动和房地产价格波动。从表 13.3 中还可以看出，无论采用何种货币政策目标规则，通货膨胀波动的系数均不是最大的，通货膨胀目标制并非最优之选。

下文将通过设定货币政策偏好 γ 的不同取值，观察货币政策目标规则如何选择。假设产出稳定相对权重 λ = 1，然后分别考察 γ = 0.1、γ = 0.2、γ = 0.5、γ = 0.9、γ = 0.95、γ = 1 时，货币政策目标规则如何选择（见表 13.4）。γ 越大，表明货币政策的作用时间越长。

表 13.4　　　　　　货币政策偏好 γ 的敏感性分析（λ = 1）

系数 γ 的取值	y_t	π_t	u_t	e_t	q_t
γ = 0	0.681486	-1.027061	5.268516	-2.658356	0.0000002
γ = 0.2	0.681489	-1.026677	5.268516	-2.658356	0.0000005
γ = 0.5	0.681506	-1.024499	5.268516	-2.658356	0.0000020
γ = 0.9	0.681848	-0.979766	5.268516	-2.658356	0.0003404
γ = 0.95	0.684526	-0.630347	5.268516	-2.658356	0.0028396
γ = 1	0.699415	1.312903	5.268516	-2.658356	0.0167383

从表 13.4 中可以看出，随着 γ 的增加，产出缺口 y_t 和房地产价格 q_t 的系数均慢慢增加，通货膨胀 π_t 的系数先减小后增大，失业率 u_t 和汇率 e_t 的系数保持不变。这表明货币政策在由短期向长期转变的过程中，需要不断加大对产出和房地产价格的关注程度，不断减小对通货膨胀的关注程度。当中央银

行执行的货币政策为短期政策时，货币政策的关注顺序依次为失业率波动、汇率波动、通货膨胀波动、产出波动和房地产价格波动。当中央银行执行的货币政策为长期政策时，货币政策的关注顺序依次为失业率波动、汇率波动、通货膨胀波动、产出波动和房地产价格波动。

从表13.4中还可以发现，无论中央银行执行的政策是为了解决短期还是长期问题，通货膨胀波动的系数均小于失业率波动和汇率波动的系数，通货膨胀波动的系数均不是最大的，说明通货膨胀目标制在我国目前阶段是受限的、非最优的。

综上所述，在货币政策目标规则选择过程中，当货币政策需要关注房地产价格波动时，通货膨胀目标制并不是当前的最优选择。在选择适合我国的货币政策目标规则时，切忌盲从，需要根据我国的具体情况，确定适合的货币政策目标规则，实现促进我国宏观经济健康发展的目的。

第十四章
第二篇结论与政策建议

第一节 主要研究结论

一、房地产价格波动会对消费、投资、经济增长产生重要影响

从理论角度进行分析可以发现,房地产价格波动对消费的影响会产生财富效应和挤占效应。从实证角度进行分析可以发现,当收入的增长率增加1个百分点时,消费的增长率会随之增加0.81个百分点;相对应地,当房地产价格的增长率增加1个百分点时,消费的增长率却仅增加了0.05个百分点。房地产价格上涨所带来的财富效应大于房地产价格上涨所产生的挤占效应。

房地产价格波动会对投资产生直接投资效应、托宾Q效应、资产负债表效应。当房地产价格的增长率上升1个百分点时,投资的增长率会随之增加0.64个百分点。这反映出房地产价格的上涨对投资的增长具有巨大的推动和促进作用。

房地产价格波动会对经济增长产生拉动效应。当房地产价格的增长率上升1个百分点时,经济增长率会随之增加0.18个百分点。这反映出房地产价格的上涨对整个宏观经济的增长具有一定的推动和促进作用,对经济增长产生巨大的拉动效应。

二、货币政策应间接关注房地产价格波动

(一)房地产价格与货币政策之间存在着显著的联动关系

通过协整关系、格兰杰因果关系等检验可以知道,货币政策的代表变量

货币供应量和利率与房地产价格之间存在因果关系,可以认为房地产价格波动与货币政策之间存在密切的联系。

(二)货币政策应关注房地产价格波动

第一,与不关注房地产价格波动的模拟经济相比,关注房地产价格波动的模拟经济可以实现对实体经济更准确的预测。第二,与不关注房地产价格波动的 DSGE 模型相比,关注房地产价格波动的 DSGE 模型中,消费、投资、产出等宏观经济变量受到冲击后,波动幅度更小。第三,与不关注房地产价格波动的货币政策相比,关注房地产价格波动的货币政策可以有效降低产出和通货膨胀的波动幅度,减少社会福利损失。

(三)货币政策对房地产价格波动应采取间接关注的手段进行关注

经济增长与房地产价格之间、房地产价格与货币政策之间均存在显著的均值溢出效应,反映出房地产价格波动对经济增长产生的影响是不可忽略的,货币政策应当关注房地产价格波动。同时,经济增长与房地产价格波动之间存在显著的波动溢出效应,房地产价格与货币政策之间不存在显著的波动溢出效应,表明货币政策不应当对房地产价格波动采取直接干预的手段。因此,货币政策应当在房地产价格产生过度波动时,通过间接手段对其进行关注。

三、前瞻型混合规则是基于房地产价格波动的货币政策工具规则最优选择

(一)混合规则是我国货币政策工具规则选择的最佳选择

本书通过构建包含九个不同货币政策工具规则的 DSGE 模型,对不同工具规则进行比较,发现在稳定物价、增加产出以及稳定房地产价格方面,混合规则功效显著,更适合我国国情,可以作为我国货币政策工具规则。福利损失比较也表明,混合规则的福利损失明显小于另外两种货币政策工具规则。

(二)前瞻型的货币政策工具规则更适合我国国情

基于我国的具体国情,前瞻型工具规则能够更好地维持我国的经济秩序,维护我国经济的发展,其社会福利损失小于当期型工具规则和后顾型工具规则,且前瞻型工具规则的优越性在每一类货币政策工具规则中都能够体现,包括利率规则、货币供应量规则,以及混合规则。

四、通货膨胀目标制不是基于房地产价格波动的货币政策目标规则首选

（一）金融稳定作为货币政策的第五个目标

本书建立改进的IS—Philips模型，求解中央银行损失函数，认为在货币政策目标规则选择过程中，对不同最终目标的关注顺序依次为失业率波动、汇率波动、产出波动、通货膨胀波动和房地产价格波动，房地产价格波动对宏观经济存在一定的影响，货币政策不仅应关注房地产价格的波动，还应将金融稳定作为货币政策的第五个目标。

（二）通货膨胀目标制不是现阶段我国货币政策目标规则的最佳选择

借助敏感性分析方法可知，无论产出稳定相对权重、贴现因子如何变动，通货膨胀目标制均不适合我国目前的基本情况，并不是基于房地产价格波动的货币政策目标规则的最佳选择。尽管通货膨胀目标制是目前国际上备受欢迎的一种货币政策目标规则，但我国未来若想实施通货膨胀目标制，还有很长的一段路要走。

第二节 相关政策建议

一、房地产价格波动与宏观经济稳定的相关政策建议

（一）加强房地产市场的宏观调控

加强房地产市场的宏观调控，完善房地产市场宏观调控体系，从战略高度正确认识房地产行业在国民经济中的支柱地位，以及房地产市场宏观调控的重要作用，坚持以市场为主、政策为辅的指导思想，将房地产市场引向正确、健康的发展方向，控制房地产价格的上涨速度，以合理的手段依照市场调控目标规范市场，使房地产行业健康、蓬勃地成长。

（二）建立房地产价格预警机制

房地产价格预警机制并非单指特定的某个指标，而应该是一个房地产价格预警指标体系，由多个房地产价格预警指标组成。首先，设置预警机制中

的各预警指标及其权重；其次，计算预警指标体系的大小，并与宏观经济所能承受的房地产价格波动幅度的临界值进行比较；最后，判断房地产价格是否已经出现泡沫、泡沫的程度如何，并以此为货币政策的制定和执行提供预警信息。房地产价格预警指标应当包括房地产的供需两方面，并且以此为基石，构建合理、完整的价格预警指标体系。可以用房价收入比、租金收入比、房地产贷款月还款额与居民可支配收入之比等指标代表房地产需求；用房屋空置率、房地产投资占 GDP 比重、房地产贷款总额占金融机构贷款总额比重等指标代表房地产供给。运用多种方法确定各指标的权重，对房地产价格泡沫程度进行识别、度量，从而对货币政策的操作提供借鉴和指导。

（三）加强保障性住房建设

加强保障性住房建设，一方面可以解决中低收入家庭的居住需求，增加房地产市场的供给，缓解房地产市场供需矛盾；另一方面可以抑制房地产价格的过快上涨，缓解社会矛盾。具体措施包括：一是完善保障性住房的制度建设，推进保障性住房的法制建设，设立专门机构对保障性住房投资资金进行管理与监督。二是加大保障性住房的资金投入，拓宽保障性住房建设的融资渠道，运用多种渠道筹集保障性住房建设资金。三是加强对保障性住房准入、分配环节的管理与监督，杜绝高收入者占用保障性住房资源的情况，最大限度地保障中低收入家庭享有住房的福利，监督住房的实际用途。

（四）编制金融发展状况综合指数

中央银行通过构建合适的统计模型来编制包括房地产价格在内的金融发展状况综合指数，综合反映包括房地产市场在内的金融市场的发展状况。编制金融发展状况综合指数，不仅有利于中央银行全面了解目前的货币政策执行情况和当前金融形势，也有利于加强中央银行对产出、通货膨胀等经济变量的调控力度，稳定经济主体的预期，提高社会整体福利水平。

二、货币政策关注房地产价格波动的相关政策建议

（一）重视房地产价格对货币传导机制的影响

房地产价格在货币政策传导机制中发挥着重要的作用，其作为影响货币政策传导机制的因素占有重要比重。因此，中央银行应充分重视房地产价格

对货币政策传导机制的影响,促进房地产市场与货币市场、宏观经济的协调发展。具体建议包括:一是逐步建立统一的货币市场,不断夯实货币市场的发展基础,扩大货币市场的规模,创新货币市场的交易工具,积极发展票据贴现和短期债券业务,尽早建立统一的货币市场。二是运用多项措施引导房地产市场健康发展,坚持公平、公正、公开的原则,减少不必要的行政干预,逐渐修正当前房地产市场存在的制度缺陷,改善房地产市场的市场结构,引导房地产市场健康、有序发展,促使房地产行业步入良性发展的轨道。三是在制定货币政策时,重视房地产价格波动对货币政策传导机制的影响,以此加强对房地产市场的宏观调控。

(二)构造广义价格指数

中央银行需要对传统的价格指数进行改进,使房地产价格波动作为辅助监测目标,并将其纳入广义价格指数,充分利用房地产价格所释放的信息,间接关注房地产价格波动。通过构建广义价格指数,不断探索完善价格指数构成的新技术、新方法,充分挖掘房地产价格背后所蕴含的信息,为货币政策的决策与实施提供依据。

(三)把握好货币政策关注房地产价格波动的度

我们研究认为,货币政策应对房地产波动作出反应,并且应采取间接关注手段,但在实际经济运行过程中,如何把握好货币政策关注房地产价格波动的度,依然是摆在中央银行面前的一个挑战与难题。具体来说,货币政策只需要关注房地产价格的过度波动,并对这种过度波动作出反应。但在实际操作过程中,存在的难题之一就是如何界定房地产价格的过度波动和房地产价格泡沫,以及对房地产价格何种程度的过度波动和何种程度的房地产价格泡沫作出反应、作出何种反应。这些问题都有待于进一步的分析与研究。本书认为,把握好货币政策关注房地产价格波动的度,是研究房地产价格波动与货币政策选择关系的重要影响因素。因此,建议借鉴相关模型,构建房地产价格波动目标区间,当房地产价格的波动程度或泡沫程度在既定的目标区间内浮动时,货币政策就无须对房地产价格波动作出干预和反应,但如果超过了既定的目标区间,就应该适当地作出货币政策反应。此外,还需要积极利用货币政策的预期作用,干预公众的预期,促使房地产价格波动回归合理的目标区间。

三、房地产价格波动与货币政策工具规则的相关政策建议

（一）提高货币政策的前瞻性

经济的运行是有惯性的，这种惯性的存在会使货币政策产生时滞，也就是说货币政策的实施效应需要经过一段时间之后才能显露出来。货币政策这种时滞的存在充分说明了货币政策前瞻性的重要性，中央银行需要事先对未来经济形势的变化情况作出科学准确的判断，进而采取相应的手段与行动，构建符合我国实际情况的预测模型，提前估计出货币政策工具对货币政策最终目标的时滞。通过对未来经济形势进行合理预测，充分考虑货币政策存在的"效应滞后"情况，确定货币政策的前瞻性区间，提高货币政策的前瞻性。

（二）加快推进利率市场化进程

第十二章指出，基于房地产价格波动的货币政策工具规则的最优选择是混合规则。混合规则是指综合运用利率规则和货币供应量规则两种货币政策工具规则。随着房地产市场的发展以及中央银行运用货币政策经验的不断丰富，货币供应量规则将会逐渐失去对宏观经济的调控作用；与此同时，利率规则的重要性逐渐上升，成为我国未来货币政策工具规则的最优选择。

在由货币供应量规则向利率规则转变的过程中，最重要的环节就是要加快推进利率市场化进程，逐步放开各层次的利率管制，形成利率的市场化机制，尽快设置一个权威的基准利率，形成对利率的正确预期，使利率能够准确反映货币市场供求关系。中央银行可以针对不同经济的需要，选择相应的利率调控手段，充分发挥利率的调节作用。

（三）综合运用多种货币政策工具

由于我国宏观经济发展以及房地产市场发展的具体情况，我国目前阶段的货币政策工具规则最优选择是混合规则，即综合使用货币供应量规则和利率规则，主要采用直接调节手段，这种货币政策工具规则的优点是可以迅速发挥作用，在短期内有效调节宏观经济运行状况，但也存在着明显的缺点：政策依赖性过强，极易导致经济波动。因此，从长远来看，在选择混合规则的同时，还应综合运用包括存款准备金率、再贴现、窗口指导在内的其他货

币政策工具。

四、房地产价格波动与货币政策目标规则的相关政策建议

（一）合理设定通货膨胀目标

衡量通货膨胀目标的指标有许多，例如许多国家采用的CPI，在我国的CPI构成中，食品所占的比重相对较大，无法准确反映我国通货膨胀的整体水平，因此需要根据我国的实际情况，建立新的通货膨胀指数，合理设定通货膨胀目标。考虑到我国的具体情况，相对于目标值，将通货膨胀目标设定为目标区间的形式会更有效。只要规定了明确的目标区间限值，当通货膨胀率在该限值内波动时，就认为通货膨胀处于稳定的水平。在具体通货膨胀目标设定中，由于我国人口众多、就业压力大、经济基础相对薄弱，不宜将通货膨胀目标设定得过低，可以在其他国家设置的通货膨胀目标区间的基础上，将我国的通货膨胀目标区间提高一点，比如设定为2%~4%。

（二）提高准确预测通货膨胀水平的能力

中央银行对通货膨胀的预测能力的高低，将会直接影响到通货膨胀目标制的执行情况。因此，应不断提高中央银行准确预测通货膨胀水平的能力，建立科学的通货膨胀统计制度，提高中央银行的通货膨胀信息与数据的搜集能力，运用多种统计学方法，对我国经济和金融形势进行预测，准确预测通货膨胀水平，为通货膨胀目标制下的货币政策的有效制定和实施提供必要的技术支持。

第三节　未来研究展望

本书第二篇通过大量的理论与实证分析，对房地产价格波动与货币政策选择进行了系统、深入的分析，但宏观经济系统内部关系错综复杂，以及经济运行过程中未知因素的存在，使本书尽管进行了较为细致的分析，但仍属于冰山一角，还存在许多有待改进和进一步研究的问题。

一是研究视角的再扩展。本书第二篇的研究均是限定在封闭经济条件下的，并未考虑开放经济条件下的情况。因此，未来的研究可以尝试将研究视

角从封闭经济条件扩展到开放经济条件。

二是研究深度的再挖掘。本书第二篇对房地产价格波动与货币政策选择进行了深入的研究,并得出了相关研究结论,但由于经济运行的情况复杂,本书的研究深度还有待于进一步挖掘,未来可以在现有研究的基础上,运用更先进的研究方法,进行更深入的分析与研究。

参考文献

[1] 曹永琴. 货币政策效果解析——非对称效应的成因和机制 [M]. 北京：商务印书馆，2011：161-238.

[2] 高丽. 我国货币政策操作框架的研究——基于泰勒规则的视角 [M]. 北京：经济科学出版社，2013：110-170.

[3] 克鲁格曼. 萧条经济学的回归和2008年经济危机 [M]. 北京：中信出版社，2009：5-100.

[4] 李琼. 中国货币政策目标的选择 [M]. 北京：社会科学文献出版社，2009：80-237.

[5] 钱小安. 货币政策规则 [M]. 北京：商务印书馆，2002：160-320.

[6] 万解秋. 货币政策的传导和有效性研究 [M]. 上海：复旦大学出版社，2011：196-241.

[7] 杨雪，何晓岩，等. 中国货币政策的房价调控综合效应研究 [M]. 北京：中国地质大学出版社，2012：56-115.

[8] 于辉. 中国货币政策效率分析 [M]. 北京：中国经济出版社，2007：1-190.

[9] 张广现. 最优货币政策规则理论及其应用研究 [M]. 北京：经济管理出版社，2012：119-178.

[10] 张卫平. 货币政策理论——基于动态一般均衡方法 [M]. 北京：北京大学出版社，2012：24-57.

[11] 蔡谦. 我国影子银行发展对货币政策传导机制的影响 [D]. 武汉：湖北工业大学，2016：7-15.

[12] 蔡洋萍. 通货膨胀目标制下基于模型不确定性的最优货币政策研究

[D]. 长沙：湖南大学，2010：161-164.

[13] 丁晨. 房地产价格与货币政策的关系研究 [D]. 上海：上海交通大学，2009：140-142.

[14] 段忠东. 房地产价格与货币政策 [D]. 长沙：湖南大学，2008：187-215.

[15] 范晓光. 中国货币政策选择效应研究 [D]. 沈阳：辽宁大学，2010：110-120.

[16] 费滨海. 发展型产业政策与中国房地产业的变迁（1992—2012）[D]. 上海：上海大学，2012：53-84.

[17] 冯建秀. 宏观审慎视角的中国影子银行风险研究 [D]. 北京：北京交通大学，2017：40-87.

[18] 付庆华. 中国资产价格波动与货币政策应对策略研究 [D]. 昆明：云南大学，2012：132-140.

[19] 高绪阳. 中国影子银行体系规制研究——基于最狭义的视角 [D]. 济南：山东大学，2017：7-36.

[20] 郭科. 论我国货币政策的房地产价格传导机制 [D]. 郑州：郑州大学，2007：7-22.

[21] 郭万山. 通货膨胀钉住制度下的最优货币政策规则研究 [D]. 沈阳：辽宁大学，2004：231-234.

[22] 韩阳. 美国影子银行体系与金融危机：基于监管视角 [D]. 长春：吉林大学，2016：79-107.

[23] 黄启才. 我国利率变动及其操作规则的理论与实证研究 [D]. 福州：福建师范大学，2011：13-36.

[24] 黄忠华. 信贷约束、房地产价格与宏观经济的互动机理与实证分析 [D]. 杭州：浙江大学，2009：1-8.

[25] 姜永盛. 影子银行发展、中小企业融资约束与企业投资 [D]. 北京：北京交通大学，2017：23-120.

[26] 李浩. 资产价格、通货膨胀与货币政策反应 [D]. 上海：华东师范大学，2012：152-166.

[27] 李世美. 房地产价格的货币政策传导效应研究 [D]. 长沙：中南

大学,2011:1-9.

[28] 李勇.房地产价格波动与金融稳定研究[D].苏州:苏州大学,2012:41-96.

[29] 林欢.中国影子银行对我国货币政策传导机制的影响研究[D].南昌:江西财经大学,2015:15-43.

[30] 裴恺渊.我国影子银行对货币政策有效性影响分析[D].杭州:浙江大学,2015:28-48.

[31] 申向伟.我国货币政策的资产价格传导效应研究[D].大连:东北财经大学,2013:31-79.

[32] 孙博.中国影子银行发展研究[D].长春:吉林大学,2016:17-145.

[33] 孙丽.通货膨胀目标制:理论与实践[D].上海:华东师范大学,2007:49-141.

[34] 孙韦.金融危机背景下我国货币政策有效性研究[D].合肥:安徽大学,2012:104-109.

[35] 仝冰.货币、利率与资产价格[D].北京:北京大学,2010:1-172.

[36] 王湃.基于DSGE模型的中国影子银行体系宏观经济效应实证研究[D].沈阳:辽宁大学,2018:1-34.

[37] 王升.我国影子银行规模对货币政策有效性影响分析[D].天津:天津财经大学,2016:20-49.

[38] 王晏.次贷危机背景下中国房地产投资信托基金研究[D].上海:上海交通大学,2010:93-116.

[39] 韦邦荣.货币政策规则理论及其在中国的应用[D].沈阳:辽宁大学,2010:204-205.

[40] 熊洁敏.资产价格与我国广义货币政策选择[D].武汉:华中科技大学,2010:123-128.

[41] 余建源.中国房地产市场调控研究——兼论中央与地方政府的分工与协调[D].上海:上海社会科学院,2009:151-152.

[42] 袁靖.规则与相机抉择货币政策我国应用的实证研究[D].成都:

西南财经大学,2009:1-67.

[43] 薛永晓.货币政策的房地产价格传导机制研究[D].杭州:浙江工业大学,2008:19-27.

[44] 曾华珑.我国货币政策与房地产价格的互动关系及其实证研究[D].长沙:湖南大学,2008:10-112.

[45] 张磊.影子银行发展对我国货币政策的挑战[D].合肥:安徽大学,2012:1-45.

[46] 张庆君.资产价格波动与金融稳定性研究[D].沈阳:辽宁大学,2011:166-170.

[47] 张瑞.我国影子银行对货币政策传导的影响[D].天津:天津财经大学,2016:9-48.

[48] 周英章.转型期中国货币政策的有效期及其提升途径[D].杭州:浙江大学,2002:107-116.

[49] 朱媛玲.我国房地产市场价格区域差异的计量研究[D].长春:吉林大学,2012:13-27.

[50] 巴曙松.加强对影子银行系统的监管[J].中国金融,2009(14):24-25.

[51] 卞志村.通货膨胀目标制:理论、实践及在中国的检验[J].金融研究,2007(9):42-54.

[52] 卞志村,管征.最优货币政策规则的前瞻性视角分析[J].金融研究,2005(9):31-38.

[53] 蔡洁.我国货币政策房地产价格传导机制分析[J].华北水利水电学院学报,2007(2):87-89.

[54] 陈健.货币供应量作为我国货币政策中介目标可控性分析[J].金融纵横,2007(13):18-20.

[55] 陈肯界,王学武.中国房地产价格波动与货币政策:一个实证研究[J].上海金融学院学报,2010(3):40-46.

[56] 陈文杰.经济新常态下我国数量型和价格型货币政策工具有效性比较研究[J].中共南京市委党校学报,2018(2):55-71.

[57] 程贵.货币需求稳定性、货币目标制与中国货币政策框架改革

[J]. 技术经济与管理研究, 2014 (11): 104-107.

[58] 楚尔鸣, 许先普. 中国最优货币政策规则选择——基于新凯恩斯主义 DSGE 模型分析 [J]. 湘潭大学学报, 2012 (7): 59-64.

[59] 楚尔鸣, 许先普. 基于 DSGE 模型的中国资产价格波动与货币政策分析 [J]. 中国地质大学学报, 2012 (9): 114-122.

[60] 丁慧, 范从来, 钱丽华, 等. 中国广义价格指数的构建及其货币政策含义 [J]. 中国经济问题, 2014 (9): 88-98.

[61] 丁宁, 刘海涛, 张璇, 等. 中国房地产价格上涨的供求原因及对策 [J]. 大连海事大学学报, 2012 (1): 17-21.

[62] 段忠东, 朱孟楠. 不确定性下的房地产价格波动与货币政策反应: 一个文献综述 [J]. 经济评论, 2011 (1): 135-144.

[63] 范从来, 程俊杰. 论我国货币政策的充分就业目标 [J]. 南京大学学报, 2008 (5): 25-32.

[64] 范方志, 赵明勋. 中国金融抑制与经济发展的实证分析 [J]. 四川职业技术学院学报, 2004 (2): 18-22.

[65] 方先明, 权威. 影子银行规模变动的金融资产价格效应 [J]. 经济理论与经济管理, 2018 (2): 39-50.

[66] 冯涛, 杨达, 张蕾, 等. 房地产价格与货币政策调控研究——基于贝叶斯估计的动态随机一般均衡模型 [J]. 西安交通大学学报, 2014 (1): 15-21.

[67] 封思贤, 张瑶. 我国影子银行发展与利率市场化改革的关系——基于金融创新的视角 [J]. 当代经济研究, 2015 (5): 82-91.

[68] 高蓓, 张明, 邹晓梅. 美、欧、日资产证券化比较: 历程、产品、模式及监管 [J]. 国际经济评论, 2016 (4): 140-155.

[69] 高飞, 汪浩瀚. 基于 VECM 模型的中国货币政策调控房地产价格的有效性分析 [J]. 中国发展, 2014 (3): 10-14.

[70] 高宏霞, 张小燕. 影子银行对我国货币政策有效性影响的研究 [J]. 改革发展, 2017 (5): 35-43.

[71] 高然, 陈忱, 曾辉, 龚六堂, 等. 信贷约束、影子银行与货币政策传导 [J]. 经济研究, 2018 (12): 68-82.

[72] 高彦彬,杨芳芳. 影子银行与实体经济互动效应的实证分析 [J]. 北方金融,2017 (1): 21 – 23.

[73] 顾海峰,张元姣. 货币政策工具对中国房地产价格的调控机制研究——基于利率与存准率的分析视角 [J]. 经济与管理评论,2014 (2): 87 – 96.

[74] 郭科. 我国货币政策房地产价格传导机制的实证研究 [J]. 金融与经济,2007 (9): 19 – 23.

[75] 何德旭,郑联盛. 影子银行体系与金融体系稳定性 [J]. 经济管理,2009 (11): 20 – 25.

[76] 胡利琴,陈锐,班若愚. 货币政策、影子银行发展与风险承担渠道的非对称效应分析 [J]. 金融研究,2016 (2): 154 – 162.

[77] 胡志鹏. 影子银行对中国主要经济变量的影响 [J]. 世界经济,2016 (1): 152 – 170.

[78] 黄昌利,尚友芳. 资产价格波动对中国货币政策的影响——基于前瞻型泰勒规则的实证研究 [J]. 宏观经济研究,2013 (1): 3 – 10.

[79] 黄广明. 货币政策组合规则 [J]. 经济学 (季刊),2006 (1): 479 – 496.

[80] 黄益平,常健,杨灵修,等. 中国的影子银行会成为另一个次债? [J]. 国际经济评论,2012 (2): 42 – 52.

[81] 贾丽平,郭薇. 我国货币政策调控房地产价格的实证分析 [J]. 统计与决策,2014 (8): 124 – 127.

[82] 简志宏,朱柏松,李霜,等. 动态通胀目标、货币供应机制与中国经济波动——基于动态随机一般均衡的分析 [J]. 中国管理科学,2012 (1): 30 – 42.

[83] 金春雨,张龙,贾鹏飞,等. 货币政策规则、政策空间与政策效果 [J]. 经济研究,2018 (7): 47 – 58.

[84] 敬志红,陈秋红. 我国影子银行风险监管问题研究 [J]. 江西社会科学,2013 (9): 48 – 51.

[85] 孔丹凤. 中国货币政策规则分析——基于泰勒规则和麦克勒姆规则比较的视角 [J]. 山东大学学报,2008 (5): 57 – 66.

[86] 李波, 伍戈. 影子银行的信用创造功能及其对货币政策的挑战 [J]. 金融研究, 2011 (12): 77-84.

[87] 李成刚, 杨兵. 数量型规则和价格型规则的最优组合研究——基于动态随机一般均衡模型的分析 [J]. 金融经济学研究, 2018 (2): 25-36.

[88] 李春吉, 孟晓宇. 中国经济波动——基于新凯恩斯主义垄断竞争模型的分析 [J]. 经济研究, 2006 (10): 72-82.

[89] 李丛文, 闫世军. 我国影子银行对商业银行的风险溢出效应 [J]. 国际金融研究, 2015 (10): 64-75.

[90] 李存, 杨大光. 我国影子银行对实体经济的影响及对策 [J]. 经济纵横, 2017 (3): 106-111.

[91] 李建伟, 李树生. 影子银行、利率市场化与实体经济景气程度——基于 SVAR 模型的实证研究 [J]. 中南财经政法大学学报, 2015 (3): 56-62.

[92] 李荣丽, 徐龙滨, 章上峰, 等. 存款利率市场化过程中货币政策工具的选择——基于动态随机一般均衡模型的模拟和分析 [J]. 金融理论与实践, 2014 (10): 20-27.

[93] 李世美. 金融稳定与物价稳定的货币政策目标选择 [J]. 现代经济探讨, 2009 (5): 30-34.

[94] 李巍, 张志超. 通货膨胀与房地产价格对实体经济的冲击影响——基于不同货币政策规则的 DSGE 模型分析 [J]. 华东师范大学学报, 2011 (4): 82-94.

[95] 李向前, 诸葛瑞英, 黄盼盼, 等. 影子银行体系对我国货币政策和金融稳定的影响 [J]. 经济学动态, 2013 (5): 81-87.

[96] 李扬, 张晓晶. "新常态": 经济发展的逻辑与前景 [J]. 经济研究, 2015 (5): 4-19.

[97] 梁斌, 李庆云. 中国房地产价格波动与货币政策分析——基于贝叶斯估计的动态随机一般均衡模型 [J]. 经济科学, 2011 (3): 17-32.

[98] 林晶, 张昆. "影子银行"体系的风险特征与监管体系催生 [J]. 改革, 2013 (7): 51-57.

[99] 林毅夫. 新常态下中国经济的转型和升级: 新结构经济学的视角

[J]. 新金融, 2015 (6): 4-8.

[100] 刘斌. 我国 DSGE 模型的开发及在货币政策分析中的应用 [J]. 金融研究, 2008 (10): 1-21.

[101] 刘翠. 影子银行体系对我国货币政策目标规则选择的影响——基于 IS—Philips 模型的分析 [J]. 江西社会科学, 2016 (12): 45-52.

[102] 刘翠. 影子银行、金融稳定与风险溢出效应分析 [J]. 现代财经, 2017 (11): 41-51.

[103] 刘翠. 影子银行体系对我国货币政策工具规则选择的影响——基于 DSGE 模型的数值模拟分析 [J]. 财经论丛, 2017 (8): 55-64.

[104] 刘达禹, 赵婷婷, 刘金全, 等. 我国价格型与数量型货币政策工具有效性的实时对比及其政策残余信息估计 [J]. 经济学动态, 2016 (10): 63-75.

[105] 刘伟, 李连发. 我国货币政策最终目标框架的现实选择 [J]. 经济学动态, 2009 (12): 24-29.

[106] 刘喜合, 郝毅, 田野, 等. 影子银行与正规金融双重结构下中国货币政策规则比较 [J]. 金融经济学研究, 2014 (1): 15-26.

[107] 刘喜和, 李良健, 高明宽, 等. 不确定条件下我国货币政策工具规则稳健性比较研究 [J]. 国际金融研究, 2014 (7): 7-17.

[108] 刘煜辉. 新常态与稳增长——2014 年首席经济学家论坛研讨会纪要 [J]. 新金融, 2014 (10): 4-12.

[109] 卢宝梅. 追逐价格稳定目标的货币政策策略——通货膨胀目标制 [J]. 南京大学学报, 2008 (5): 33-43.

[110] 卢宝梅. 汇率目标制、货币目标制和通货膨胀目标制的比较及其在我国的应用的探讨 [J]. 国际金融研究, 2009 (1): 69-80.

[111] 陆岷峰, 杨亮. 影子银行体系对货币乘数的动态影响 [J]. 黑龙江社会科学, 2018 (1): 66-73.

[112] 陆晓明. 中美影子银行系统比较分析和启示 [J]. 国际金融研究, 2014 (1): 55-63.

[113] 禄晓龙, 刘陪生, 成宏亮, 等. 我国房地产价格波动与货币政策联动关系的实证分析 [J]. 西部金融, 2014 (2): 23-28.

[114] 骆永民,伍文中. 房产税改革与房价变动的宏观经济效应——基于 DSGE 模型的数值模拟分析 [J]. 金融研究,2012 (5):1-14.

[115] 骆振心,冯科. 影子银行与我国货币政策传导 [J]. 武汉金融,2012 (4):19-22.

[116] 骆祚炎. 资产价格波动、经济周期与货币政策调控研究进展 [J]. 经济学动态,2011 (3):121-126.

[117] 马亚明,段奇奇. 中国影子银行顺周期性及其货币政策效应——基于 TVP—VAR 模型的分析 [J]. 现代财经,2018 (12):146-157.

[118] 马亚明,刘翠. 房地产价格波动与货币政策调控 [J]. 现代财经,2014 (1):40-50.

[119] 马亚明,刘翠. 房地产价格波动与我国货币政策工具规则的选择——基于 DSGE 模型的模拟分析 [J]. 国际金融研究,2014 (8):24-34.

[120] 马亚明,刘翠. 房地产价格波动与我国货币政策目标制的选择——基于 IS—Philips 模型的分析 [J]. 南开经济研究,2014 (6):138-150.

[121] 马亚明,刘翠. 我国货币政策对房地产市场的非对称影响——基于 CARCH 模型的实证分析 [J]. 河北经贸大学学报,2015 (2):74-71.

[122] 马亚明,王虹珊. 影子银行、金融杠杆与中国货币政策规则的选择 [J]. 金融经济学研究,2018 (1):22-35.

[123] 毛泽盛,许艳梅. 影子银行、信贷渠道与货币政策非对称效应 [J]. 财经论丛,2015 (3):39-47.

[124] 毛泽盛,万亚兰. 中国影子银行与银行体系稳定性阈值效应研究 [J]. 国际金融研究,2012 (11):65-73.

[125] 孟彩云,王聪. 房地产价格、泰勒规则与宏观经济调控——基于 2000—2010 年我国宏观经济数据的检验 [J]. 当代财经,2012 (2):59-68.

[126] 苗晓宇,陈晞. 影子银行体系及其对商业银行的影响探析 [J]. 华北金融,2012 (2):32-35.

[127] 齐建国,王红,彭绪庶,等. 中国经济新常态的内涵和形成机制 [J]. 经济纵横,2015 (3):7-17.

[128] 祁抚松. 中国房地产价格及货币政策传导机制研究 [J]. 经济研究导刊, 2010 (10): 134-135.

[129] 祁永忠, 栾福茂. 我国影子银行风险及其监管改革 [J]. 云南财经大学学报, 2014 (3): 89-94.

[130] 裘翔, 周强龙. 影子银行与货币政策传导 [J]. 经济研究, 2014 (5): 91-105.

[131] 任墨香. 影子银行对利率市场化改革的影响 [J]. 甘肃金融, 2014 (5): 31-32.

[132] 沈悦, 徐妍. 房地产价格、金融加速器和宏观经济波动非对称性——基于 SETVAR 模型的研究 [J]. 上海经济研究, 2014 (7): 70-79.

[133] 史焕平, 李泽成. 货币政策、影子银行规则增速与经济增长 [J]. 金融论坛, 2015 (7): 37-48.

[134] 宋巍, 刘俊奇. 我国影子银行体系的风险评估——基于 GARCH-VaR 模型的实证研究 [J]. 改革与战略, 2015 (1): 90-93.

[135] 宋巍, 刘俊奇. 我国影子银行对商业银行风险溢出效应的实证研究 [J]. 武汉金融, 2015 (2): 56-60.

[136] 宋巍, 刘俊奇. 影子银行对我国经济发展影响的实证研究 [J]. 沈阳师范大学学报 (社会科学版), 2015 (3): 60-63.

[137] 谭政勋, 王聪. 中国信贷扩张、房价波动的金融稳定效应研究——动态随机一般均衡模型视角 [J]. 金融研究, 2011 (8): 57-71.

[138] 汤金润, 王飞. 基于量化潜在 GDP 的中国经济新常态解读 [J]. 统计与决策, 2017 (21): 23-28.

[139] 唐齐鸣, 熊洁敏. 中国资产价格与货币政策反应函数模拟 [J]. 数量经济技术经济研究, 2009 (11): 104-115.

[140] 唐志军, 徐会军, 巴曙松, 等. 中国房地产市场波动对宏观经济波动的影响研究 [J]. 统计研究, 2010 (2): 15-22.

[141] 田萍. 浅论经济新常态的一般逻辑 [J]. 上海经济研究, 2017 (3): 123-128.

[142] 王浡力, 李建军. 中国影子银行的规模、风险评估与监管对策 [J]. 中央财经大学学报, 2013 (5): 20-25.

[143] 王海全, 郭斯华. 影子银行、货币政策传导与金融风险防控 [J]. 金融与经济, 2012 (12): 61-64.

[144] 王宏涛, 王晓芳. 开放经济条件下中国泰勒规则及其拓展形式的实证研究 [J]. 华东经济管理, 2011 (4): 54-60.

[145] 王家华, 蔡则祥. 影子银行业务的风险传入与审计免疫机制研究 [J]. 经济问题, 2014 (8): 54-58.

[146] 王京京, 杨大光, 刘佳, 等. 中国影子银行对金融体系稳定性的影响 [J]. 社会科学战线, 2014 (12): 255-258.

[147] 王俊杰, 仝冰. 货币政策规则设定、外生冲击与中国宏观经济波动 [J]. 当代财经, 2018 (6): 14-26.

[148] 王敏, 时鹏, 余劲, 等. 货币政策工具对房地产价格影响的动态研究 [J]. 华中农业大学学报, 2014 (2): 121-128.

[149] 王擎, 白雪. 我国影子银行发展与银行体系稳定——基于省际面板数据的证据 [J]. 财经科学, 2016 (3): 1-12.

[150] 王擎, 韩鑫韬. 货币政策能盯住资产价格吗?——来自中国房地产市场的证据 [J]. 金融研究, 2009 (8): 114-123.

[151] 王胜, 瞿爱霞. 汇率传递、货币错配与最优货币规则 [J]. 世界经济文汇, 2018 (2): 40-56.

[152] 王胜, 田涛. 汇率波动、财政赤字与最优货币政策规则 [J]. 上海金融, 2013 (5): 42-46.

[153] 王晓天, 张淑娟. 开放条件下货币政策目标规则的比较——一个简单的理论框架与中国货币政策名义锚的选择 [J]. 金融研究, 2007 (4): 14-29.

[154] 王悦. 影子银行推进利率市场化发展进程研究 [J]. 时代金融, 2018 (1): 84-90.

[155] 王增武. 影子银行体系对我国货币供应量的影响——以银行理财产品市场为例 [J]. 中国金融, 2010 (23): 30-31.

[156] 王振, 曾辉. 影子银行对货币政策影响的理论与实证分析 [J]. 国际金融研究, 2014 (12): 58-67.

[157] 汪献华. 中国流动性冲击与资产价格波动 [J]. 上海市经济管理

干部学院学报,2013(2):40-50.

[158] 吴家宇.货币政策的房地产价格传导机制研究[J].价格月刊,2014(7):15-18.

[159] 吴利学.中国能源效率波动:理论解释、数值模拟及政策含义[J].经济研究,2009(5):130-142.

[160] 奚君羊,贺云松.中国货币政策的福利损失及中介目标的选择——基于新凯恩斯DSGE模型的分析[J].财经研究,2010(2):89-98.

[161] 奚君羊,刘卫江.通货膨胀目标制的理论思考——论我国货币政策中介目标的重新界定[J].财经研究,2002(4):3-8.

[162] 夏斌,廖强.货币供应量已不宜作为当前我国货币政策的中介目标[J].经济研究,2001(8):3-11.

[163] 解凤敏,何凌云,周莹莹,等.中国影子银行发展成因实证分析——基于2002—2012年月度数据[J].财经理论与实践,2014(1):21-26.

[164] 谢平.新世纪中国货币政策的挑战[J].金融研究,2000(1):1-10.

[165] 谢平,罗雄.泰勒规则及其在中国货币政策中的检验[J].经济研究,2002(3):3-12.

[166] 邢毓静,朱元倩,巴曙松,等.从货币政策规则看中国适度宽松货币政策适时退出[J].金融研究,2009(11):49-59.

[167] 易宪容.影子银行与公地悲剧[J].中国经济与信息化,2010(7):33.

[168] 鄢莉莉.金融中介效率对货币政策效果的影响——基于动态随机一般均衡模型的研究[J].国际金融研究,2012(6):4-11.

[169] 杨英杰.泰勒规则与麦克勒姆规则在中国货币政策中的检验[J].数量经济技术经济研究,2002(12):97-100.

[170] 余斌,吴振宇.中国经济新常态与宏观调控政策取向[J].改革,2014(11):17-25.

[171] 余建干.金融冲击、融资结构与我国货币政策工具规则的选择:数量型规则还是混合型规则?[J].上海金融,2017(7):5-20.

[172] 余建干,吴冲锋. 中国最优货币政策的选择、比较和影响——基于混合型新凯恩斯模型的实证研究 [J]. 财贸经济, 2014 (10): 4-17.

[173] 袁利勇. 影子银行体系与金融危机 [J]. 铜陵学院学报, 2009 (6): 30-31.

[174] 许少强,颜永嘉. 中国影子银行体系发展、利率传导与货币政策调控 [J]. 国际金融研究, 2015 (11): 58-68.

[175] 曾令华,李红光. 论货币供应量作为我国货币政策中介目标的有效性 [J]. 中南财经政法大学学报, 2007 (2): 62-68.

[176] 张国. 中国经济新常态的问题、挑战和对策研究综述 [J]. 财经科学, 2015 (5): 76-85.

[177] 张慧毅,蒋玉洁. 中国影子银行体系的风险及其监管研究 [J]. 中央财经大学学报, 2013 (9): 26-32.

[178] 张建友. 货币政策最终目标：一个新角度的再考察 [J]. 云南财贸学院学报, 2005 (6): 4-8.

[179] 张杰平. 开放经济 DSGE 模型下我国货币政策规则的选择 [J]. 山西财经大学学报, 2012 (4): 18-28.

[180] 张晶,刘雪静. 从中间目标选择看通货膨胀目标制在当前中国的可行性 [J]. 财贸经济, 2011 (9): 39-46.

[181] 张坤. 影子银行：商业银行的机遇与挑战 [J]. 新金融, 2012 (6): 35-39.

[182] 张立军,史秀云. 房地产价格波动与货币政策反应研究 [J]. 科技与管理, 2010 (3): 90-93.

[183] 张淑娟,王晓天. 货币政策目标规则的研究现状及述评 [J]. 中央财经大学学报, 2011 (3): 26-31.

[184] 张雪兰,徐水安. 通货膨胀目标制是现阶段我国的最优货币政策选择吗?——基于损失函数及先决条件的分析 [J]. 财贸经济, 2008 (8): 44-49.

[185] 张亦春,彭江. 影子银行对商业银行稳健性和经济增长的影响——基于面板 VAR 模型的动态分析 [J]. 投资研究, 2014 (5): 22-33.

[186] 张园丽. 我国影子银行对货币政策的影响研究 [J]. 经济与管理,

2018（2）：7-10.

[187] 张占斌. 中国经济新常态的趋势性特征及政策取向 [J]. 国家行政学院学报，2015（1）：15-20.

[188] 赵春玲. 货币政策最终目标评价与选择 [J]. 生产力研究，2007（21）：37-39.

[189] 赵健. 货币政策操作规范特征之解析：1999—2012 年基于 VAR 模型的实证研究 [J]. 东北师大学报，2014（5）：113-117.

[190] 赵胜民，何玉洁. 影子银行对货币政策传导与房价的影响分析 [J]. 经济科学，2018（1）：83-95.

[191] 赵颖岚，刘凯. 我国影子银行的非对称性宏观经济效应研究 [J]. 统计与决策，2017（13）：148-152.

[192] 郑忠华，邱俊鹏. 房地产借贷、金融加速器和经济波动——一个贝叶斯估计的 DSGE 模拟研究 [J]. 经济评论，2012（6）：25-35.

[193] 周骏. 多重货币政策目标下的双目标制 [J]. 中南财经政法大学学报，2002（2）：50-53.

[194] 周莉萍. 影子银行体系的信用创造：机制、效应和应对思路 [J]. 金融评论，2011（4）：37-53.

[195] 周小川. 金融政策对金融危机的响应——宏观审慎政策框架的形成背景、内在逻辑和主要内容 [J]. 金融研究，2011（1）：1-14.

[196] 朱孟楠，刘林. 资产价格、汇率与最优货币政策 [J]. 厦门大学学报，2011（2）：25-33.

[197] 庄子罐，舒鹏，傅志明，等. 影子银行与中国经济波动——基于 DSGE 模型的比较分析 [J]. 经济评论，2018（5）：3-16.

[198] 巴曙松. 从金融结构演进角度客观评估当前的"影子银行" [N]. 中国经济时报，2013-3-29（5）.

[199] ADRIAN T, ASHCRAFT A B. Shadow banking regulation [J]. Annual Review of Financial Economics, 2012.

[200] ALMEIDA, H., M. CAMPELLO. Financial constraints, asset tangibility, and corporate investment [J]. The Review of Financial Studies, 2007.

[201] BALL, LAURENCE. Efficient rules for monetary policy [J]. Interna-

tional Finance, 1999.

[202] BARRO R, GORDON D. A positive theory of monetary policy in a natural rate model [J]. Journal of Political Economy, 1983.

[203] BERNANKE B S, GERTLER M. Monetary policy and asset price volatility [J]. Economic Review, 1999.

[204] BERNANKE B S, MISHKIN F S. Inflation targeting: A new framework for monetary policy? [J]. Journal of Economic Perspective, 1997.

[205] BLINDER A S. What central bankers could learn from academics and vice versa [J]. Journal of Economics Perspectives, 1997.

[206] BROWNE G. The new monetary policy framework [J]. Letter to the Governor of the Bank of England, 1997.

[207] CANZONERI M, R CUMBY, B DIBA. Is the price level determined by the needs of fiscal solvency? [J]. The American Economic REview, 2001.

[208] CHRISTIANO L J, TRABANDT M, WALENTIN K. DSGE models for monetary policy analysis [J]. Handbook of Monetary Economics, 2010.

[209] CORDERO. JOSE ANTONIO. Economics growth under alternative monetary regimes: inflation targeting vs real exchange rate targeting [J]. International Review of Applied Economics, 2008.

[210] DAISUKE IDA. Monetary policy and asset prices in an open economy [J]. North American Journal of Economics and Finance, 2011.

[211] DANIEL DAIANU, LAURIAN LUNGU. Inflation targeting, between rhetoric and reality [J]. The European Journal of Comparative Economics, 2007.

[212] EDWARDS C PRESCOTT. Nobel lecture: the transformation of macroeconomic policy and research [J]. Journal of Political Economy, 2006.

[213] ELIAS, BENGTSSON. Shadow banking and financial stability: European money market funds in the global financial crisis [J]. Journal of International Money and Finance, 2012.

[214] FRANKEL, J. Collapse of purchasing power parities during the 1970s [J]. European Economics Review, 1981.

[215] FRIEDMAN M A. The role of monetary policy [J]. American Eco-

nomics Review, 1968.

[216] FUNKE M, MIHAYLOVSKI P, ZHU H. Monetary policy transmission in China: A DSGE model with parallel shadow banking and interest rate control [J]. Bank of Finland, 2015.

[217] GREENWOOD J, JOVANOVIC B. Financial development, growth, and distribution of income [J]. Journal of Political Economy, 1990.

[218] GORNICKA L. Shadow banking and traditional bank lending: The role of implicit guarantees [J]. Ssrn Electronic Journal, 2014.

[219] GORTON, GARY, ANDREW METRICK. Regulation the shadow banking system [J]. Brooking Papers on Economic Activity, 2010.

[220] GUILLERMO A CALVO. Staggered prices in a utility – maximizing framework [J]. Journal of Monetary Economics, 1983.

[221] GULEN H and LON M. Policy uncertainty and corporate investment [J]. Review of Financial Studies, 2016.

[222] HALL B. The financing of research and development [J]. Oxford Review of Economic Policy, 2002.

[223] HALTOM, RENEE COURTOIS. Out from the shadows: The run on shadow banking and a framework for reform [J]. Regional Focus, 2010.

[224] HENDRICKS T W, KEMPA B. Monetary policy and the credit channel: Broad and narrow [J]. Eastern economic Journal, 2011.

[225] IACOVIELLO M. House prices borrowing constraints and monetary policy in the business cycle [J]. American Economics Review, 2005.

[226] JENSEN H. Targeting nominal income growth or inflation? [J]. American Economics Review, 2002.

[227] KENT CHRISTOPHER, PHILIPS LOWE. Asset price bubbles and monetary policy [J]. Reserve Bank of Australia Research Discussion Paper, 1997.

[228] KOHN, DONALD. Monetary policy and asset prices revisited [J]. Cato Journal, 2009.

[229] KOSUKE AOKI, JAMES PROUDMAN, GERTJAN VLIEGHE. House prices, consumption, and monetary policy: A financial accelerator approach [J].

Journal of Financial Intermediation, 2004.

[230] KUTTNER K N. Monetary policy surprises and interest rates: Evidence from the Fed Funds futures market [J]. Journal of Monetary Economics, 2001.

[231] KYDLAND, FINN E, PRESCOTT, EDWARD C. Rules rather than discretion: The inconsistency of optimal plans [J]. Journal of Political Economy, 1977.

[232] LAI CHING – CHONG, SHU HUA CHEN, MING FU SHAW. Nominal income targeting versus money growth targeting in an endogenously growing economy [J]. Economics Letters Paper, 2005.

[233] LAWRANCE J. CHRISTIANO, MARTIN EICHENBAUM. Liquidity effects and the monetary transmission mechanism [J]. The American Economic Review, 1992.

[234] LEV Y. Financial Dollarization: evaluating the consequences [J]. Economic Policy, 2006.

[235] LOHMANN S. Optimal Commitment in monetary policy: Credibility versus flexibility [J]. American Economic Review, 1992.

[236] LU Y, GUO H, KAO E H, FUNG H. Shadow banking and firm financing in China [J]. International Review of Economics & Finance, 2015.

[237] MARTIN A, PARIGI B M. Bank capital regulation and structured finance [J]. Journal of Money, Credit and Banking, 2013.

[238] MCCALLUM B T, E NELSON. An optimizing IS – LM specification for monetary policy and business cycle analysis [J]. Journal of Money, Credit and Banking, 1999.

[239] MEGGINSON W L. The economics of bank privatization [J]. Journal of Banking & Finance, 2005.

[240] OBSTFELD M, K ROGOFF. Exchange rate dynamic redux [J]. Journal of Political Economy, 1995.

[241] PAUL KRUGMAN. The return of depression economies and the crisis of 2008 [J]. Company Limited, 2009.

[242] POZSAR, ZOLTANM ADRIAN TOBIAS, ADAM ASHCRAFT, HAY-

LEY BOESKY. Shadow Banking [J]. Economic Policy Review, 2013.

[243] RAJAN R G, ZINGALES L. Financial dependence and growth [J]. American Economics Review, 1996.

[244] REPULLO R. Capital requirements, market power, and risk – taking in banking [J]. Journal of Financial Intermediation, 2004.

[245] RIME B. Capital requirements and bank behavior: Empirical evidence for Switzerland [J]. Journal of Banking & Finance, 2001.

[246] ROGOFF K. The optimal commitment to an intermediate monetary target [J]. Quarterly Journal of Economics, 1985.

[247] SARGENT. THOMAS, WALLACE NEIL. Rational expectations, the optimal monetary instrument and the optimal money supply rule [J]. Journal of Political Economy, 1975.

[248] SCHWARCZ, STEVEN L. Regulation shadow banking [J]. Review of Banking and Financial Law, 2012.

[249] SHARMA S D. Shadow banking, Chinese style [J]. Economic Affairs, 2014.

[250] SINGH, MANMOHAN. The economics of shadow banking [J]. Liquidity and Funding Market, 2013.

[251] SMANT D J C. Has the European central bank followed a Bundesbank policy? Evidence from the Early Years [J]. Credit and Capital, 2002.

[252] STEIN J C. Securitization, shadow banking, and financial fragility [J]. Daedalus, 2010.

[253] STIGLER G J. The theory of economics regulation [J]. The Bell Journal of Economics and Management Science, 1971.

[254] STULZ R. Managerial discretion and optimal financing policies [J]. Journal of Financial Economics, 1990.

[255] SVENSSON L E O. Inflation forecast targeting: Implementing and monitoring inflation targets [J]. European Economics Review, 1997.

[256] SVENSSON L E O. Optimal inflation contracts, "Conservative" central banks, and linear inflation contracts [J]. American Economics Review, 1997.

[257] SVENSSON L E O. Inflation targeting as a monetary policy rule [J]. Journal of Monetary Economics, 1999.

[258] SVENSSON L E O. Inflation targeting: should it be modeled as an instrument rule or a targeting rule? [J]. European Economics Review, 2002.

[259] SVENSSON L. E. O. What is wrong with Taylor rules? Using judgement in monetary policy through targeting rule [J]. Journal of Economics Literature, 2003.

[260] TAYLOR, JOHN B. Discretion versus policy – rules in practice [J]. Carnegie – Rochester Conference Series on Public Policy, 1993.

[261] TAYLOR, JOHN B. The monetary transmission mechanism: an empirical framework [J]. Journal of Economics Perspectives, 1995.

[262] WOLTERS J, TERAVIRTA T, LUTKEPOHL D H. Modelling the demand for M3 in the united Germany [J]. The Review of Economics and Statistics, 1998.

[263] ZHANG W. China's monetary policy: quantity versus price rules [J]. Journal of Macroeconomics, 2009.

[264] ADAIR TURNER. Shadow banking and financial instability [C]. Paper presented for Cass Lecture, 2012.

[265] Goodhart C, Hofmann B. Asset Prices and the Conduct of Monetary Policy [C]. Paper presented at the Royal Economic Society Annual Conference, 2002.

[266] KONTONIKAS A, MONTAGNOLI. Has monetary policy reacted to asset price movements: evidence from the UK [C]. Paper presented for J. L. Stein, Monetarism, Amsterdam: North – Holland, 1976.

[267] MARTHA L. House prices and asset prices revisited [C]. Paper presented for the First Monetary Policy Research Workshop in Latin American and Caribbean on Monetary Policy Response to Supply and Asset Price Shocks, 2005.

[268] MODIGLIANI F, A ANDO. Impacts of fiscal actions on aggregate income and the monetarist controversy: theory and evidence [C]. Paper presented for 6th International Conference on Macroeconomic Theory and Policy, 1976.

[269] SAVIOZ, BENGUI. Asset prices bubbles and monetary policy [C].

Basel: Paper Presented at the BIS Annual Economists' meeting, 2006.

[270] AIZENMAN, JOSHUA, HUTCHISON, MICHAEL M, NOY. Inflation targeting and real exchange rates in emerging markets [R]. NBER Working Paper, 2008.

[271] ANDREW SHENG. The erosion of policy management under shadow banking [R]. Thailand: International Conference on Business and Information, 2011.

[272] ATKESON A, CHARI V, GILCHRIST S. On the optimal choice of a monetary policy instrument [R]. NBER Working Paper, 2007.

[273] BAILY, MARTIN NEIL, DOUGLAS W ELMENDORF, ROBERT E. LITAN. The great credit squeeze: How it happened, how to prevent another [R]. Brookings Institution Discussion Paper, 2008.

[274] BERNANKE R, M GERTLER. Monetary policy and asset price volatility [R]. NBER Working Paper, 2000.

[275] BERNANKE B S. Some reflections on the crisis and the policy response [R]. New York: Federal Reserve, 2012.

[276] BORDO M D, O JEANNE. Boom – bust in asset prices: economics instability and monetary policy [R]. NBER Working Paper, 2002.

[277] BORDO M D, WHEELOCK D C. Monetary policy and asset prices: a look back at past US stock market booms [R]. NBER Working Paper, 2004.

[278] BROWN G. Beyond and crash: overcoming the First crisis of globalization [R]. New York: Simon and Schuster, 2010.

[279] BRUNO V, SHIN H S. Capital flows and the risk – taking channel of monetary policy [R]. BIS Working Paper, 2012.

[280] B T MCCALLUM. Inflation targeting in Canada, New Zealand, Sweden, the United Kingdom, and in general [R]. NBER Working Paper, 1996.

[281] CECCHETTI, STEPHEN, HAN GENBERG, JOHN LIPSKY, SUSHIL WADHWANI. Asset prices and central bank policy [R]. Geneva Report on the World Economy 2, 2000.

[282] CLAESSENS STIJN, LEV RATNOVSKI. What is shadow banking?

[R]. IMF Working Paper, 2014.

[283] DUCA, JOHN V. What drives the shadow banking system in the short and long run? [R]. FRB Dallas Working Paper, 2014.

[284] D. KRUEGER, K. MITMAN, F. PERRI. Macroeconomics and household heterogeneity [R]. NBER Working Paper, 2016.

[285] ESTRELLA, ARTURO. MISHKIN, FREDERIC S. Is there a role for monetary aggregates in the conduct of monetary policy? [R]. NBER Working Paper, 1996.

[286] FABIO VERONO, MANUEL M F MARTINS, DRUMOND. Monetary policy shocks in a DSGE model with a shadow banking system [R]. CEP-UP Working Paper, 2011.

[287] FINANCIAL STABILITY BOARD (FSB). Shadow banking: scoping the issues - a background note of the Financial Stability Board [R]. FSB Working Paper, 2011.

[288] FINANCIAL STABILITY BOARD (FSB). Global shadow banking monitoring report [R]. Consultative Document, Financial Stability Board, 2015.

[289] FREDERIC S. MISHKIN. The transmission mechanism and the role of asset prices in monetary policy [R]. NBER Working Paper, 2001.

[290] GENNAIOLI N, SHLEIFER A, VISHNY R W. A model of shadow banking [R]. NBER Working Paper, 2011.

[291] LIU L, ZHANG W. A model based approach to monetary policy analysis for China [R]. Hongkong Monetary Authority Working Paper, 2007.

[292] MASSON, PAUL R, SAVATANO, MIGUEL A, SHARMA, SUNIL. The scope for inflation targeting in developing countries [R]. IMF Working Paper, 1997.

[293] MICK. The erosion of US monetary policy management under shadow banking [R]. Working Paper, 2011.

[294] MISHKIN, FREDERIC S. Inflation targeting in emerging market countries [R]. Working Paper, 2000.

[295] NERSISYAN Y, WRAY L R. The global financial crisis and the shift to

shadow banking [R]. Levy Economics Institute Working Paper, 2010.

[296] PLANTIN G. Shadow banking and bank capital regulation [R]. Working Papers, 2014.

[297] POZSAR Z, BOESKY H. Shadow banking [R]. Federal reserve bank of New York staff report, 2013.

[298] Woodford, Michael. Optimal monetary policy inertia [R]. NBER Working Paper, 1999.

[299] GEITHNER, TIMOTHY F. Reducing systemic risk in a dynamic financial system [EB/OL]. http://www.bis.org/review/r080612.pdf, Bank of International Settlement 2008.

[300] MCCULLEY, PAUL. Teton reflections, PIMCO global central bank focus [EB/OL]. http://www.pimco.com, 2007.

[301] TUCKER P. Shadow banking, financing markets and financial stability [EB]. The Remarks at the Bank of England, http://www.bis.org/review/r100126d.pdf, 2010.

[302] CHARLES GOOGHART, BORIS HOFMANN. Asset prices and the conduct of monetary policy [C]. London: Paper Present at the Royal Economic Society Annual Conference, 2002.